사임당전

師任堂傳

부단한 자기 생 속에
예술을 꽃피우다

사임당傳

정옥자

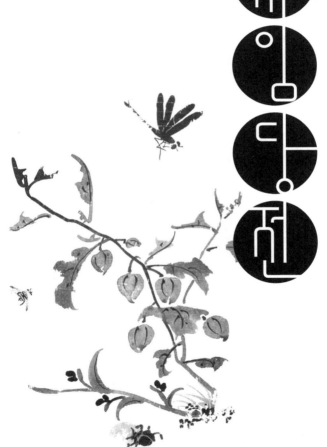

민음사

사임당에 대해서는 여러 가지 논란이 있다. 우선 사임당에게 따라다니는 현모양처(賢母良妻)라는 수식어와 그 이미지에 대한 논의가 있다. 이 논의에서는 '현모양처'라 는 말이 흔히 우리가 알고 있듯이 우리나라 전통 시대에 여성의 유교적 이상형을 수식한 것이 아니라 일본에서 수입된 용어임을 전제한다. 우리나라 전통 시대에 여인이 할 일로 '봉제사 접빈객(奉祭祀 接賓客, 제사를 받들고 손님을 접대함)'을 강조하고 『삼강행실도』나 『오륜행실도』에서 여성의 본분과 미덕을 여러 가지로 설명하며 그림까지 곁들여 교육했음에도 '현모양처'라는 용어는 찾아볼 수 없었는데, 근대에 이르러 일본에서 양처현모(良妻賢母), 중국에서 현처양모(賢妻良母), 우리나라에서 현모양처라는 용어가 나타났다. 일본에서 수입된 '양처현모'가 우리나라에 와서 앞뒤가 바뀌어 현모양처로 되고 전통적 유교 이념과 결부되었다는 것이다.

그런데 일본에서 발원한 양처현모 이념은 동아시아, 또는 유교 문화권 사회에 있었던 단순한 전통의 연속이 아니라 전통의 변형이자 서구의 가정 이데올로기(domestic ideology) 및 가사 관리론을 수용하여 유교적 규범과 습합시킨 것이라는 점이 거론되고 있다. 특히 일본에서 이 이념은 가족을 매개로 여성을 근대 국가의 일원으로 자리매김하는 계기를 마련하여 여성은 자연스럽게 군국주의 일본의 중요한 일원으로 편입되었다. 또한 식민지 조선에서 현모양처 이념은 19세기 말 개화기 애국계몽사상가들이나 식민지 시대 총독부 당국의 정책, 그리고 당대의 지식인들에 이르기까지 공유되고 있었던 것인데 이 이념의 구체적인 내용은 역사적 국면에 따라, 또는 주체에 따라 변주되었다.

근대 이후 현모양처로 수식된 사임당에 대한 기록은 간헐적으로 나타났다. 1900년대 애국계몽기과 민족주의 역사학의 대두를 배경으로 근대적 담론장에 등장하였다. 문명국 건설과 국민의 양성이라는 맥락에서 여성 계몽과 여성 교육의 필요성과 더불어 논의되었다. 이에 이어서 1920년대부터 1930년대 말까지 신지식층의 담론장에 등장하였다. 여성사 연구서, 여성 잡지, 신문 등에서 역사 속의 여성 인물 중 하나로 발굴되었다.

1943년부터 1945년까지는 사임당이 '군국의 어머니상'으로서 조명된 시기로, 국민 연극 운동과 함께 만들어진 역사극에 등장하였다. 광복 후에도 사임당은 각종 교양 역사 서적에 꾸준히 언급되었다. 그러나 이를 특별한 담론적 국면으로 보기는 어렵고 수백 명의 역사 인물 중 하나로 간주되었을 뿐이다.

1960년대 박정희 정권 시대에 국가가 주도하는 사임당 담론이 시작되었고 그 근거를 제공한 저작이 이은상의 『사임당의 생애와 예술』(성문각, 1962년 초판 발행, 1994년 완성 7판 발행)이라는 데는 아무도 이의를 제기하지 않는다. 이은상은 사임당의 아들 율곡 이이가 지은 「선비행장(先妣行狀)」을 비롯하여 가까운 이들(사임당의 남편이자 이이의 아버지 이원수, 사임당의 아버지 신명화, 어머니 용인 이씨 등)의 행장을 정리하여 수록하고 사임당의 시, 글씨, 그림 등 흩어져 있던 작품들을 수집 정리하여 수록하였다. 사임당의 글씨와 그림은 모두 확실한 근거 없이 전칭(傳稱, 전하여 칭송함)이어서 한계가 있지만 문집류에 실린 사임당 관련 일화, 후대에 사임당의 서화 작품에 붙인 발문과 자녀들에 관련된 기록도 수집하였다.

이은상은 이 책에서 사임당이 학식과 인격으로 남편을 계도한 점, 어릴 때부터 천재성을 발휘한 그림 솜씨와 학문적 깊이, 지극한 효심, 살림살이의 근검절약함과 자녀 교육의 엄격함 등 네 가지 주제를 설정하여 강조하였다. 이후 네 가지 주제는 역사적 국면에 따라 일부만 알려지거나 선택적으로 사용되었고 해석자에 따라 다른 방식으로 설명되고 강조점도 달리 하여 언급되었다.

그리하여 사임당은 특별히 주목받는 인물이 되었다. 박정희 정권의 민족 주체성 확립을 위한 국가 영웅화 사업에 편입되어 전통적 현모양처이자 근대화를 수행하는 여성 주체의 사표로 자리 잡게된 것이다. 전통의 근대화, 근대화된 현모양처, 국가에 충성하는 여성의 이미지에 고결함의 미학이 결합되어 그 이미지가 육영수 여사에게 안성맞춤으로 적용되었다. 적어도 1970년대 육영수와 사임당은 '한국적 부덕의 사표'로서 상호 공명하고 있었다고 할 수 있다.

이 때문에 여성학계에서는 '사임당은 현모양처'라는 말을 달가워하지 않는다. 현모양처라는 말 자체가 일본 용어이고 구태의연한 봉건적 이미지를 갖고 있다는 것이다. 또한 사임당이라는 인물이 권력의 입맛대로 역사 속에서 불려 나와 윤색되고 이용되기도 했다고 본다. 이상이 근대 이후 사임당에 대한 연구 경향과 인식 변화의 대강이다.

나는 이러한 학계의 담론이나 사임당에 대한 박정희 정권의 영웅화 작업 같은 정치적 성격에 대하여는 별 관심이 없다. 나는 이 글에서 이런 논란은 접어 두고 인간 사임당 자체만을 살펴보고자 한다. 사임당이라는 인물이 실제 어떤 사람인지, 어떻게 살았는지 그녀의 일생을 알아보고 전칭작으로나마 남아 있는 그녀의 작품들을 면밀하게 살펴보고자 한다. 지금까지 알려진 대로 사임당은 과연 안락하고 부유한 환경에서 호사 취미로 시·서·화 등 예술을 즐기며 호강한 귀족 여인일까? 나는 그러한 평판에 대하여 단호하게 '아니!'라는 판단을 내리고 그 고정 관념을 벗어 버렸다.

그 결과 그녀의 힘겨웠던 인생살이가 내 눈앞에 파노라마처럼 펼쳐졌고 또 하나의 '여자의 일생'이 거기 있었다. 그다음엔 같은 여자로서 사임당에 대한 연민과 공감이 물밀듯이 밀려 왔다. 이 공감대는 내가 이 『사임당전』을 쓰는 데 있어 하나의 추동력이 되었다. 그래서 자료의 부족으로 사임당의 생평을 완전하게 재구성하기는 어렵지만, 비록 팩션으로 풀어내더라도 가능한 한 자료를 취합하여 객관적으로 써야겠다는 결심이 섰다.

그리하여 사임당 시대로 시간 여행을 떠나 그 역사 속으로 들어가기 위하여 나는 타임머신을 탄다. 내 상상 속의 사임당이 과연 그 시대 역사의 진실과 얼마나 합치될지 나 스스로 궁금해하면서……. 사임당이 때때옷 치맛자락을 나풀거리며 꽃밭에서 노니는 유년의 뜰이 보이고 험준한 대관령 고개를 넘으며 뒤돌아본 북평 친정집의 아득한 정경이 떠오른다. 봉평 백옥포리 메밀꽃 하얗게 피어난 달밤 시정에 젖은 젊은 날 사임당의 모습도 아른거린다.

이 책은 경기문화재단이 기획한 경기도 인물 평전 시리즈의 하나로 그 지원을 받아 집필하였기에 이 기회에 감사드린다. 책 제목은 『사임당전』으로 하였다. 사임당에 대한 자료와 연구가 부족하여 부득이 이 책의 서술 방법을 팩트(fact)와 픽션(fiction)을 함께 구사하는 팩션(faction)으로 하였으므로 '평전'이라 하는 것은 맞지 않고 조선 시대의 '전(傳)'에 해당된다고 판단했기 때문이다. 끝으로 미술 관련 책이 아님에도 100여 장이 넘는 도판이 들어가 편집에 많은 공력을 들였을 민음사 여러분께 고마운 마음을 전한다.

2016년 11월
정옥자

차
례

2   **사임당의 예술혼**

3   **길이 보배가 되리라**

들어가면서

조선은 성리학을 국학으로 삼아 출발하였다. 유학이 한자와 함께 우리나라에 전해진 것은 삼국 시대였지만 관료제와 과거 제도 등 국가 운영에 실용 학문으로 활용되었을 뿐, 통일신라는 물론 고려까지 불교의 나라였다. 신유학인 성리학이 고려 말기 신진 사대부에 의하여 이해되고 그들이 주축이 되어 조선 왕조를 건국하자 비로소 성리학 이념은 조선 왕조의 국시가 되었고 새로운 학문으로 학습되기 시작하였다.

그러나 난해한 성리학의 우주론인 이기론(理氣論) 등을 이해하기란 어려운 일이어서 조선 초기에는 고려 유학의 전통으로 익숙한 훈고학적 한당유학(漢唐儒學)이 아직 온존하고 있었다. 조선 왕조가 안정기에 접어들면서 세종대왕은 집현전을 설치하여 국가적 차원에서 성리학 진흥 정책을 추진하였다. 이때 배출된 성리학자들은 세조의 왕위 찬탈로 희생되고 집현전은 철폐되었다. 사육신(死六臣)과 생육신(生六臣) 등이 그들이다. 세조 대에 불교가 다시 회복되고 이념성이 강한 주자 성리학 대신 도구학에 가까운 훈고학의 한당유학이 장려된 것도 투철한 의리를 따지는 성리학이 세조의 왕위 찬탈 행위에 걸림돌로 작용하였기 때문이다.

조선 전기를 말할 때 빼놓을 수 없는 역사적 사건이 사화(士禍)이다. 사화란 글자 풀이는 선비들이 화를 당한 것을 말한다. 그동안 선비들이 왜 화를 당하게 되었는가, 그 근본 원인과 역사적 배경을 생략한 채 연산군의 광기와 선비들의 비타협적 태도, 훈구파(勳舊派)의 맹목적 권력욕 등 겉으로 나타난 양상들을 과장되게 서술해 온 것이 학계의 현실이었다.

조선 전기의 사화는 훈구파 대 사림파의 대결 구도였지만 그 중심에는 왕이 있었다. 훈구파는 조선이 건국할 때부터 국가 통치의 기반을 닦을 때까지 국가에 공훈을 세운 정치적 구파이다. 이들은 조선 왕조를 개창하는 역성혁명에 목숨을 걸고 참여했을 뿐 아니라 문물제도를 정비하고 외교 관계를 수립하는 등 국가 건설에 많은 공을 세운 공신 세력이다.

훈구파는 왕조 초기 다난한 시대에 정치적 난제들을 해결하였고 성종 대에 이르러 16차에 걸친 공신 배출로 많은 이들이 공신록에 오르며 양산된 정치 세력이다. 그 과정에서 고위 관직을 제수받고 공신전을 하사받는 등 정치권력과 경제력을 아울러 향유하고 왕실과 연혼하여 그 입지를 강화하였다. 건국한 지 1세기쯤 경과하면서 훈구파의 자손들은 기득권을 세습하고 그에 안주하며 귀족화하는 경향을 보이고 있었다. 이제 타성에 젖은 구정치 세력인 훈구파 일색의 정치권은 새로운 수혈을 요구하고 있었던 것이다.

한편 사림파는 지방에서 성리학을 주 전공으로 하던 일군의 성리학자들이다. 고려 왕조의 말기적 증상에 대한 현실 인식의 차이로 당 시대의 신지식인 군단인 신진사대부들이 급진 혁명파인 정도전(鄭道傳) 계열과 온건 개혁파인 정몽주(鄭夢周) 계열로 분립하였다. 노선 분립한 신진사대부 중 좌파인 정도전 계열이 이성계와 합류, 역성혁명을 일으켜 조선 왕조를 세운 데 반하여 우파인 정몽주는 죽음을 당하고 그의 제자인 야은(冶隱) 길재(吉再)가 영남에 은거하며 재야에서 일단의 학파를 형성하였으니 이른바 영남사림파이다.

성종 대는 창업기에서 수성기로 접어든 변곡점에 해당된다. 역성혁명의 그늘을 걷어 내고 새로운 왕조의 기틀을 다져 창업기를 마무리하고 있었다. 대명 외교의 사대 체제를 정상화하고 기타 국가들(일본 및 유구 등 동남아 국가들)과도 교린 체제를 구축하여 외교 관계를 안정시켰다. 나아가 조선 만세의 헌전(憲典)이라 할 수 있는 『경국대전』과 유교 국가의 의례인 『국조오례의』 등을 편찬하여 국가 경영의 기틀을 다졌다. 나아가 고려 왕조가 역사의 현장에서 완전히 사라진 상태에서 사림파의 충성 대상을 조선 왕조로 전환시켜 그 능력을 국가 차원에서 활용해야 할 시대적 요청에 직면해 있었다.

성종이 왕위에 오르자, 비정상적인 방법으로 왕위에 오른 할아버지 세조의 권력을 등에 업고 권력이 비대해진 훈구파에 대한 비판 세력으로 경상도 지방에서 성장하고 있던 사림파를 중앙 정계에 적극 끌어올렸다. 이때 활약한 이들이 정몽주-길재-김종직(金宗直)으로 이어지는 학맥(이른바 도통(道統))을 계승한 김굉필(金宏弼)·정여창(鄭汝昌) 등이다. 이들은 권력을 남용하는 훈구파를 비판 견제하는 것을 자신들의 임무로 하였다.

사림은 선비인 사(士)의 복수 개념으로 선비란 성리학을 주전공으로 하여 수기치인(修己治人, 선비의 단계에서 학문과 인격을 닦는 수기를 완성해야만 정치 행위인 치인을 할 수 있다는 이념)한 학자이다. 이들은 가문적 배경에 안주하지 않고 치열한 자기 연마를 통하여 그 시대가 요구하던 신지식인으로 거듭 난 지성들이다. 사림은 영남 사림이 모태가 되었으나 점차 기호 지방에도 확산되고 있었다.

사림 세가 요원의 불같이 일어나게 된 것은 조선 왕조가 국시로 천명한 성리학적 이념을 학문적으로 깊이 있게 천착하여 현실에 구현하려는 당 시대인의 자기 성찰에 기인하였다. 나아가 1세기에 걸쳐 권력을 장악하고 점차 역기능을 더해 가고 있는 구정치세력인 훈구파를 대체해야 하는 시대적 당위성이 커지고 있었기 때문이었다.

이러한 미묘한 시점에 왕위에 오른 연산군은 자신의 생모에 대한 원한을 승화시키기에 역부족한 섬약한 체질적 한계에다 신구 정치세력(사림파와 훈구파)의 갈등을 조정하지 못하고 스스로를 억제하지 못하는 광기에 사로잡혀 사화를 일으키니 1498년(연산 4년)의 무오사화와 1504년(연산 10년)의 갑자사화이다. 훈구파에 의하여 신진 사림파가 숙청당한 것이다. 이에 그의 폭정에 반기를 든 신하들이 자격 미달의 왕을 쫓아내고 왕실의 적격자를 왕위에 세워 정치를 바르게 돌이키려는 이른바 반정을 단행하였으니 1506년의 중종반정이다.

중종은 왕위에 오르자 조광조(趙光祖) 등 젊은 사림파를 등용하여 새로운 정치 풍토를 조성하려 하였다. 조광조는 평안도 희천으로 유배당해 있던 김굉필을 찾아 배워 영남 사림의 학통을 계승하였지만 개국 공신 조온(趙溫, 1360~1430년)의 5대손으로 훈구 가문 출신이었다. 가문적 배경은 훈구파에 속하지만 성리학을 학습하고 성리학적 이념을 실천하려는 치열성과 비판 의식으로 사림의 맹장이 되었다. 혈연을 초월하는 사림이 등장한 것이다.

이제 사림은 전국적으로 형성되었고 기존의 혈연관계를 뛰어넘어 공신 가문에서도 배출하게 되었다. 사림은 중종반정이라는 역사적 전기를 맞아 1세기 이상 경과하면서 생겨난 조선 왕조의 문제점을 개혁하고 성리학적 이상 국가를 만들려는 이상에 불타고 있었다. 일차적 개혁 대상은 훈구파였다.

사림파는 중종반정 이후 그 입지를 강화하면서 성리학 이념의 구현에 박차를 가하였다. 왕에게도 철인(哲人)이 될 것을 요구하고 지치주의(至治主義)를 부르짖으며 과거제의 폐단을 극복하는 대안으로 인재 추천 정책인 현량과(賢良科)의 시행을 추진하였다.

아울러 지방 자치 조직의 기초가 되는 향약(鄕約)의 실시를 서두르고 성리학 이념에 위배되는 소격서를 철폐하라고 주장하였다. 중종반정 때 공신에 녹훈된 109명의 반정 공신 중 3분의 2에 해당하는 79명이 공도 없이 공신이 되었다고 하여 위훈삭제(僞勳削除, 가짜 공훈을 깎아 버림)까지 주장하였다.

사림파의 조급성에 염증을 느끼고 있던 중종에게 훈구파들은 '주초위왕(走肖爲王, 조씨가 왕이 된다는 뜻으로 조씨는 조광조를 지칭함)'이라고 벌레가 파먹게 조작한 나뭇잎을 들이대며 사림파의 숙청을 단행하였으니 1519년(중종 14년)의 기묘사화이다. 중종은 자신에게 철인(哲人)이 되라고 강박하는 이들의 과격한 개혁주의에 위기감마저 들었던 것 같다. 이에 조광조를 중심으로 추진되던 개혁은 실패로 돌아갔고 많은 사림파 인물들이 목숨을 잃었다. 기타 유배당하거나 낙향한 사림들까지 합하면 수백 명이 연루되어 지식인 사회의 일대 공황을 불러일으켰다.

사림파는 열정과 이상은 높았지만 외래 사상으로서의 성리학을 이해하는 데 아직 미숙하다는 한계가 있었다. 사회 전반이 그 이념을 받아들이기에는 시기상조였는데 성리학을 제대로 알지도 못하는 백성들의 지지를 받기는 어려운 시점이었다. 권모술수에 능한 정치 9단인 훈구파와의 대결에도 한계가 있었다. 게다가 왕에게도 철인이 되라고 강요하는 지치주의의 주장은 아무리 반정에 의하여 왕위에 올랐다 하더라도 중종에게 버거운 짐이 되었다. 기묘사화는 학문적 미성숙성과 과격한 이상주의가 부른 참화였다.

1545년 명종 즉위년의 을사사화 역시 훈구와 사림의 대립으로 벌어졌다. 인종의 외삼촌인 윤임을 대표로 하는 대윤이 사림파를 아우르고 있었던 데 비하여 명종의 외삼촌인 윤원형의 소윤은 훈구 계열로, 왕위 계승을 둘러싼 한판 승부 끝에 대윤이 패배함으로써 사화가 일어난 것이다.

국왕에 의하여 중앙 정계에 등장한 사림은 노련한 훈구파의 권모술수를 감당하기 어려워 번번이 숙청당했다. 그러나 실패는 성공의 어머니라 했던가? 사림파는 주기적으로 사화를 당하면서 정치력을 키워 갔다. 사화로 죽음을 당하거나 유배됨을 면하고 남은 이들은 낙향하여 자식과 제자를 키우면서 다음 시대를 준비했던 것이다. 다음 시대에 그 제자들이 중앙 정계에 등장하여 비판 기능을 다하다가 또다시 숙청당하면 다시 낙향하여 힘을 기르는 과정을 되풀이하였다.

기득권과 현실주의를 고수하는 훈구파가 권력을 잡고 있는 정치 상황에서 농촌에 경제적 기반을 갖고 있으나 중소 지주에 불과한 사림파는 성리학의 의리지학(義理之學)으로 정신 무장을 하고 훈구파에 대한 견제 세력이 필요한 국왕의 후원을 받으며 중앙 정계에 진출하여 개혁을 시도하는 이상주의자들이었다.

대략 30년 단위로 부침을 계속했던 사림의 정치판 진출은 바로 그들 사제(師弟)의 1세대 간격을 의미한다. 사화에서 죽음을 모면한 잔존 세력이 귀향 후 제자를 양성하여 자신들의 학문과 이상을 제자들에게 전수하고 제자들은 성장하여 다음 시기에 다시

중앙 정계에 등장하였던 것이다.

그 치열한 사화기를 거쳐 16세기 후반에 이르면 외래 학문인 성리학은 조선의 학자들에 의하여 이해의 수준을 넘어 토착화하는 성과를 보이니 비로소 '조선 성리학'으로 규정할 수 있는 단계에 이르렀다. 이른바 퇴·율의 시대(퇴계 이황과 율곡 이이가 활동한 시대)가 열린 것이다.

사임당은 1504년(연산군 10년)에 태어나 1551년(명종 6년)에 생을 마감하였으니 향년 48세였다. 사임당이 태어난 해에 일어난 갑자사화는 훈구파든 사림파든 많은 이들이 죽음을 당한 사건이었다. 감성적인 연산군이 어머니의 비정상적인 죽음을 알게 되어 일으킨 첫 번째 사화(무오사화, 1498년)에 이은 두 번째 사화로서 새로운 정치세력으로 등장하고 있던 사림파와 훈구파의 갈등이 근본적인 원인이었다.

결국 사임당이 세 살 되던 1506년 연산군은 중종반정에 의하여 폐위되고 중종이 즉위하였다. 반정이란 정치가 제대로 이루어지지 않을 때 그 난정의 책임자인 왕을 쫓아내고 왕실에서 적격자를 찾아 왕으로 추대하는 정변의 일종이다. 신하는 신하의 명분을 지켜 왕위를 찬탈하지는 않고 왕실에서 적합한 후계자를 물색하여 왕으로 삼아 정치를 바로잡는다는 의미인 것이다.

사임당이 거쳐 간 시대는 연산군 2년여, 반정으로 왕위에 오른 중종 대가 39년이고 다음 인종은 1년여, 그리고 명종 대가 6년이다. 따라서 사임당이 산 시기는 대부분 중종 대가 된다. 반정으로 왕위에 오른 중종의 시대는 조광조를 비롯한 사림파의 개혁 열풍이 거세게 불면서 훈구파와 한판 승부를 겨룬 폭풍우가 몰아치던 시대였다. 한마디로 훈구파와 사림파가 격돌하는 사화의 시대였으니 사림에 의한 개혁 운동이 훈구파에 의하여 좌절되는 격변기였다.

사임당이 태어나던 해에 일어난 갑자사화(1504년), 16세에 일어난 기묘사화(1519년), 42세에 일어난 을사사화(1545년) 등 사임당은 일생에 세 번의 사화를 겪었다. 그녀가 태어나기 전에 일어난 무오사화(1498년)를 빼고 조선 전기 4대 사화 가운데 세 번의 사화를 당했으니 사임당의 일생은 사화기였다고 하여도 과언이 아니다. 서울의 중앙 정계에서 일어난 정치적 사건이 주로 지방에 살던 여인에게 무슨 영향이 있었겠느냐고 반문할 수도 있겠지만 사임당의 경우는 무관하지 않았다.

사화 가운데서도 가장 격렬했던 기묘사화의 중심부에 사임당의 아버지 신명화(申命和)가 있었기 때문이다. 기묘사림이던 신명화는 사화 발발 3년 전 41세로 한성에서 진사시에 급제하였다. 정도를 걸은 그의 대쪽 같은 지조 때문에 현량과를 통하여 벼슬살이를 시작하라는 주위의 권고에 응하지 않고 있었다.[1] 물론 대과인 문과에 급제하기 전이어서 출사하지 않았겠지만 마음만 먹으면 벼슬길이 불가능한 것은 아니었다.

현량과는 기존의 과거 제도에 폐단이 생겨나면서 인재를 제대로 등용하지 못한다고 여긴 사림파들이 적극 추진한 인재 추천

제도였다. 그러나 처음 의도와는 달리 사람을 천거하는 일에 정실이 개입될 소지가 있었을 뿐 아니라, 사림파가 자파의 세력을 부식시키는 통로로 이용한다는 비판이 거세게 일어나 문제가 되고 있었다. 그러니 강직했던 신명화는 당대 사림파 출세의 지름길인 현량과를 선택하지 않았던 것이다. 길이 아니면 가지 않는다는 원칙주의자로서 정도를 걸었고 결국 기묘사화의 참변을 모면하였다.

그의 사촌 신명인(申命仁)은 당대에 정광필(鄭光弼)·안당(安瑭)·이장곤(李長坤)·김정(金淨)·조광조·김식(金湜)·기준(奇遵)과 함께 기묘팔현(己卯八賢)으로 불렸고 기묘명현의 한 사람으로 추앙받았다. 신명화는 벼슬길이 막히고 살아남은 자의 슬픔과 좌절을 맛보게 되었다. 그 마음의 상처로 신명화는 불과 3년을 더 버티다가 19세가 된 사임당을 출가시키고는 47세로 별세하였다. 동지들의 죽음 앞에 살아 있음이 고통이었을 듯싶다. 그 좌절감과 상실감의 깊이를 알 만하다. 기묘사림의 못다 한 뜻은 반세기 후에 사임당의 아들 율곡 이이를 중심으로 하는 선조 대 사림에 의하여 대경장론으로 제기되었다.

율곡 이이는 기묘사림의 조급성과 과격성을 깊이 통찰하여 보다 현실감 있는 개혁을 열정적으로 추진하였지만 그 이상을 다 펴지 못하고 49세의 아까운 나이로 서거하였다. 그러나 시대를 통찰한 선각자 율곡 이이의 이상 사회에 대한 청사진과 열정은 그의 개혁 정신을 계승한 제자들에 의하여 조선 후기 사회에 단계적으로 실현되었다.

사임당의 삶,

그

빛과 그림자

I

I

아들 이이가 그린 어머니 사임당의 생애

사임당에 대한 본격적이고 총체적인 자료는 그녀의 셋째 아들인 율곡(栗谷) 이이(李珥)가 쓴 어머니의 행장인 「선비행장(先妣行狀)」이 있을 뿐이다. '선비'는 돌아가신 자기 어머니를 이르는 말이고 '행장'은 죽은 사람이 평생 살아온 일을 적은 글이다. 이러한 행장이 남아 있는 것만 해도 동시대 다른 여인들에 비하면 대단한 행운이라 할 수 있다. 이 「선비행장」은 아들 이이의 명성에 힘입어 널리 알려졌지만, 무엇보다도 그녀의 초충도를 비롯한 작품들이 조선 후기까지 많이 남아 있었기에 그 작품들의 작가를 알 수 있는 원전으로서 진가를 발휘하였다. 사임당 이해의 열쇠는 바로 이 행장이라고 해도 과언이 아닐 것이다.

이이가 16세에 별세한 어머니를 위하여 작성한 이 행장은 사임당이 사망한 직후여서 이이의 생생한 기억에 따라 선명하게 기술되었다.[1] 사임당에 대한 이보다 더 나은 기록은 없다고 해도 과언이 아니다. 그러므로 우선 사임당에 대한 본격적이고 유일무이한 자료인 「선비행장」의 전문을 살펴보고 그 내용을 검토하는 것이 사임당 이해의 관건이 될 것이다. 앞으로 사임당에 관한 어떠한 글이나 묘사도 이 행장에 있는 몇 글자의 작은 단서에라도 근거해 서술될 것이며 여기서 크게 벗어날 수는 없을 것임을 밝혀 둔다.

이이가 쓴 「선비행장」[2]

자당(慈堂)의 휘는 모(某)로 진사 신 공(申公, 신명화)의 둘째 딸이다. 어렸을 때에 경전(經傳)을 통했고 글도 잘 지었으며 글씨도 잘 썼다. 또한 바느질도 잘하고 수놓기까지 정묘(精妙)하지 않은 것이 없었다. 게다가 천성이 온화하고 얌전하였으며, 지조가 정결하고 거동이 조용하였으며, 일을 처리하는 데 안존하고 자상스러웠으며, 말이 적고 행실을 삼가고 또 겸손하였으므로 신 공이 사랑하고 아꼈다. 성품이 또 효성스러워 부모가 병환이 있으면 안색이 반드시 슬픔에 잠겼다가 병이 나은 뒤에야 다시 처음으로 돌아갔다.

가군(家君)에게 이미 시집을 오게 되자 진사 신 공이 가군에게 말하기를 "내가 딸이 많은데 다른 딸은 시집을 가도 서운하질 않더니 그대의 처만은 내 곁에서 떠나보내고 싶지 않네그려."라고 하였다. 신혼을 치른 지 얼마 안 되어 진사가 작고하니 상을 마친 뒤에 신부의 예로써 시어머니 홍씨(洪氏)를 서울에서 뵈었는데, 몸가짐을 함부로 하지 않고 말을 함부로 하지 않았다. 하루는 종족들이 모인 잔치 자리에서 여자 손님들이 모두 이야기하며 웃고 하는데 자당만 말없이 그 속에 앉아 있자 홍씨가 자당을 가리키며 "새 며느리는 왜 말을 않는가?" 하셨다. 그러자 무릎을 꿇고 말하기를 "여자는 문밖을 나가 본 적이 없어서 전혀 본 것이 없는데 무슨 말씀을 하오리까." 하니, 좌중에 있던 사람들이 모두 부끄러워했다.

그 뒤에 자당께서 임영(臨瀛, 강릉의 옛날 이름)으로 근친(覲親)을 가셨다. 돌아오실 때에 자친(慈親, 친정어머니)과 울면서 작별을 하고 대령(大嶺, 대관령) 중턱에 이르렀는데 북평(北坪) 땅을 바라보니 백운(白雲)의 생각(어버이를 그리워함)[3]을 견딜 수 없었다. 가마를 멈추게 하고 한동안 쓸쓸히 눈물을 짓다가 다음과 같이 시를 지었다.

머리 하얀 어머님 임영에 두고	慈親鶴髮在臨瀛
장안 향해 홀로 가는 이 마음	身向長安獨去情
고개 돌려 북촌 바라보노니	回首北邨時一望
흰 구름 날아내리는 저녁 산만 푸르네	白雲飛下暮山靑

한성에 이르러 수진방(壽進坊, 서울 수송동과 청진동)에서 살았는데 이때에 홍씨는 늙어[때는 신축년이다.](1541년) 가사를 돌보지 못하셨으므로 자당이 맏며느리 노릇을 했다. 가군은 성품이 호탕하여 살림살이를 돌아보지 않았으므로 가정 형편이 매우 어려웠다. 자당이 절약하여 윗분을 공양하고 아랫사람을 길렀는데 모든 일을 맘대로 한 적이 없고 반드시 시어머니에게 고하였다. 그리고 홍씨의 앞에서는 희첩(姬妾)[시중드는 여종을 모두 희첩이라고 했다.]⁴도 꾸짖는 일이 없고 말씀은 언제나 따뜻하고 안색은 언제나 온화했다. 가군께서 어쩌다가 실수가 있으면 반드시 간하고 자녀가 잘못이 있으면 훈계하였으며 좌우가 죄가 있으면 꾸짖으니 종들도 모두 존경하며 떠받들고 좋아했다.

자당이 평소에 항상 임영을 그리워하여 밤중에 사람 기척이 조용해지면 반드시 눈물을 흘리며 울고 어떤 때는 새벽이 되도록 잠을 이루지 못하였다. 하루는 친척 어른 되는 심 공(沈公)의 시희(侍姬)가 찾아와 거문고를 뜯자 자당께서는 거문고 소리를 듣고 눈물을 흘리며 "거문고 소리가 그리움이 있는 사람을 느껍게 한다."라고 하셨는데, 온 방 사람들이 슬퍼하면서도 그 뜻을 몰랐다. 또 일찍이 어버이를 생각하는 시를 지었는데 그 글귀에,

밤마다 달을 보고 비노니   夜夜祈向月
살아생전 뵐 수 있게 하소서   願得見生前

하였으니, 대체로 그 효심은 천성에서 나온 것이었다. 자당은 홍치(弘治) 갑자년(1504년) 10월 29일 임영에서 태어나 가정(嘉靖) 임오년(1522년)에 가군에게 시집을 오셨으며 갑신년(1524년)에 한성으로 오셨다. 그 뒤에 임영으로 근친을 가 계시기도 했고 봉평(蓬坪)에서 살기도 하다가 신축년(1541년)에 다시 한성으로 돌아오셨다.

경술년(1550년) 여름에 가군이 수운판관(水運判官)에 임명되었고, 신해년(1551년) 봄에는 삼청동(三淸洞) 우사(寓舍)로 이사를 했다. 그해 여름에 가군이 조운(漕運)의 일로 관서(關西)에 가셨는데 아들 선(璿)과 이(珥)가 모시고 따라갔다. 이때에 자당은 수점(水店, 강가에 있는 객사)으로 편지를 보내시면서 오로지 눈물을 흘리며 글을 썼는데 사람들은 그 뜻을 몰랐다. 5월에 조운이 끝나 가군께서 배를 타고 서울로 향하였는데, 당도하기 전에 자당께서 병환이 나서 겨우 2~3일이 지났을 때 모든 자식들에게 이르기를 "내가 살지 못하겠다." 하셨다. 밤중이 되자 평소와 같이 편히 주무시므로 자식들은 모두 병환이 나은 줄로 알았는데 17일 갑진 새벽에 갑자기 작고하시니 향년이 48세였다.

그날 가군께서 서강(西江)에 이르렀는데〔이(珥)도 배행했다.〕행장 속에 든 유기그릇이 모두 빨갛게 되었으므로 사람들이 모두 괴이한 일이라고 했는데 조금 있다가 돌아가셨다는 기별이 들려왔다.

자당은 평소에 묵적(墨迹)이 뛰어났는데 7세 때에 안견(安堅)의 그림을 모방하여 산수도를 그린 것이 아주 절묘하다. 또 포도를 그렸는데 세상에 흉내 낼 수 있는 사람이 없다. 그리고 그 그림을 모사한 병풍이나 족자가 세상에 많이 전해지고 있다.

유일한 기록

이이는 어머니의 행장에서 우선 사임당이 진사 신명화의 둘째 딸임을 전제하고 다음에 그 능력을 열거했는데 어려서 경전에 통했다는 점을 앞세웠다. 어렸다 함은 물론 10세 미만일 터이니 사임당이 아버지 신명화, 어머니 용인 이씨, 또는 그녀가 살던 외가의 외할아버지 이사온(李思溫), 아니면 외할머니 강릉 최씨로부터 경전 공부를 시작한 것으로 보인다.

경전이란 사서삼경을 중심으로 하였으리라 추정된다. 중종 대에 사림들이 본격적으로 등장하고 아버지인 신명화 역시 기묘사림으로 분류되는 성리학자였으므로 당연히 성리학, 즉 신유학의 기본 교과서인 사서삼경을 우선하였을 것이다. 원시 유학이 육경(六經, 『시경』·『서경』·『역경』·『예기』·『춘추』·『주례』) 체제를 기본 교과로 한 데 비하여 성리학의 기본 교과서는 사서(四書, 『논어』·『맹자』·『대학』·『중용』)와 삼경(三經, 『시경』·『서경』·『역경』)의 칠서(七書) 체제였다.

사서 중에서도 공자의 말씀인 『논어』가 중심 교재였을 터, 『논어』는 짧고도 간결한 문장 속에 인생의 지혜가 번득이는 경구나 잠언이 가득 담긴 유학의 핵심 교과서로 사임당에게 가장 큰

감명을 주었으리라 짐작된다. 『맹자』는 긴 사설이 많고 『대학』과 『중용』은 짧고 예화가 없는 원론인데 『논어』는 대화체여서 친근하게 다가왔을 것이다.

삼경 중에서는 『시경』이 그녀의 감성에 부합되어 가장 즐겨 배웠을 것으로 추측된다. 『서경』이 정치서로 어린 사임당에겐 이해하기 벅차고 『역경』이 철학서로 난삽한 데 비하여 『시경』은 그야말로 아름다운 시로 가득 차서 꿈 많은 소녀 사임당의 여린 감성을 한껏 부추겨 주었으리라 생각된다.

다음으로 이이는 사임당의 재예를 열거하여 글 잘 짓고 글씨 잘 쓰고 바느질 잘하고 수놓기에 이르기까지 정묘하지 않은 것이 없다고 하였다. 아마도 당시 글 잘 짓고 글씨 잘 쓰는 능력은, 바느질이나 자수만큼은 아니더라도, 양반가 여인들에게 필요하다는 상식이 통하지 않았나 싶다. 사임당의 그림에 대해서는 제일 뒤에 언급하고 있는 것을 보면 글이나 글씨는 당연히 여성 필수 능력이라 간주되는 데 비하여 그림은 예외적인 재능의 발휘로 인식되었던 것으로 보인다.

다음은 사임당의 사람됨에 대해 말하고 있다. 천자(天資, 타고난 자질)는 따듯하고 우아하였으며(天資溫雅), 지조가 정결하고(志操貞潔), 거동이 조용했으며(擧度閒靜), 일을 처리하는 데 편안하고 자상스러웠으며(處事安詳), 말수는 적고 믿음성 있게 행동하고(寡言信行), 거기에 더하여 스스로 겸손했다는 평이다. 그녀의 수신이 경지에 오른 것으로 보인다. 그리하여 아버지 신 공이 사랑하고 아끼는 딸이 되었던 것이다. 대개 선비들은 자기 자신에게 엄격한 만큼 자식에게도 엄격하여 웬만해서는 눈에 차지 않는 법인데 기묘사림의 한 사람으로 알려진 아버지 신명화의 마음을 사로잡은 사임당은 자랑스러운 딸로서 사랑과 아낌을 듬뿍 받으며 자랐다. 그 사랑만큼 사임당의 효성도 지극하였고 아들 없는 집안의 믿음직한 기둥이 되었다.

19세 되던 해 사임당의 결혼 때 아버지 신명화는 떠나야 하는 딸을 못내 아쉬워하며 사위가 된 이원수(李元秀)[5]에게 "내가 딸이 많은데 다른 딸은 시집을 가도 서운하질 않더니 그대의 처만은 내 곁에서 떠나보내고 싶지 않네그려."라고 할 정도였다. 아마도 자신의 마지막을 예감하여 한 말인지 모르겠지만 결혼 후 얼마 안 되어 아버지 신명화는 별세하였다.

사임당은 1524년 21세에 상경하여 시어머니 홍씨에게 신혼례를 올렸다. 이해에 맏아들 선(璿)이 출생하고 이후 18년간 4남 3녀가 줄줄이 태어났다. 그녀는 시집살이하며 몸가짐과 말을 각별히 조심하였다. 그 한 예화로, 잔치가 있어 일가친척이 모여 떠들썩한데 사임당은 조용하기만 하여 시어머니 홍씨가 이유를 물으니 "여자는 문밖을 나가 본 적이 없어서 전혀 본 것이 없는데 무슨 말씀을 하오리까."라고 반문해 사람들이 무안해했다는 이야기가 실려 있다. 이후 20여 년간 사임당은 서울·강릉·봉평·파주를 오가며 생활하였다.

강릉 친정 생활을 완전히 청산하고 시댁이 있는 서울로 가기 위하여 홀로 계신 어머니 용인 이씨와 울며 작별하고 돌아오는 길에 대관령을 넘으며 지은 「유대관령망친정(踰大關嶺望親庭)」이라는 시가 등장한다. 대관령 중턱에서 친정이 있는 북평을 바라보며 지은 시이다.

머리 하얀 어머님 임영에 두고	慈親鶴髮在臨瀛
장안 향해 홀로 가는 이 마음	身向長安獨去情
고개 돌려 북촌 바라보노니	回首北邨時一望
흰 구름 날아내리는 저녁 산만 푸르네	白雲飛下暮山靑
	(1541년 38세 작)

이 시는 사임당이 남긴 온전한 시로 두고두고 인구에 회자되는 작품이다.

이이가 간직한 이 시로 인하여 사임당의 시 세계를 어느 정도 엿볼 수 있다. 늙은 어머니를 이별하고 홀로 시집이 있는 서울로 가는 안타까움과 가면서 돌아보고 또 돌아보게 되는 친정집, 그리고 부모님을 그리는 백운의 생각은 사무치는데 해 저물어 가는 산 빛이 아직 푸름을 노래하였다.

이때(1541년 신축, 사임당 38세) 서울에 올라온 후 사임당은 수진방에서 살게 되었다. 시어머니 홍씨가 늙어 더 이상 살림을 주관하지 못하게 되자 총부(家婦, 적장자의 아내)의 역할을 떠맡았고 이후 10여 년간 서울에서 시집살이를 한다.

다음은 남편인 이원수가 성품이 호탕하여 살림을 돌보지 않아 가정 형편이 매우 어려웠는데 사임당이 절약하여 윗분을 공양하고 아랫사람을 기르면서 모든 일을 맘대로 한 적이 없고 반드시 시어머니에게 고하였다는 언급이 나온다. 여기에는 많은 뜻이 들어 있다. 이원수의 성격이 호탕하지만 세상살이에는 무능하다는 언외의 뜻을 함축하고 있고 가정 형편이 어려워 사임당이 절약하여 윗사람을 받들고 아랫사람을 거두었다는 언급은 사임당이 살림을 책임졌다는 것이다.

추측해 보면 파주의 전장에서 나오는 소출과 강릉 친정에서 보조하는 양식으로 많은 식솔들의 먹는 문제를 해결할 수 있었는지는 모르겠다. 그럼에도 이러나저러나 서울 살이는 생활비가 많이 드니 아이들 학비며 의복, 거처 관리 등 기타 생활비를 어떻게 해결했을지 사임당의 고충을 상상해 보는 것은 어렵지 않다.

이 문제의 해결 방법이 바느질이나 수놓기가 아니었을까 싶다. 남편 이원수가 과거 급제는 못했어도 양반 출신이고 자신도 기묘사림의 한 사람인 신명화의 딸이요, 외가도 강릉의 양반가여서 상업에 종사할 수는 없는 노릇이고 남의 집 허드렛일을 하고 돌아다닐 수도 없는 처지였다. 그리하여 양반집 부녀자가 할 수 있는 일은 바느질과 자수였을 것이다. 더구나 처녀 시절부터 사임당은 빼어난 침선 솜씨와 자수 솜씨를 자랑하던 터였다.

그렇다고 하여 드러내 놓고 바느질품을 팔 수는 없었을 것이고 아마도 알음알음으로 주변의 수요에 응했으리라 본다. 거기에 더하여 그림도 한몫하지 않았을까 싶다. 명문가에서는 한두 점씩 그녀의 작품을 소장하고 있었다는 이야기가 전해 내려오는 것을 보더라도 그녀의 그림, 특히 초충도는 양반집 부녀자들이 좋아하여 안방에 하나씩 걸어 놓는 기호품이 아니었을까?

사임당의 작품으로 판정되거나 사임당의 작품이라고 전해 오는 작품들은 이렇게 퍼져 나간 것일 터이다. 그리고 작품을 얻은 이들은 직접 돈을 건네지는 않더라도 어떤 방법이든 사례를 했을 것이고 이것이 사임당의 살림에 많은 보탬이 되지 않았을까 싶다. 남편 이원수가 사임당의 그림 솜씨를 사랑에 온 손님들에게 자랑하고 싶어 했다는 이야기도 맥락이 닿는다.

또한 시어머니 "홍씨의 앞에서는 희첩도 꾸짖는 일이 없고 말씀은 언제나 따뜻하고 안색은 언제나 온화했다. 가군께서 어쩌다가 실수가 있으면 반드시 간하고 자녀가 잘못이 있으면 훈계하였으며 좌우가 죄가 있으면 꾸짖으니 종들도 모두 존경하며 떠받들고 좋아했다."라는 구절은 가족 구성원 사이의 의를 중요하게 여기는 사임당의 가정 관리 능력을 보여 준다. 여기서 희첩이란 분명 이원수의 첩일 터인데[6] 뒤에 이이의 문집을 간행할 때 제자들이 이이에게 누가 될까 염려하여 주를 달아 "시중드는 여종"이라 하였을 것이다.

한편 사임당이 평소에 항상 강릉을 그리워하여 밤중에 사람기척이 조용해지면 반드시 눈물을 흘리며 때로는 새벽이 되도록 잠을 이루지 못하였다고 말한 데서 사임당의 친정 그리워하는 마음과 홀로 계신 친정어머니 이씨를 걱정하는 마음이 표현되어 있다. 더구나 그녀는 예술가다운 감수성에 예민한 성격으로 가정 관리까지 떠맡아 근심이 많은 날이면 새벽이 되도록 잠을 이루지 못하고 더욱 친정을 떠올렸을 것이다.

하루는 친척 어른인 심 공의 시희가 찾아와 거문고를 뜯자 사임당이 거문고 소리를 듣고 눈물을 흘리며 "거문고 소리가 그리움이 있는 사람을 감동하게 한다."라고 했는데 온 방 사람들이 슬퍼하면서도 그 뜻을 몰랐다는 구절은 아무리 주변에 사람이 많아도 그녀의 그리움과 고독을 알아주는 이는 없었다는 말도 된다. 그녀는 가난한 서울 시집살이를 총괄하며 7남매를 키우면서 홀로 행복했던 유년 시절과 그녀를 사랑했던 친정의 어른들을 그리워하며 눈시울을 적셨으리라.

다음에는 오언절구의 사친시(思親詩) 일부가 남아 있다.

밤마다 달을 보고 비노니　　　　　　　　　夜夜祈向月
살아생전 뵐 수 있게 하소서　　　　　　　　願得見生前

밤마다 달을 보고 살아생전에 어머니를 뵙게 해 달라고 기원하였다는 이 시는 그 간절한 효심으로 사람들을 감동시킨다.

그다음부터는 사실적인 기록으로 연보에 해당된다. 1504년 10월 29일 강릉에서 태어나 1522년 19세에 이원수와 결혼하고, 1524년 서울 시댁으로 왔다. 그 뒤에 다시 강릉으로 근친을 가 머물기도 하고 봉평에서 살기도 하다가 1541년 다시 서울로 왔다. 결혼 후 20여 년을 강릉, 서울, 그리고 봉평을 오가며 살았다는 것이다. 봉평은 지금 평창군에 속해 있지만 당시에는 강릉부에 속해 있어서 사임당의 친정 부근으로 이해할 수도 있으며 사임당의 친정 소유가 아니었을까 추측된다.

1541년 서울에 와서 총부의 책임을 떠맡았다는 앞의 기록대로 이후 10여 년 동안 사임당은 주로 서울에서 생활한 것으로 보인다. 아마도 힘겨운 서울 살이였을 것이고 이 시기 병약한 사임당은 혼신을 다해 가정을 지키며 자신의 본분을 다하고 에너지가 고갈된 상태였을 것이다.

1550년 드디어 고대하던 남편의 취직이 성사되었다. 사임당이 간절하게 원했던 과거 급제는 물 건너갔고 지천명의 나이가 된 이원수는 음직(蔭職)으로 수운판관(水運判官)에 처음 임명되었다. 이듬해 1551년 봄에는 삼청동 우사(寓舍)로 이사를 했다. 우사란 지금의 관사로 생각된다. 수진방의 집도 아마 사임당의 친정 소유가 아니었나 싶은데 비로소 남편의 능력으로 이사하게 되었으니 사임당에게는 평생 소원을 이룬 셈이었다. 더구나 삼청동은 당시 서울 도성 안에서 손꼽히는 경승지여서 연하고질(煙霞痼疾, 산수를 대단히 사랑하는 고질병)이 있던 사임당에게는 배가 되는 기쁨을 안겨 주었으리라.

이해에 이원수가 수운판관의 업무인 조운의 일로 관서 지방에 가는데 큰 아들 이선과 셋째 아들 이이가 모시고 갔다. 이때 사임당이 눈물을 흘리며 편지를 써 수점으로 보냈는데 사람들은 그 뜻을 몰랐다고 한다. 이제 겨우 한숨을 돌린 사임당은 이미 병들어 남편과 큰아들 이선, 그리고 그녀가 가장 촉망하던 셋째 아들 이이를 타지에 보내 놓고 자신의 죽음을 예감해 편지를 쓰며 눈물을 흘렸을 것이다.

5월에 조운이 끝나 이원수가 배를 타고 서울로 향했는데 당도하기 전에 사임당이 병이 났다. 겨우 2~3일이 지났을 때 사임당은 모든 자식들에게 "내가 살지 못하겠다." 하였고 밤중이 되자 평소와 같이 편히 잠들어 새벽에 갑자기 작고하니 향년이 48세였다. 사임당의 마지막은 '잠자듯이 갔다.'였다. 2~3일 앓고 자식들에게 죽음을 예고하고는 5월 17일 새벽 48세로 세상을 뜬 것이다. 상당한 정신적 경지에 이르지 않고서는 이루기 힘든 죽음이었다.

그날 이원수가 서강에 이르렀을 때 행장 속에 든 유기그릇이 모두 빨갛게 되어 사람들이 괴이한 일이라고 했는데 조금 있다가 사임당이 돌아갔다는 기별이 들려왔다는 구절은 유기그릇의 변색으로 미리 죽음을 알렸다는 것을 말한다. 평범하지 않은 사람들에게 나타나는 예감이나 징후를 뜻한다.

마지막에 사임당의 그림에 대한 언급이 있다. "자당은 평소에 묵적이 뛰어났는데 7세 때에 안견의 그림을 모방하여 산수도를 그린 것이 아주 절묘하고 또 포도를 그렸는데 세상에 흉내 낼 수 있는 사람이 없다. 그리고 그 그림을 모사한 병풍이나 족자가 세상에 많이 전해지고 있다."라고 하여 어머니 사임당이 남긴 그림 작품을 길이 남길 만한 업적으로 기리고 있다. 안견을 모방한 산수도는 절묘했으며 포도 그림은 당대 누구도 흉내 낼 수 없는 경지에 이르렀다고 한 데서 어머니의 그림에 대한 이이의 자부심이 느껴진다. 그리고 그 작품들이 병풍이나 족자로 세상에 많이 전해지고 있다고 이이 스스로 밝히고 있다.

만약 사임당의 작품 활동이 19세 결혼 전에 모두 이루어졌거나 혹은 취미 생활이나 여가 활동이었다면 그렇게 많은 작품이 남아 있을 수는 없는 노릇이다. 또 강릉에서만 그린 것이라면 그 작품들이 서울에까지 진출하기도 어려웠을 터이다. 그녀의 작품 활동은 평생을 걸쳐 이루어졌고 이는 자기 성취인 동시에 고달픈 세상살이를 극복하는 탈출구이자 생활의 방편이도 했던 것이다.

사임당은 48세의 짧은 인생을 살았지만 그 일생을 시기 구분한다면 3기로 나눌 수 있겠다. 제1기는 출생부터 19세 결혼까지 성장기이고 제2기는 결혼해서 38세까지 강릉 친정과 서울 시댁을 오가며 평창 백옥포리의 별서에서도 생활하고 파주의 시댁 본가에서도 지내며 산 20여 년 세월이다. 이는 기본적으로는 강릉 친정집에 근거를 두고 산 시기이다. 제3기는 38세에 서울 시댁으로 상경하여 48세 사망 때까지 총부의 역할을 하며 본격적인 시집살이를 한 시기이다. 그녀의 인생에서 가장 아름답고 빛난 때는 강릉 친정집에서 성장하던 유년 시절이었다.

유년의 뜰

사임당의 유년의 뜰은 출생지 강릉의 자연환경과 그녀를 둘러싼 가정 환경이 중요한 구성 요소이다. 사임당이 태어난 강릉 북평촌 친정집은 뒤에 오죽헌(烏竹軒, 강원도 강릉시 죽헌동 소재)으로 불리지만 사임당이 태어나고 살아생전에는 아직 오죽헌이라는 이름으로 불리진 않았다. 북평촌은 강릉의 북녘 뜰로 집 뒤로는 작은 야산들이 감싸고 있고 집 앞으로는 경포천이 흐르며 넓은 들이 펼쳐져 있었다. 동쪽으로 멀지 않게 경포호도 자리 잡고 있어서 감수성 예민한 사임당에게 아름다운 산수를 선물해 주었다. 어린 사임당의 호연지기를 기르는 데 손색이 없었다.

예전부터 경포대가 관동팔경 가운데 하나로 손꼽히고 있는 것은 누구나 아는 사실이지만 지금의 강릉팔경도 강릉이 경승지임을 유감없이 보여 주고 있다. 첫째 오죽헌, 둘째 경포대, 셋째 국립공원 소금강(청학산), 넷째 정동진역 해돋이, 다섯째 선교장, 여섯째 대관령, 일곱째 대관령 자연휴양림, 여덟째 경포도립공원 등이 그것이다. 사임당이 생장한 강릉의 자연환경은 그 어느 곳에 비교해도 뛰어난 해악승경과 강산승경을 아우르고 있다.

사임당의 가정 환경은 그 가족 구성원의 됨됨이에 기초하고 있고 나아가 그들의 경제력도 중요한 요소이다. 아버지 신명화, 어머니 용인 이씨, 외할아버지 이사온, 외할머니 강릉 최씨가 사임당 유년기에 가장 영향을 많이 끼친 인물들이다.

사임당의 가정 환경

아버지 신명화(申命和, 1476~1522년, 자는 계흠(季欽), 호는 송정(松亭))는 서울 사람으로 강릉에 정착하지 않고 서울과 강릉을 왕래하였고 선비로서의 정체성이 뚜렷한 기묘사림의 한 사람이었다. 본관은 평산이며 기묘명현인 신명인(申命仁)의 종형제로 기묘사류로 분류된다. 좌의정을 지낸 신개(申槩)의 증손이고 영월 군수를 지낸 신숙권(申叔權)의 아들로 진사 시험에 합격하였으니 이승(理勝, 논리가 승함)하기보다 문승(文勝, 글솜씨가 승함)한 선비로 추정된다.

어머니 용인 이씨는 생원 이사온의 외동딸로 가정 교육을 잘 받았으며 자식 교육에도 헌신적인 인물이었다. 게다가 외할아버지 이사온, 외할머니 강릉 최씨까지 생존하여 온 집안이 사임당에게 좋은 가정 환경과 교육 환경을 제공하였다. 경제적으로 여유가 있었을 뿐 아니라 사랑이 넘치는 환경이기도 했다.

우선 사임당의 아버지 신명화에 대해서 자세히 알아보기 위하여 이이가 쓴 외할아버지의 행장을 보자.

외조고 진사 신 공의 행장(外祖考進士申公行狀)[1]

진사 신 공의 휘는 명화(命和), 자는 계흠(季欽)이다. 천성이 순박하고 지조가 굳세어 어려서 글을 읽을 때부터 벌써 선악으로써 자기의 권계(勸戒)를 삼았다. 장성하자 학행이 독실하였고 예가 아니면 행동하지 않았다. 연산조(燕山朝) 때에 아버지의 상을 당했는데 이때에 단상(短喪)하라는 법령이 엄했지만 진사는 끝까지 예를 폐하지 않고 상복에 수질·요질로 여묘(廬墓) 살이를 했다. 죽을 마시고 몹시 야위어 가면서 몸소 밥을 지어 상식을 드리고 3년 동안 슬픔을 극진히 다하였으므로 당시의 의론이 장하게 여겼다.

중종 때에는 윤 상공 은보(尹相公殷輔)와 남 공 효의(南公孝義) 등이 현량(賢良)으로 천거하려 하였으나 진사는 굳이 사양하므로 강권할 수가 없었다. 진사는 성화(成化) 병신년(1476년)에 태어나 정덕(正德) 병자년(1516년)에 진사시에 합격했고 가정 임오년(1522년) 11월 7일 을사에 작고하니 향년이 47세였다. 지평(砥平)의 적두산(赤頭山) 기슭에 장사 지냈다가 뒤에 임영(臨

瀛, 강릉)의 조산(助山)에 이장하였다.

진사는 이씨에게 장가들어 딸 다섯을 두었는데 맏이는 장 후 인우(張侯仁友)에게 시집갔고 다음은 바로 사임당(師任堂)이고 다음은 홍 생원 호(洪生員浩)에게, 다음은 권 군 화(權君和)에게, 다음은 이 군 주남(李君胄男)에게 시집갔다. 진사는 평소에 자질(子姪)들과 담소를 하면서도 언제나 법도를 잃지 않았고 거동에도 규범이 있었다.

하루는 이씨가 뒷간에 갔다가 돌아오면서 실족하여 넘어질 듯하므로 여러 딸들이 달려가 붙잡아 주고 금방 모두 빙긋이 웃자, 진사가 이것을 보고 말하기를 "부모가 기운이 허약해졌으면 마땅히 걱정을 해야지 도리어 웃는단 말이냐."라고 하시니 딸들이 부끄러워하며 사죄했다고 한다. 일을 저질렀을 때 엄하게 가르침이 이와 같았다. 그래서 딸들은 가르침을 따라 매우 현행(賢行)이 있었다.

진사는 남과 사귈 때 말이 반드시 신의가 있었다. 하루는 그의 장인인 이 후(李侯)가 어떤 친구와 만나기로 약속을 했다가 다른 일로 못 가게 되자 편지를 보려내고 진사를 시켜 쓰라고 하면서 "조금 몸이 아프다고 핑계를 대는 것이 괜찮겠다."라고 하니, 진사는 정색을 하며 "실지에 없는 사실을 남에게 말할 수 없습니다."라 하고 끝까지 쓰지 않았다.

또 정덕 신사년(1521년) 둘째 딸을 시집보내려 할 즈음에 서울에 갔다 온 사람이 헛소문을 퍼뜨려 "나라에서 널리 처녀

를 뽑아 가려고 한다."라고 하는 바람에 수많은 사람들이 놀라
고 들떠서 딸을 둔 집마다 중매하는 사람도 기다리지 않고 정
신없이 사위를 맞아들임으로써 비록 사대부의 집이라도 제대
로 예를 갖추지 못하였다. 그러나 진사는 홀로 풍속을 개탄하
여 마침내 혼례의 법식대로 차분하게 납폐(納幣)를 하였다. 그
선(善)을 고집함이 이와 같았다.

이상 이이가 쓴 행장 내용으로 보면 신명화는 철저한 원칙주
의자로 남에게 엄정한 만큼 자신에게도 엄격한 인물로 보인다. 거
짓말은 아무리 악의가 없더라도 하지 않고 무엇보다 사람 사이의
신의를 중요하게 여기는 도덕군자였음을 알 수 있다. 중종 때 현
량과에 추천받는 것을 끝까지 사양한 점도 특기할 일이다.

사임당의 어머니 용인 이씨에 대해서는 역시 이이가 쓴 외할
머니의 묘지명을 보자.

외조비 이씨 묘지명(外祖妣李氏墓誌銘)[2]
이씨는 용인(龍仁)의 명망 높은 집안이다. 벼슬이 삼수 군
수(三水郡守)에 이른 휘 유약(有若)이 있어 휘 익달(益達)을 낳았
다. 익달은 벼슬이 전라도 병마우후에 이르니 휘 사온(思溫)을
낳았다. 사온은 생원으로서 벼슬은 하지 않고 최 참판 응현(崔
參判應賢)의 딸에게 장가들었다. 참판은 어질어 가법이 있었으
므로 최씨 부인은 규범(閨範)이 잘 닦인 터에 성화(成化) 경자

년(1480년) 정월 24일에 이씨 부인을 낳았다.

이씨 부인은 타고난 성품이 온화하고 유순하며 마음가짐이 순수하고 차분하였다. 어려서 『삼강행실(三綱行實)』³을 읽어서 능히 대의(大義)를 깨달았고, 이미 계례(筓禮)⁴를 치르고는 신씨(申氏)에게 시집갔으니, 곧 진사 부군(進士府君)인 휘 명화(命和)였다.

신씨는 바로 평산(平山) 대성(大姓)이다. 진사 부군의 증조는 의정부 좌의정을 지낸 휘 개(槩)요, 조부는 성균관 대사성을 지낸 휘 자승(自繩)이며, 부친은 영월 군수 휘 숙권(叔權)이고, 어머니는 남양 홍씨(南陽洪氏)다.

진사는 몸을 신칙하고 지조가 있어 도의에 어긋나는 일은 하지 않았다. 연산조의 단상령(短喪令)이 매우 엄하였으나 진사는 친상(親喪)을 당했을 때 3년복을 입고 법령에 굽히지 않았다. 기묘년(1519년) 무렵에 현량으로 추천하려는 자가 있었으나 진사는 굳이 사양하고 끝내 진사로 마쳤다. 진사는 개사(介士, 절개 있는 선비)이고 이씨는 현부(賢婦)였으니, 두 아름다운 이가 서로 합하여 예경(禮敬)이 갖추어짐이 극진하였다.

정덕 신사년(1521년)에 진사가 염병에 걸려 거의 죽게 되자 이씨는 하늘에 빌고 손가락을 잘라 함께 죽기를 맹세하였다. 진사는 신인(神人)이 "마땅히 낫게 하리라." 하고 알리는 꿈을 갑자기 꾸었고, 곁에 모시고 있던 차녀도 하늘에서 영약(靈藥)을 내리는 꿈을 꾸었다. 이날은 구름이 끼어 어둡고 뇌우가 크게 일더니, 진사의 병이 드디어 나았다. 고을 사람들은 그의 정성을 기이하게 여겼고, 이 일이 조정에 알려지자 중종대왕은 정문(旌門)을 세우고 복호(復戶, 충신·효자·열녀 등이 난 집의 호역(戶役)을 면제해 주는 일)를 하도록 명을 내렸다.

다음 해인 임오년에 진사가 서울에서 돌아가니, 처음에는 지평(砥平)에 안장하였다가 뒤에 강릉(江陵) 조산(助山)의 언덕으로 옮겼다. 이씨는 내리 강릉에 살았으니, 이는 바로 최씨의 고을이다.

이씨는 융경(隆慶) 기사년(1569년) 10월 22일에 병으로 돌아가니 향년 90세였다. 그해 12월 8일에 조산에 안장하였으니, 진사의 묘가 앞에 있다.

이씨는 아들은 없고 딸만 다섯을 두었으니, 맏딸은 장인우(張仁友)에게 시집가고, 둘째는 이 주부 휘 원수에게, 셋째는 생원(生員) 홍호(洪浩)에게, 넷째는 습독(習讀) 권화(權和)에게, 다섯째는 이주남(李冑男)에게 시집갔다. 손자들은 20여 명이다. 주부는 바로 나의 선군(先君, 돌아가신 아버지)이다. 나로 하여금 외조부모의 제사를 맡게 하였다. 다음과 같이 명(銘)을 한다.

아름다운 규수여
얌전하고 유순한 그 자태여.
가정의 교훈을 이어받으니
그 집안 매우 화목하도다.

하늘의 보답 있으려니 하였더니
부군을 여의고 아들 또한 없도다.
하늘의 보답 없구나 하였더니
수는 구십을 누렸도다.
울창한 저 조산이여
두 분의 무덤 여기 있도다.
아 꽃다운 그 이름
백세토록 전하리라.

이이는 어려서 외조모인 용인 이씨의 품에서 자랐으므로 누구보다도 이씨와 가까웠고 그 사람됨을 잘 알고 있었을 것이다. 이씨의 성품이 온화하고 유순하며 마음가짐이 순수하고 차분했다고 회고하고 있다. 결혼해서는 남편을 잘 섬기는 현부였고 열녀로서 조정으로부터 정문과 복호를 받았다는 점도 특기 사항이다.

이이는 어머니 사임당이 별세한 후엔 외할머니 용인 이씨를 어머니 대신으로 여기며 효성을 다하였다. 외할머니 이씨는 아흔까지 장수하면서 이이에게 먼저 여읜 어머니 사임당 대신 사랑을 듬뿍 준 이였다. 이이는 용인 이씨에 대한 묘지명뿐 아니라 「이씨감천기(李氏感天記)」 등을 지어 그 덕행을 기렸다.

이씨감천기(李氏感天記)[5]
진사 신 공(申公)의 처 이씨는 성균 생원 휘(諱) 사온(思溫)

의 딸이다. 외조(外祖)인 참판(參判) 최 공(崔公) 휘 응현(應賢)의 집에서 생장하였다. 타고난 자질이 순수하고 맑았으며 행동거지가 침착하고 조용하셨다. 말은 앞세우지 않고 행하는 데는 민첩하였으며, 일에 대하여는 신중을 기하였지만 선한 일을 하는 데는 과단성이 있었다. 약간 학문을 알아 항상 『삼강행실』을 구송(口誦)하였으며 문장 따위로써 학문을 삼지 않았다. 장성한 뒤 부친 생원께서 가권(家眷)을 모두 거느리고 임영으로 돌아와 살았다.

진사에게 출가한 뒤부터는 진사의 어버이가 한성(漢城)에 계셨으므로 돌아가 구고(舅姑, 시부모)를 모시었다. 그런데 그때에 이씨의 모친 최씨가 병으로 앓게 되자, 이씨는 시어머니 홍씨에게 여쭈어 하직하고 동쪽으로 돌아와 병간호를 하였다. 친히 차갑고 따스한 것을 알맞게 조절하여 드리고, 약을 맛보아 정성스럽게 달여 드렸다. 근심하는 용색(容色)과 걱정하는 얼굴로 밤이 되어도 눕지 않고 힘을 다하여 효성을 극진히 하였다. 딸이 두엇 있었는데 법도를 따라 교육하였다. 이러한 까닭으로 해서 일찍이 향리에 칭송하는 말이 퍼졌다.

진사가 와서 함께 서울로 돌아가자고 하였다. 이씨는 눈물을 흘려 울면서 "여자란 삼종지도(三從之道)[6]가 있으니 분부를 어길 수는 없습니다. 그러하오나 저의 부모는 이미 모두 늙으셨고 저는 바로 외동딸이오니 하루아침에 갑자기 제가 없게 되면 부모님은 누구에게 의탁하시겠습니까. 더구나 훤당(萱

堂)[7]께서 오랜 병환으로 탕약(湯藥, 약을 다리는 것)이 끊어지지 않고 있으니, 어찌 차마 버리고 떠나겠습니까. 제가 애통하여 눈물 흘리며 우는 것은 오직 이 때문입니다. 이제 말씀드려 허락받고자 하는 것은, 당신은 서울로 가시고 저는 시골에 머물면서 각각 노친을 모시도록 하자는 것인데, 어떻게 생각하십니까?"라고 하였다. 진사도 감동하여 눈물을 흘리며 드디어 그 말을 따랐다.

중종 16년(1521년)에 이씨의 모친 최씨가 돌아갔다. 그때 진사가 서울을 떠나 강릉으로 가려고 여주(驪州)에 도달하였다. 여기서 최씨가 세상을 떠났다는 소식을 듣고 매우 슬퍼한 나머지 먹어도 맛을 알지 못하고 기운이 점차로 쇠하여져 냉증(冷症)이 뇌후(腦後, 뒤통수)에서 발생하였다. 길을 떠나 횡성(橫城)에 이르니 뒤통수가 더욱 차가워졌고 운교역(雲交驛)에 이르러서는 드디어 증세가 더하여 귀로는 말소리를 듣지 못하고 열이 매우 높았다. 진부역(珍富驛)에 이르러 노복 내은산(內隱山, 하인의 이름인 듯함)이 머물러 쉬기를 간청하였다. 그러나 진사는 "머물러 묵고 있는 고통이 속히 돌아가니만 못하다."라 하고 또 길을 떠나 횡계역(橫溪驛)에 도달하자 병세가 더욱 악화되어 몇 숟갈가량의 토혈을 하였다. 강릉 사람 김순효(金舜孝)가 마침 왔다가 이 정상을 보고 북평(北坪)〔이씨가 사는 곳〕에 알리게 하였다. 이윽고 구산역(丘山驛)에 도착하여서는 쓰러져 누워 일어나지 못하였는데, 억지로 끌고 가 조산재사(助山齋

舍)에 들어갔다. 이씨의 외제(外弟) 최수몽(崔壽巘)과 이씨 및 여러 딸들이 길가에서 영접하였지만 진사는 말하지 못하고 겨우 턱만 끄덕일 뿐이었다. 부축해 실내로 들어갔으나 얼굴은 검고 피를 토하여 거의 죽음을 피하지 못할 정도에 이르렀다.

이씨는 막 모친상의 애훼(哀毀, 몸이 축나도록 슬퍼하는 것. 부모상에 쓰는 말)함을 겪고 났는데 또 갑작스럽고도 괴이한 재액을 만나자, 마음을 애태우며 정성을 다하여 천지의 신에 분향하고 기도하며 안 하는 것이 없이 연이어 일곱 낮 일곱 밤을 눈 한 번 붙이지 않았다. 이에 목욕하고 손톱을 깎아 몸을 정결히 하고서 남몰래 장도칼을 가지고 외증조(外曾祖) 최 공 치운(崔公致雲)의 묘소 뒤로 올라가 산 위에 탁자를 놓고 향을 피우며 하늘에 절하여 부르짖어 울면서 호소하였다.

"하느님이시여! 하느님이시여! 선을 복 주고 악을 화 주시는 것은 하늘의 원리입니다. 선을 쌓고 악을 쌓는 것은 사람의 일입니다. 그런데 저의 남편은 심지가 사악(邪惡)하지 않고 행동이 악하지 않습니다. 단상하여 상복을 짧게 입고 마는 요즈음에, 아비의 상을 당하여서는 거친 밥으로 몸이 파리하면서도 산소의 곁을 떠나지 않았고, 친히 제물을 올리며 상복을 입은 채로 3년을 거상하였습니다. 하느님께서 만약 알고 계시다면 응당 선악을 잘 살피셔야 할 것입니다. 이제 어찌하여 화액을 내리심이 이렇듯 가혹하신 것입니까? 저와 남편이 각각 그 어버이를 모시어 서울과 시골에 헤어져 있은 지 16년이 됩니다. 지난번 집안의 재앙으로 인자한 제 어머님께서 돌아가셨는데, 남편까지 또 앓고 있으니, 만약 또 큰일을 당한다면 외로운 이 몸 사방에 의지할 곳이 없게 됩니다. 엎드려 생각하옵건대 하늘과 사람은 한 이치로 통하고 나타나는 것과 은미한 것은 차이가 없습니다.[8] 황천(皇天)이시여! 황천이시여! 이 가련한 백성의 실정을 보살펴 주소서!"

그러고는 장도칼을 빼어 왼쪽 손 중지의 두 마디를 끊고 하늘을 우러러 가슴을 치면서 말하였다.

"저의 정성과 공경이 지극하지 못하여 이런 극한 지경에 이른 것입니까. 신체발부(身體髮膚)는 부모에게서 받은 것이라 감히 훼상(毀傷)하지 못하는 것입니다. 비록 그러나 제가 하늘로 삼는 바는 남편이오니, 하늘이 만약 무너진다면 어떻게 홀로 살겠습니까. 바라옵건대 저의 몸으로 남편의 목숨을 대신하여 주시옵소서. 황천이시여! 저의 이 미약하온 성의를 굽어 살펴 주소서!"

이렇게 하늘에 기도하기를 마치고 나서 또 내려와 최 공의 묘소에 절하고 말하였다.

"살아서 어진 정승이시었으니 돌아가셔도 반드시 영명하신 영혼이 되시었을 것입니다. 상제께 고하시어 저의 사정을 달성하게 하여 주소서!"

고하기를 마치고 돌아와 침실에 이르러 조금도 아파하는 기색이 없이 오직 진사가 아실까 두려워하였을 뿐이었다.

이때에 오랫동안 가문 날씨가 매우 맑았었는데, 갑자기 검은 구름이 일어나고 크게 천둥이 치며 비가 내렸다. 다음 날 아침 둘째 따님이 모시고 앉았다가 어렴풋이 잠들어 꿈을 꾸니, 하늘로부터 대추 씨만 한 크기의 약이 내려오자 신인(神人)이 받아서 진사에게 먹이는 것이었다. 그날 진사가 눈을 감고 홀연히 작은 목소리로 말하였다. "내일은 병이 나을 것이다." 최수몽이 옆에 있다 물었다. "어떻게 아십니까?" 그는 대답하였다. "신인이 와서 알려 주었지."

그때가 되자 과연 병이 나았다. 향리가 놀라고 탄식하며 지성으로 감통하여 이루어진 것이라고 하였다. 때는 중묘조(中廟朝)로 이러한 일이 상달되자 정문을 세워 표창하였다.

아! 오륜(五倫) 가운데서 삼강(三綱)이 가장 소중하며 그 위치가 정립(鼎立, 세 개의 발이 붙은 솥이 서 있는 것)되어 있어 어떤 것은 가볍고 어떤 것은 무겁다고 할 수 없다. 남자의 임금과 어버이에 대한 것과 여자의 아비와 지아비에 대한 것이 그 일은 비록 다르지만 이치는 같은 것이다. 그러나 천리와 인심의 가장 중요한 것으로는 부모보다 더한 것이 없다. 이는 경중(輕重) 없는 가운데 또한 경중이 있는 것이다.

세상 사람의 인정은 항상 벼슬하는 것을 중히 여기고 부모 섬기는 일은 경하게 여기며, 대부분 부부 관계는 중히 여기고 골육(骨肉)의 관계는 경하게 여기고 있으니, 아! 슬픈 일이다. 그러나 어버이를 중히 여기고 임금을 소홀히 여기거나, 아비를 중히 여기고 지아비를 소홀히 여기는 것도 또한 옳지 않다. 그러면 어떻게 해야 하는가. 그 사이에서 선처(善處)하여야만 하는 것이다.

이씨는 나의 외조모이시다. 부자의 사이와 부부의 관계에 있어 행동할 때 인예(仁禮)로 하기에 힘썼으니, 참으로 이른바 부도(婦道)를 훌륭하게 실천하신 분으로서, 마땅히 규문(閨門, 안방의 문 즉 부인을 이름)의 규범(規範)으로 삼아야 할 것이다. 부부의 정이 두텁지 않은 것이 아니었으나 어버이를 모시기 위하여 16여 년이나 떨어져 사시었고, 진사께서 질병이 나셨을 적에는 마침내 지성으로 빌어 하늘의 뜻을 감동시켰으니, 빼어난 사람의 행실과 옛사람을 초월하는 절의(節義)가 아니고서야 어찌 능히 이렇게 할 수 있겠는가. 만일 사군자(士君子)의 대열에 끼어 군·부(君父)의 사이에 처하게 하였더라면 충효를 다 갖추고 국가를 바로잡았을 것이라는 것을 여기서 알 수 있다.

아! 내가 이것을 기록하는 것이 어찌 부질없는 짓이겠는가. 뒤의 자손들은 이것을 눈으로 보기만 해서야 되겠는가. 남자로서 조정에 처한 자는 이것을 보고 규범으로 삼고, 여자로서 가정에 처한 이는 이것을 본받아 법도로 삼는다면 현인(賢人)과 철부(哲婦)가 되지 못할 걱정은 없을 것이다.

이이는 외조모 이씨에 대하여 인예에 힘쓰고, 부도를 훌륭하게 실천하신 분으로서, 마땅히 부인의 규범으로 삼아야 할 것이라 강조하였다. 또 "부부의 정이 두텁지 않은 것이 아니었으나 어버이를 모시기 위하여 16여 년이나 떨어져 사시었고, 진사께서 질병이 나셨을 적에는 마침내 지성으로 빌어 하늘의 뜻을 감동시켰으니, 빼어난 사람의 행실과 옛사람을 초월하는 절의가 아니고서야 어찌 능히 이렇게 할 수 있겠는가." 하여 그 절의를 기렸다.

나아가 "만일 사군자의 대열에 끼어 군·부의 사이에 처하게 하였더라면 충효를 다 갖추고 국가를 바로잡았을 것이라는 것을 여기서 알 수 있다."라고 하였으니 이이가 외할머니를 얼마나 존경하고 받들었는지 미루어 알 수 있다. 어머니 사임당에 대해서보다 더욱 간절함을 보여 주고 있다.

이상 이이가 기록을 남긴 사임당의 아버지 신명화와 어머니 용인 이씨 외에 사임당의 외할아버지 생원 이사온, 외할머니 강릉 최씨도 모두 상당한 지식과 교양을 갖춘 이들로 사임당의 유년기에 많은 영향을 끼쳤다.

어린 사임당을 꽃피운 자연

집 안도 넓고 쾌적하여 온갖 푸성귀가 자라고 있는 텃밭, 앞뜰의 꽃밭이나 뒤뜰의 오죽(烏竹) 숲이 모두 사임당의 놀이터이자 공부터였다. 여름날 뒤뜰의 검은 대나무 숲을 스쳐 쏴아 하며 대청에 불어오던 청정한 대나무 소리는 뒷날 서울에서 대나무 구경도 못하고 살던 시절 사임당에겐 향수의 원천이 되었다. 앞뜰의 배롱나무(현재 수령 600년)도 친한 친구가 되어 주었다. 늦은 봄부터 여름까지 석 달 동안 진한 분홍색의 자잘한 꽃을 달고 사는 배롱나무는 100일 동안 꽃이 피는 나무라 하여 목백일홍이라 불리기도 했는데 그 수양이 고고하여 선비를 닮았다며 사임당이 아끼던 나무였다.

사임당의 초충도에 나타나는 꽃과 풀과 벌레, 채소 등은 앞뜰의 꽃밭에서, 그리고 푸성귀를 심어 가족의 반찬거리를 제공했던 텃밭에서 격물치지(格物致知, 물건을 두드리고 관찰하여 앎에 이름. 사물의 본질을 알기 위하여 관찰하고 실험하는 성리학적 학문 방법)한 결과물이었다. 꽃을 좋아했던 사임당은 꽃밭에서 살다시피 하며 꽃과 나비와 열매를 관찰하며 즐겼다.

봄부터 여름까지 줄기차게 피어나는 패랭이꽃은 분홍색에서 자줏빛까지 사랑스러운 꽃잎을 부챗살처럼 펼치며 피어났다. 그 작은 꽃에 가로 줄무늬가 있는 패랭이꽃의 섬세함과 사랑스러움은 사임당의 관심을 끌기에 부족함이 없었다. 거름이 필요 없는 모래밭에서 피는 것도 마음에 들었다. 진한 거름을 탐하며 요란한 색깔을 뽐내는 커다란 꽃들은 사임당의 마음결에 잘 와 닿지 않았다. 패랭이같이 생겼다 하여 패랭이꽃이라는 순수 우리말 이름을 가졌지만 한자로 석죽화(石竹花)라고 하는 이름도 품위가 있어서 좋았다. 줄기가 대나무처럼 마디가 있고 잎이 댓잎처럼 생겨서 생긴 이름이다.

보라색 홑겹인 도라지꽃의 단아함도 어여뻤다. 꽃 속에 노란 꽃술을 감추고 한 줄기에 하나씩 피어난 그 고고함과 청초한 모습이 꼭 누구를 닮았다는 생각이 들었다. 아마도 뒷날의 사임당 자신의 모습이 아니었을까? 근심을 잊게 한다고 하여 망우초(忘憂草)라는 별명으로 불리는 원추리의 화려한 주황색 꽃도 꽃밭의 활력소가 되어 눈길이 갔다. 닭의 벼슬같이 생겼다 하여 계관화(鷄冠花)로 불리는 맨드라미는 초가을의 꽃밭에서 빼놓을 수 없는 명물 꽃이었다.

봉숭아꽃은 손톱을 물들이는 데 꼭 필요한 꽃이었다. 여자 형제들이 다섯이나 되는, 그중에서도 둘째인 사임당은 놀이에도 중심이 아니었나 싶다. 봉숭아 물 들이는 일도 놀이이자 연례행사였다. 봉숭아꽃과 잎을 따서 신맛이 나는 괭이밥을 조금 넣어 돌절구에 찧어서 그 반죽을 무명지와 새끼손가락에 조금씩 떼어 놓고 아주까리 잎으로 싸 무명실로 잡아매고 하룻밤을 지낸 뒤 이튿날 벗겨 보면 양손의 무명지와 새끼손가락이 빨갛게 물들어 있다. 누가 더 물이 잘 들었는지 자매들끼리 내기하는 것도 쏠쏠하게 재미있었다.

가을날 호숫가나 밭둑을 빨갛게 물들이는 붉은 여뀌도 사임당이 사랑한 풀이었다. 여뀌는 호숫가에 무더기로 자라는 흔한 풀이지만 밭둑을 붉게 물들이며 이삭 같은 꽃떨기를 드리우는, 가을의 정취를 물씬 풍기는 개성 있는 들풀이다. 거기에 가을 매미 한 마리 날아와 앉아 있다면 그 가을 정취는 더욱 청량감을 더하는 것이었다. 때로는 보라색의 나팔꽃이 여뀌의 가지에 의지하여 휘감고 올라가며 서너 송이의 꽃과 꽃봉오리를 달고 있는 정경은 서로를 북돋으며 살아가는 그 마음씨로 하여 어린 사임당의 마음을 한껏 흐뭇하게 하였다.

　채소밭의 가지와 오이, 수박도 사임당의 관심을 끌었다. 가지는 가자(茄子)라고 한자 표기되고 오이는 그냥 과(瓜)인데 수박은 서과(西瓜)로 표기되는 것도 재미있었다. '수박은 아마도 서쪽에서 전래되었나 보다.'라고 사임당은 혼자 생각하였다. 가지가 줄기에 달려 있는 꼭지 부분이 하얗다가 점차 보라색으로 변하는 과정, 가지 잎은 초록색이지만 잎맥은 여전히 보라색인 것이 신비로웠다. 사임당 그림에 등장하는 탐스러운 수박의 과육을 들쥐들이 긁어 먹는 장면은 사임당이 쥐띠임을 생각할 때 어떤 상징성이 느껴진다.

　사임당은 이 유년의 뜰에서 보고 관찰한 사물을 뒤에 그림의 소재로 삼았는데 꽃도 한 폭에 한 포기만 그리는 게 아니고 두어 종류를 함께 배치하였고 오이나 수박, 가지도 다른 들풀이나 꽃과 벌레와 함께 그리는 특징을 보이고 있다. 예컨대 오이는 패랭이꽃과 나비, 메뚜기와 함께, 또는 개구리와 여뀌를 함께 그리고 땅에는 방동사니나 바랭이풀, 강아지풀 등 우리 산하에 흔한 잡초를 그려 넣는 방식이니 이들은 모두 사임당의 생활 주변에서 함께 살아가던 생명들이었다. 사임당은 그림이나 자수에서도 혼자보다는 여럿이 어우러져 있을 때 더 아름다움을 갈파했던 것이다. 자신의 생활 주변 사물들에 대한 각성이자 내면화의 결과였다.

집 앞에 펼쳐진 넓은 텃밭과 안마당의 꽃밭에는 수많은 곤충들과 파충류들이 살고 있었다. 꽃에 모여드는 나비도 호랑나비, 노랑나비, 흰나비 등 그 종류도 다양할 뿐 아니라 그 날갯짓이나 좋아하는 꽃도 달랐다. 잠자리는 까만 잠자리가 특이하여 눈에 잡히고 빨간 고추잠자리는 예뻐서 사랑스럽고 벌은 호박벌이 탐스러웠다. 매미는 선비 같은 모양새와 청아한 울음소리로, 여치도 그 독특한 울음소리로 사임당의 시선을 끌어 잡았다. 쇠똥구리도 개미도 있고 사마귀도 있었다. 사슴벌레도 몸통의 3분의 1이나 되는 커다란 집게발을 벌리고 기어 다녔다. 방아깨비를 잡아 두 다리를 잡고 "아침 방아 찧어라, 저녁 방아 찧어라." 하며 놀다가 싫증이 나면 놓아주었다. 개구리는 물론이고 도마뱀도 나타났고 징그러운 지렁이나 굼벵이도 기어 다녔다.

봄이면 바구니 들고 들에서 나물 캐고 여름이면 뒤뜰의 무성한 숲속 그늘에서 버섯 따고 가을이면 집 주변의 밤나무 숲에서 알밤을 주웠다. 밤을 줍기 위하여 새벽잠을 설치기 일쑤였다. 조금만 늦잠을 자고 방심하면 알밤은 이미 남의 손으로 넘어가 버렸다. 풀숲에서 반짝이는 알밤을 찾아냈을 때의 기쁨이라니……. 겨울이 되어야 비로소 방 안에만 안존하여 바느질이나 수놓기를 제대로 배웠다. 산천에 온통 새하얗게 눈이 쌓인 밤이면 자매들과 윷놀이도 하였다.

이 모든 것들이 날마다 새롭게 어린 사임당을 끌어들여 꽃밭에서, 채소밭에서 시간 가는 줄 모르게 하였다. 타고나길 영특했던 사임당은 어른들의 가정 교육에 더해 자신의 섬세한 감수성과 예리한 관찰력으로 사물의 특징을 알아내고 그 본질을 파악해 갔던 것이다. 앞뜰 뒤뜰의 자연이야말로 어린 사임당에게는 산 교육장이자 격물치지의 장이 되었다. 생활 주변의 사물에 대한 인식과 각성을 통하여 사임당은 이 유년의 뜰에서 자유로운 영혼을 꿈꾸며 이미 예술가로서의 준비를 단단히 하고 있었던 셈이다.

특히 그녀의 자유로운 영혼을 부추긴 것은 그녀의 타고난 연하고질이었다. 명승지인 강릉에서도 그녀가 살던 북평촌은 넓은 들에 실개천이 흐르는 풍요의 고장이었고 강릉의 진산으로 여기던 대관령, 강릉에서 멀지 않은 오대산·설악산과 금강산은 물론이려니와 관동팔경도 있었다. 관동팔경 가운데 특히 집에서 가까운 경포대는 그녀의 예술적 영감의 원천이었으리라. 대관령·오대산·설악산·금강산 등 강산승경과 관동팔경의 해악승경을 가까이에 두고 있는 강릉은 사임당에게 커다란 축복이었다. 사임당의 유년의 뜰은 풍요와 즐거움과 사랑으로 가득 찬 빛나는 인생의 장이었다.

그녀는 이 유년의 뜰에서 온갖 사물을 만나고 만지고 관찰하며 그 이치를 깨달았다. 앞뜰에는 꽃밭은 물론 텃밭도 있어서 그녀가 뒤에 초충도와 자수에 그리고 수놓은 꽃과 풀, 수박과 가지와 오이 등 열매와 곤충, 동물들을 만날 수 있었다. 그녀는 이들의 모습뿐 아니라 몸놀림, 기호, 생태, 습관 등을 관찰하며 그들의 생명력에 감탄하고 있는 그대로의 모습이 아름다운 자연의 일부임을 깨닫고 자연의 조화에 감사하였다.

그녀가 작품에 구현한 이 살아 있는 것들의 모습은 그 대상에 대한 사랑이 전제되지 않고는 어려운 것이었다. 그녀가 후에 서울 시집에 살면서 느낀 숨 막히는 답답함, 도시적 삶의 삭막함과 시집에서의 닫힌 생활을 이겨 낸 원동력은 유년의 뜰에서 성장하면서 어른들에게서 받은 사랑과 살아 있는 것들에게 지녔던 사랑의 힘이었다. 가녀리고 이름도 없는 풀꽃에 품었던 연민과, 살아 내려고 온몸으로 거친 환경과 부딪치며 안간힘을 쓰는 벌레들에게 품었던 동정은 그녀 인생에서 풍요 다음의 서정적인 자양분이 되었다. 이 유년의 뜰은 사임당의 인생에 있어 토대라 할 수 있다.

외딸인 용인 이씨 부인을 강릉 친정에서 살도록 배려하고 한성에서 강릉을 오가던 아버지 신명화가 사임당 열세 살 때 진사에 합격한 것은 집안의 경사였다. 사임당도 이미 세상 물정을 알 만한 나이어서 아버지를 위하여, 어머니를 위하여 집안을 위하여 기쁘기 한량없었다. 아마도 이때가 사임당 성장기에서 절정의 시기가 아니었을까 생각된다. 동시에 사임당의 행복한 유년의 뜰도 기억의 저편으로 사라지고 있었다.

사임당 열여섯 살에 일어난 기묘사화는 아버지 신명화에게 씻을 수 없는 아픔이었다. 동지들은 수없이 죽임을 당하고 유배 당하거나 숙청당했다. 개혁의 깃발을 높이 들고 거리낌이 없었던 열혈 사림은 쑥대밭이 되었다. 그 와중에서 살아남은 자의 슬픔은 고통이었고 살아 있다는 자체가 신명화에게 죄책감으로 다가왔다. 이 좌절감은 결국 신명화에게 돌이킬 수 없는 마음의 병이되어 3년 뒤 사임당 결혼 직후 겨우 47세의 젊은 나이로 세상을 떠났다. 사임당의 행복한 삶에도 그늘이 드리우기 시작하였다.

연하고질(煙霞痼疾)

　　사임당의 삶에서 연하고질은 빼놓을 수 없는 부분이다. 연하고질이란 산수를 매우 사랑하는 습벽이다. 연하벽(煙霞癖)이라고도 하며 연하(煙霞, 연기와 노을로 아롱진 산수의 경치)를 사랑하는 것이 병적일 정도라는 표현이다. 아흔아홉 굽이를 돌고 돌며 절경을 연출해 내던 대관령을 진산으로 삼은 강릉은 해악승경과 강산승경을 아울러 갖춘 수려한 경승지이다. 특히 관동팔경의 하나로 예부터 인구에 회자되어 온 경포대가 사임당의 집 바로 지척에 있었으니 산천에 대한 사임당의 사랑은 여기 경포대에서 비롯된 것이 아닐까?

　　비록 사임당이 경포대를 읊은 작품을 남기지 않았지만 그녀가 낳아 가르치고 자식 가운데 가장 사랑하던 아들 이이가 「경포대부(鏡浦臺賦)」를 남겼다. 그것도 10세 때 작품이라 하니 이는 사임당의 도움 없이는 어려운 일이어서 모자가 합작한 것으로 간주해도 큰 무리가 없을 것이다.

경포대를 읊다

경포대를 두고 지은 부(鏡浦臺賦)[I]

한 기운의 유통하는 조화가 응결(凝結)되기도 하고 융화(融化)되기도 해라. 그 신비함을 해외(海外, 바다 밖에 있는 나라 곧 우리나라를 가리킴)에 벌여 놓아, 청숙(淸淑)함을 산동(山東, 여기서는 강원도를 말함)에 모았도다. 맑은 물결은 천지(天池, 바다)[2]에서 나뉘어 한 개의 차가운 거울처럼 맑고, 왼편 다리를 봉도(蓬島, 신선이 산다는 섬)에 잃어버려 두어 점의 푸른 봉우리가 나열했네.

여기에 한 누각이 호수에 임하여 마치 발돋움 자세로 날 듯하다. 비단 창문엔 서늘한 바람이 불어오고, 아침 햇빛은 푸른 하늘에서 비춰 주네. 아래로는 땅이 아득해 성곽을 보고서야 겨우 분별하게 되고, 위로는 하늘에 솟아 있어 별을 잡아 어루만질 성싶다. 위치는 속세 바깥이고, 땅은 호중(壺中, 호중천(壺中天)의 준말로 선경(仙境)을 뜻함)에 들어 있어라. 물결엔 두루미 등 위의 달이 잠겨 있고, 난간은 뱃머리의 바람을 받아들이네. 길 가는 사람들이 다리를 건너면 긴 무지개가 물속에 박힌 것처럼 보이고, 신선 궁궐이 구름결에 솟으니 흡사 신기루가 허공에 뜬 것 같구나.

　그 봄철에는 동군(東君, 봄을 맡은 신)이 조화를 부리어 화창한 기운이 유행하니, 동쪽 서쪽에서는 꽃과 풀이 빼어남을 경쟁하고, 위와 아래는 물과 하늘이 똑같이 맑아라. 유안(柳岸)의 실버들은 연기처럼 꾀꼬리 집을 휘감고, 도원(桃源, 복사꽃 동산. 선경을 비유함)의 꽃 빛은 이슬처럼 나비 날개를 적시네. 아른거리는 아지랑이가 피어오르고 먼 봉우리가 아득한가 하면, 향기로운 비가 어부 집에 흩뿌리고 비단 물결이 모래톱에 일렁인다.

　이에 거문고를 뜯으며 옷을 벗으면 기수(沂水)에서 목욕하겠다던 증점(曾點)의 즐거움[3]을 방불케 하고, 바람에 임하여 술잔을 들면 세상을 근심한 범희문(范希文)의 심정[4]을 상상케 하네.

　그 여름철에는 축융(祝融, 여름을 맡은 신)이 권세를 맡아 만물을 길러 내니, 갖가지 초목들은 제대로 발육되고, 혹심한 무더위는 극도로 치열해라. 찌는 듯한 불볕더위는 조맹(趙孟)의 위엄[5]에 견줄 만하고, 겹겹이 일어나는 기이한 봉우리의 구름은 연명(淵明)의 글귀[6]에 들어갈 만하다. 오랜 비가 막 개고, 뭇 냇물이 앞다투어 흐르는가 하면, 산에서는 모락모락 안개가 일고, 물은 도도히 흘러 파도가 넓어진다.

　이에 난대(蘭臺)에서 시를 읊으니 초나라 양왕(襄王)의 바

람이 상쾌하고,[7] 전각(殿角)에 서늘함이 생기니 당나라 문종(文宗)의 긴 여름날이 사랑스럽네.[8]

그 가을철에는 금신(金神, 가을을 맡은 신)이 위세를 떨쳐 온 땅이 처량해지니, 기러기가 엉성한 전자(篆字)처럼 줄지어 날고, 맑은 서리가 나뭇잎을 붉게 물들였어라. 붉은 여뀌 언덕 가에는 백로가 출몰하는 물고기를 노리고, 흰 마름 섬 곁에는 백구가 오가는 낚싯배에 놀란다. 창문엔 어적(漁笛) 소리가 들려오고, 바람은 뿌연 먼지를 쓸어 버리는가 하면, 드높은 하늘은 더욱 아득하고 흰 달은 더욱 휘영청 밝네.

이에 장한(張翰)의 오주(吳州)를 뒤이어 옥생선과 은미나리의 맛에 배부르고,[9] 소선(蘇仙)의 적벽(赤壁)을 상상하며 명월의 노래와 요조(窈窕)의 시를 외우네.[10]

그 겨울철에는 마지막 음기가 폐색되고 뿌연 물결이 얼어붙으니, 시들어진 온갖 풀은 이미 낙엽 지었는데, 외로운 소나무는 몇 길이나 빼어나네. 서릿바람이 땅을 휩쓸어 만 마리 말의 칼부림 소리를 내고, 눈송이가 허공에 나부껴 천 겹의 옥가루를 흩뿌리기도 한다. 우주가 텅 비고 산천이 삭막한가 하면 먼 포구에 오가는 돛단배가 끊어지고, 겹겹의 산봉우리엔 앙상한 돌이 드러나누나.

이에 달을 대동하고 벗을 찾음은 왕자유(王子猷)의 흥이 산음(山陰)에 다하지 않음이고,[11] 앙상한 매화에 다시 꽃이 피는 것은 임 처사(임포(林逋))의 뼈가 호상(湖上)에서 사라지지 않

음일세.[12]

어떤 나그네가 강산을 좋아하는 버릇이 있고 시조(市朝)에는 마음이 맞지 않아, 빈 누각에서 오만한 웃음을 웃고 이끼 낀 물가에서 맑은 여울을 구경하네. 황학루(黃鶴樓) 앞에는 꽃다운 풀이 맑게 갠 냇물과 함께 아른거리고,[13] 등왕각(滕王閣) 위에는 조각 노을이 외따오기와 나란히 날도다.[14] 이에 안목은 천하에 높고 정신은 우주에 노닐어, 번뇌하는 마음은 물 난간(水軒)에 고요해지고, 세상의 정은 바람 탑(風楊)에 흩어지네.

금계(金鷄, 천상의 닭)가 울어 새벽을 알리면 부상(扶桑, 해 뜨는 동쪽 바다) 만경(萬頃)의 붉은 물결을 잡을 듯하고, 옥토(玉兎, 달의 별칭)가 어둠 속에 솟아오르면 용궁(龍宮) 1000층의 흰 탑을 엿보기도. 상쾌하게 사방을 두루 바라보니, 황홀하게도 신선이 된 것 같구려. 뿌연 모래를 밟으며 산보하기도 하고, 백조를 벗 삼아 즐기도 하네.

파도가 아스라이 일면 붕새는 9만 리를 나는데, 자라산(자라가 이고 다닌다는 신선의 산)은 어디에 있느뇨. 아득한 약수(弱水) 3000리로세. 유람을 이미 일주하고는 한숨 쉬며 말한다. "옛 현인들은 가 버렸고 지나간 일도 까마득하지만, 죽계(竹溪, 안침(安琛)의 호)의 웅장한 글씨를 관람하고, 석간(石澗, 조운흘(趙云仡)의 호)의 맑은 글을 읊기도 했네. 화재 뒤의 건축이라 전일의 화려한 건물을 잃어버림이 애석하지만, 물 가운데의 난계(蘭桂, 난장(蘭漿) 즉 백목련으로 만든 삿대와 계도(桂櫂) 즉 계수나무로 만든 노)는 누가 옛날대로 홍장(紅粧, 단청)을 실었는고. 아! 명예의 굴레가 사람을 얽어매고, 이욕(利欲)의 그물이 세상을 덮어씌우는데, 그 누가 속세를 초월하여 한가로움을 즐길 건가. 모두들 이리 뛰고 저리 뛰다가 스스로 지치도다. 벼슬 취미는 계륵(鷄肋)[15]과 같아 세간의 영화를 믿기 어렵고, 명승 지역은 토구(菟裘)[16]와 다름없어 은거할 계획을 이룩할 만하네."

그러자 곁에 있던 사람이 이렇게 말한다. "이미 이 지역이 있기에 바로 이 대(臺)를 쌓았다오. 영웅들의 남긴 감상이 상상되고, 은사(隱士)들의 배회함이 그리워지네. 이 경포대에 올라 마음껏 노닌 정취(情趣)가 비록 한때의 즐거운 일이었지만, 그 모두가 아득하게 자취가 없어 천고(千古)를 지난 오늘날 재가 되어 버렸네. 만약 몸에 덕을 쌓아 남들이 그 혜택을 입게 되어, 군민(君民)에게 충혜(忠惠)를 바치고 덕업(德業)을 역사에 남기었다면, 용을 부여잡고 봉에 붙어서 죽은 뒤의 명예를 이룩했을 거네. 뜻을 게을리 하고 자신을 잊어 가며 눈앞의 즐거움일랑 따르지 마시기를."

나그네가 웃으면서 대답한다. "행장(行藏)[17]은 운수에 달렸고 화복(禍福)은 시기가 있는 법, 구해서 얻어지는 것이 아니고 버려도 버릴 수 없나니. 그만두자 마침내 인력(人力)으로 취할 수 없으니, 명(命)이라 마땅히 조화의 하는 대로 따를 뿐이네. 하물며 형상은 만 가지로 나눠지지만 이치의 합하는 것은 하나임에랴. 죽고 사는 것도 분변하지 못하거늘 하물며 오래고 빠른 것을 논하겠는가. 장주(莊周)는 내가 아니고 나비는 실물이 아니니, 참으로 꿈도 없고 진실도 없으며, 보통 사람이라 해서 없는 것도 아니고 성인이라 해서 있는 것도 아니거늘 마침내 누가 득(得)이고 누가 실(失)이겠는가. 그러므로 마음을 텅 비워 사물에 응하고 일에 부딪치는 대로 합당하게 하면, 정신이 이지러지지 않아 안(內)이 지켜질 터인데, 뜻(志)이 어찌 흔들려 밖으로 달리겠는가. 달(達)하여도 기뻐하지 않고 궁(窮)하여도 슬퍼하지 않아야 출세와 은거의 도를 완전히 할 수 있으며, 위로도 부끄럽지 않고 아래로도 부끄럽지 않아야 하늘과 사람의 꾸지람을 면할 수 있다네.

또한 억제하기 어려운 것이 정이고 넘치기 쉬운 것이 기이기에, 그 조양(操養)에 있어서 기미(機微)를 잃어버린다면, 반드시 떠돌아다니거나 제멋대로 놀아나서 뜻을 잃기 마련일세. 명예를 구하거나 이익을 구하는 것은 정말 성정을 해치지만, 산을 좋아하고 물을 좋아하는 것은 나름대로 인·지(仁·智)를 대단히 사모한다오.

그러나 선비가 세상에 태어나서 그 자신을 사사로이 하지 않고, 혹시 풍운의 제회를 만난다면 마땅히 사직의 신하가 되어야 하리. 융중(隆中)의 와룡(臥龍)[18]이 비록 문달(聞達)을 구한 선비가 아니었지만, 위천(渭川)의 어부(漁父)[19]가 어찌 세상을 잊어버린 사람이었겠는가.

아! 인생은 바람 앞 등불처럼 짧은 백 년이고, 신체는 넓은 바다의 한 좁쌀이라네. 여름벌레가 얼음을 의심하는 것[20]이 가소롭고, 달인(達人)들의 독특한 식견을 사모하네. 풍경을 찾아서 천지를 하나의 집으로 삼을 것이지, 하필이면 중선(仲宣)[21]이 부질없이 고국 그리워함을 본받을거냐."

예부터 경포대에는 다섯 개의 달이 뜬다고 했다. 하늘에 하나, 바다에 하나, 경포 호수에 하나, 술잔에 하나, 님의 눈동자에 하나, 이렇게 다섯이다. 경포대의 달맞이는 다섯 개의 달을 맞이하는 셈이다. 많은 시인 묵객들이 달 뜨는 밤 경포호에 배를 띄우거나 경포대에 올라서 술잔을 들고 시를 읊으며 그 아름다운 밤을 즐겼을 것이다. 이이는 아직 어린 나이어서 이런 모임에 참석했을 수는 없었겠지만 「경포대부」를 통해서 자신의 감회와 포부를 풀어 놓은 것이다.

이제 「경포대부」의 내용을 찬찬히 음미해 보자. 첫머리에 경포대를 신선의 땅에 날아갈듯이 솟아 있는 아름다운 누각으로 표현하였다. 이어서 봄 여름 가을 겨울의 사시사철에 따라 변하는 풍광을 그려 내었다. 봄에는 봄의 신 동군이 조화를 부리어 화창한 기운이 가득하여 화훼가 그 빼어남을 다투고 물과 하늘이 함께 맑으며 실버들에 꾀꼬리 노래하고 도원의 꽃빛에 날아드는 나비의 날개가 물든다고 하여 봄의 정경을 묘사하고 있다.

더하여 "아지랑이가 피어오르고 먼 산봉우리가 아득한가 하면, 향기로운 비가 어부의 집에 흩뿌리고 비단 물결이 모래톱에 일렁인다." 하여 한 폭의 풍경화를 보는 듯이 그려 내었다. 그 끝 마무리는 옛사람들의 고사를 들어, 기수에서 목욕하고자 한 공자의 제자 증점과 악양루 기문에 쓴 것처럼 바람에 임해 술잔을 들고 세상을 근심한 송나라 명신 범희문의 심정을 상상한다고 하여 봄의 정감을 빗대어 표현했다.

여름이면 여름의 신 축융이 만물을 길러 내어 초목이 무성하고 무더위는 극성하니 진나라 도연명(陶淵明, 도잠(陶潛))의 사시시(四時詩)에 "여름 구름은 기이한 봉우리가 많다.(夏雲多奇峯)"라고 한 시구가 떠오른다고 하였다. 오랜 비 개고 여러 냇물이 앞다투어 흐르는가 하면 산에는 모락모락 안개가 일고 물은 도도히 흘러 넓은 파도가 인다는 묘사로 여름 장마 끝의 정경을 그려 내었다.

마지막에는 역시 고사를 인용하였다. 초 양왕이 난대에서 노닐다가 불어오는 바람에 옷깃을 헤치고 "상쾌하도다. 이 바람이여! 나는 이 바람을 서민과 함께 즐기고 싶구나." 하였듯이 바람이 시원하고, 당나라 문종이 유공권이라는 신하와 함께 지은 「하일장(夏日長)」이란 시에 "훈훈한 바람이 남쪽에서 불어오니 전각에 서늘함이 생기누나.(薰風自南來 殿角生微凉)" 하였듯이 전각에 서늘함이 생기니 문종의 여름날이 사랑스럽다고 읊고 있다.

가을이면 가을의 신인 '금신이 절기를 다스려 대지는 처량해지고 기러기가 듬성듬성 전자(篆字)처럼 줄지어 난다. 맑은 서리는 붉은 잎을 물들이고 붉은 여뀌 가득 핀 언덕 가에 백로가 노닐며 출몰하는 물고기를 엿보며, 흰 마름 떠 있는 섬 가에 백구가 오가는 낚싯배에 놀란다. 창으로 어부의 피리 소리 들려오고 바람에 누런 먼지 쓸려 가니 하늘은 유유히 더욱 멀고 달은 교교하게 더욱 빛난다. 이렇듯 가을 정취를 읊고 난 뒤 진나라 장한이 고향 오주의 가을 별미인 은미나리와 농어회를 그리워하여 벼슬을 사직했던 고사를 따르고, 소식이 적벽에서 명월의 시를 읊고 요조의 장을 읊었던 고사를 따른다고 하였다.

　　겨울이면 궁한 음기 막히고 아롱대는 물결은 얼어붙으며 시들어진 온갖 풀은 벌써 잦아지고 외로운 소나무만 몇 길이나 솟아 있다. 서릿바람은 땅을 울리며 수많은 말의 창검 소리를 내고 눈꽃은 허공에 휘날려 하늘 가운데 옥가루를 뿌리니 우주는 미망하고 산천은 삭막하다. 들어오는 배는 먼 포구에서 끊어지고 첩첩 산봉우리엔 앙상한 돌이 드러난다. 겨울 정경을 묘사한 뒤에는 고사가 이어진다. 진나라 왕휘지가 산음에 살 때 눈 오는 밤 친구의 집을 찾아간 흥취를 떠올리고, 매화 남은 가지에 혼이 돌아오는 것은 매화를 사랑하던 송나라 처사 임포의 뼈가 그가 살던 서호의 고산에서 사라지지 않고 영험함을 보이는 것이라는 이야기를 생각하며 새로운 봄에 대한 기대로 마무리하고 있다.

　　사계절의 풍광 묘사와 감상이 끝나면 일전하여, '어느 나그네가 강산을 좋아하는 습벽이 있고 조시(朝市)의 일은 마음에 어긋나 빈 누각에 기대어 오연히 웃으며 이끼 낀 물가 맑은 여울을 완상한다고 하여 자신을 객으로 객관화한다. 강산성벽(江山性癖, 연하고질과 같음)이 있어 조정과 시장의 일은 마음에 없으니 빈 누각에 기대어 자연을 감상한다고 하여 자신의 연하고질을 고백하고 있다.

이어 황학루 앞 향기로운 풀과 비 갠 냇물은 아득히 멀고 등왕각 위 저녁노을과 외로운 따오기 함께 날아오른다 하여 중국의 유명한 누각들의 고사를 인용했다. 이에 눈은 구주(九州, 천하)에 높고 정신은 육합(六合, 천·지·동·서·남·북 즉 우주)에 노닐어 먼지 긴 마음은 물 난간에 고요해지고 세속의 정은 바람 탑에 흩어진다고 하여 자신이 높은 경지에 이르렀음을 보였다.

금계가 울어 새벽을 알리니 동쪽 바다의 만 이랑이나 되는 붉은 물결 잡을 듯하다. 옥토가 어둠 속에 솟아오르면 용궁에 있는 1000층의 흰 탑을 엿보기도 하고 상쾌하게 사방을 두루 바라보니 황홀하게도 신선이 된 듯도 하다. 뽀얀 모래 밟으며 산보하고 백조를 벗 삼아 즐기도 한다. 고래 파도 멀리 일어나 대붕은 9만 리를 나는데 자라산은 어디에 있나? 약수는 아득히 3000리나 된다는 데 이르면 신선이 되어 노니는 듯하다.

유람을 한 바퀴 돌고는 "옛 현인은 가 버렸고 지나간 일은 아득하지만 죽계의 웅장한 글씨를 관람하고 석간의 맑은 글을 읊기도 했네. 화재 후에 경영하여 전일의 화려한 건물을 잃어버린 것은 애석하지만 물 가운데 난계는 누가 옛날의 홍장(紅粧, 단청)을 실었는고."라 하여 현재의 모습을 묘사하였다.

이어서 "아! 명예의 굴레가 사람을 얽어매고 이욕의 그물이 세상을 덮어씌우는데, 그 누가 속세를 초월하여 한가로움을 즐길 건가. 모두들 이리 뛰고 저리 뛰다가 스스로 지치도다. 벼슬 취미는 계륵과 같아 세상의 영화를 믿기 어렵고, 명승 지역은 토구와 다름없어 은거할 계획을 이룩할 만하네."라 하여 속세의 속박을 탄식하고 명승에 물러나 살려는 뜻을 말했다.

이에 옆에 있던 어떤 사람이 말하길, 경포대에 올라 마음껏 노닌 정취가 비록 한때의 즐거운 일이었지만, 아득하게 자취 없어 천고를 지나니 재가 되었다고 하며 경포대의 행락은 자취 없이 사라지는 것이지만 할 일은 따로 있다고 다음과 같이 말하였다.

"만약 몸에 덕을 쌓아 물건도 혜택을 입히고 임금과 백성에게 충성과 은혜를 미치어 덕업을 역사에 남기고, 용을 붙잡고 봉황에 매달려 죽은 뒤의 명예를 이룰 수만 있다면 뜻을 게을리 하고 자신을 잊어 가며 눈앞의 즐거움을 따르지 마시라."

그러나 나그네는 웃으며 대답한다. "세상에 나아가 행하거나 숨어 버리는 것은 운수에 달렸고 화와 복은 시기가 있으니 천명의 조화가 하는 대로 따를 뿐이다. 마음을 비우고 사물에 응하고 일을 풀어내는 데 마땅함을 얻으면 정신이 무너지지 않아서 안을 지킬 터이니 뜻이 어찌 움직여 밖으로 내달리겠는가? 명예를 구하고 이익을 구하는 것이 성정에 해로움은 정한 이치이고 물을 좋아하고(樂水) 산을 좋아하는 것(樂山)은 인지(仁智)에 사모함이 많은 것이다." 성리학적 마음의 수양에 대하여 강조하고 요산요수(樂山樂水)가 사람의 어짊과 지혜에 도움이 된다는 점을 강조하였다. 아마도 「경포대부」에서 가장 성리학의 본령에 가까운 표현은 이 부분일 것 같다.

결론적으로 선비의 도리에 대한 다짐을 하고 있다. "그러나 선비가 세상에 나서 자기 자신을 사사로이 하지 않고 오히려 풍운의 기회를 만난다면 마땅히 사직의 신하가 되어야 할 것이네. 융중의 와룡(삼국 시대 제갈량)이 문달을 구하는 선비가 아니었듯이 위천의 어부(주나라 강태공, 여상)가 어찌 세상을 잊어버린 사람이었겠나?" 자신도 제갈량이나 강태공처럼 기회가 오면 나라를 위하여 일하겠다는 다짐의 말이다.

그럼에도 끝맺음은 역시 도가적인 분위기를 풍기고 있다. "아! 바람 앞의 등불처럼 짧은 백 년에 푸른 바다의 좁쌀 한 알 같은 인생이여! 여름벌레가 얼음을 의심하는 것이 가소롭네. 통달한 사람의 식견을 사모하고 풍경을 방문하여 천지를 집으로 삼을 것이지 어찌 중선이 부질없이 고국을 그리워하던 것을 본받겠는가?"라 하여 이상과 현실의 괴리를 보여 준다.

이상 살펴본 바와 같이 「경포대부」의 구성은 특이하다. 제일 앞부분에 경포대의 전반적인 경관을 개관하고 다음에는 봄·여름·가을·겨울의 네 계절로 나누어 각각의 풍광을 아름답게 묘사하였다. 그다음엔 강산을 좋아하는 나그네, 즉 필자의 그 경관에 대한 감상과 중국 고사와의 비유, 신선이 된 듯한 기분, 장자에 나오는 붕새의 은유 등을 통해 세속적 삶의 누추함을 비판하면서 은자의 삶을 동경하는 정신세계를 드러내고 있다.

그다음엔 옆의 어떤 사람, 즉 대화의 대상인 이가 행락의 즐거움은 일시적인 것이니 덕업을 쌓아 임금에게 충성하고 백성에게 은혜를 입혀 명예를 이룩하여 역사에 길이 남을 것을 충고하는 형식을 취한다. 아름다운 경관에 취하여 전원생활을 동경하는 것에서 끝나면 안 되고 현실적으로 할 일이 많다고 깨우쳐 주고 있는 것이다. 이 부분은 사임당의 언어가 아닐지 싶다.

다음은 나그네의 말이니 이 글의 결론에 해당한다. 세상일의 이치를 적시하고 달관의 경지를 보이면서도 결론은 제갈량이나 강태공 같은 인재가 되어 사직의 신하로 살 것을 다짐하는 내용이다. 여기서 하나의 상상이 가능해진다. 객이 이이이고 옆에서 훈수 들며 거드는 이가 사임당이 아닐지?

이 「경포대부」는 열 살 먹은 어린아이의 작품으로는 도저히 보기 어렵다. 인생의 단맛 쓴맛 다 본 사람이 벼슬길의 고통과 고민에서 초탈하여 달관하고자 하는 의지가 느껴지는 작품이다. 나그네가 작자이고 옆에 있던 한 사람과 대화 형식을 취하고 있지만 거의 다 작자, 즉 화자의 독백으로 보인다. 특히 중국 역대 인물들을 인용하고 많은 고사를 활용하고 있는 것은 동양 고전에 대한 해박한 지식 위에 그 뜻과 의미를 제대로 이해하여 자기화하지 않고서는 불가능한 일이다.

열 살 어린이가 세상사를 알면 얼마나 알며 설사 많은 고전을 통독하였다 하더라도 아직은 그 지식이 육화하여 글 짓는 데 술술 연결 고리를 찾아 엮이어 나오기에는 미숙한 연배로 볼 수밖에 없다. 따라서 「경포대부」는 이이가 조정에서 벼슬 살며 많은 경험을 쌓은 중년 이후 작품이거나 아니면 어머니 사임당과의 합작으로 볼 수밖에 없다.

여기서는 이이의 열 살 때 작품이라는 기록을 인정하면서 사임당과 함께 지은 작품으로 상정하고 이 작품을 분석하여 사임당의 정신세계를 엿보았다. 더욱이 도가의 장자가 나비 꿈을 꾼 이야기나 작품 전반에 전원생활을 동경하는 분위기를 주면서도 결국 선비의 길은 조정에 출사해야 한다는 결론을 도출하고 있는 것은 사임당이 아들 이이에게 주는 권고이자 교훈이 아닐까 싶다. 사임당의 집에서 가장 가까운 경포대를 포함한 해악승경의 관동팔경도 동해안을 따라 펼쳐 있어서 경포대 외에 통천 총석정, 고성 삼일포, 간성 청간정, 양양 낙산사, 삼척 죽서루, 울진 망양정, 평해 월송정 등을 사임당이 관광했을 가능성이 높다. 또한 해금강을 비롯한 금강산의 정양사·장안사 등 사찰들의 불사에 사임당이 참여하였을 개연성도 크다. 사임당 사후 이이가 금강산에 들어간 것도 이런 추론을 가능케 한다.

다만 성리학적 이상 사회를 건설하려던 사람들의 방향성에서 이이의 입산 전력이 혹독한 비판을 받게 되자, 집에 불경이 있었다는 흔적을 지우려고 그의 연보에는 서울 봉은사에서 이이가 처음 불경을 보았다는 말로 호도한 것으로 보인다. 16세기 초까지만 해도 부녀자들의 종교로 불교를 믿는 것이 당연시되던 분위기였고 사임당의 어머니 용인 이씨도, 사임당도 절에 다니는 행위를 본인들은 물론 남들도 결코 이상하게 생각하지 않았을 것이다.

만약 이이가 사임당 사후 금강산에 들어가 장경각에 있던 수

많은 불서들을 독파하지 않았다면, 그리하여 수입된 외래 학문인 송나라 성리학의 한계를 깨닫지 못했다면 조선 성리학은 단연코 탄생하지 못했을 것이다.

송나라는 북방족 금나라에 밀려 남천하면서 북송 시대와 남송 시대로 이분될 만큼 이민족의 침략에 시달렸다. 이에 민족의 단결을 꾀하기 위하여 성리학의 이기론을 성립시켜 한(漢)민족은 이(理)이고 북방족은 기(氣)이므로 일시적인 '기'의 작용에 의하여 북방족에게 시련을 당하고 있지만 '이'인 한민족은 영원하리라는 중세적 민족주의를 제창하였다.

북송의 염계(濂溪)에 살던 주돈이에서 시작된 신유학인 성리학은 낙양(洛陽)의 정호·정이 형제가 발전시키고 관중(關中)의 장재를 거쳐 남송의 민중(閩中)에 살던 주희에 와서 비로소 문호를 개창하였으므로 그들이 살고 있던 지명을 따서 염락관민지학(濂洛關閩之學)으로도 불렸다. 당대에 치성하던 불교와 도교의 형이상학적 이론 체계에 자극을 받아 유학의 원시 유학적, 실천 유학적 한계를 극복하고 형이상학적 우주론을 성립시킨 것이 성리학이었다. 따라서 성리학적 우주론인 이기론의 이론 체계는 불교와 도교의 영향을 많이 받았다.

외래 사상인 성리학이 조선의 국학으로 수용되어 1세기 반이 경과하고 그것을 전공하는 사람들이 사회 세력의 주류가 되어가는 16세기에도 그 이론 체계는 난해하기 이를 데 없다고 인식되었으므로 그 이해 과정에서 퇴계 이황과 기대승의 이기 논쟁이 학계의 관심사가 되었던 것이다.

이이는 금강산의 모든 불경을 독파하고 나서야 성리학이 성립되던 시기인 송나라 시대 불교의 영향을 파악하고 불경에서 힌트를 얻어 성리학의 미비점을 보완하는 작업을 함으로써 송 대 성리학의 한계를 넘어 조선 성리학을 성립시킬 수 있었다. 퇴계이황이 외래 사상인 성리학의 완벽한 이해를 추구한 수준이라면 그보다 한 세대 후생인 율곡 이이는 조선 성리학을 개창했다는 평가를 받게 되었다.

당시 양양의 낙산사 정도는 강릉에서 먼 곳으로 생각되지도 않았을 것이다. 또 이런 사찰들은 경치 좋은 경승지에 자리 잡고 있어서 사임당에게는 더욱 친근한 곳이고 불사를 핑계 삼아 어머니 용인 이씨와 자매들과 어울려 바깥나들이의 대상으로 삼았을 터이다. 가까이에 있던 한송정(寒松亭)도 그들 모녀가 즐겨 찾던 곳으로 추정된다.

경포호 부근에 있던 해운정도 승경 중의 하나였다. 1530년(중종 25년) 어촌(漁村) 심언광(沈彦光)이 강릉 부사를 지낸 후 지은 정자였다. 이때는 사임당이 27세로 이 새로 지은 정자는 사임당이 마음만 먹으면 언제나 가 볼 수 있는 곳이었다. 뒤에 이이는 관직을 그만두고 외가에 와 있을 때 어촌 심언광의 자손 심장원을 만나 청유시(淸遊詩)인 「제심어촌원정(題沈漁村園亭)」라는 오언율시를 지었다.

해운정 승지에서 술잔을 드니	勝地逢杯酒
흥겨운 이 자리 싫지 않네	斯遊也不嫌
그 누가 알았으랴 천 리 밖에서	那知千里外
어진 주인 훌륭한 손 함께 얻을 줄	得值二難兼
안개는 서서히 걷히어 가고	海色初收霧
솔바람 사르르 더위 식히네	松風不受炎
하필 한유(韓愈)·맹교(孟交)의 회합장에서	何須韓吏部
섬섬옥수 찻잔 받드는 일 떠올린 건가	茗盌捧纖纖

강릉의 경포대나 관동팔경 등 해악승경이 사임당의 연하고
질을 키운 경물들이라면 이 연하벽 때문에 사임당은 강릉에서 서
울에 왕래하는 고된 인생살이를 기꺼이 감수할 수 있었던 것 같
다. 강릉에서 서울로, 서울에서 강릉으로 가는 길은 그 자체가 또
하나의 강산승경이었기 때문이다. 뒤에 별장처럼 잠시 산 백옥포
리 또한 산천이 빼어난 아름다운 곳으로 사임당의 연하고질을 달
래 주었을 것이다.

대관령 넘어 봉평으로

강릉 북평촌에서 출발하여 구산을 거쳐 당시는 강릉의 진산
으로 인식되던 대관령으로 가는 길. 대관령 아흔아홉 굽이는 그

자체로 승경이었고 대관령 고개에서 내려다보이는 강릉과 친정집이 있는 북평촌의 광경은 아름다운 산수화 속 그리움의 대상이었으리라. 횡계를 거쳐 진부까지의 산길엔 온갖 기화요초가 피어나고 산새들이 노래하는 천국의 세계였으며 그다음으로 계속되는 길도 별로 다르지 않았다. 이어지는 창평-대화-방임-운교-안흥-횡성-용두-양평-망우리-서울까지, 때로는 횡성에서 여주를 경유하는 길 곳곳에 비경이 자리 잡고 있었을 뿐 아니라 양평에선 한강까지 만나는 행운의 여로였다. 강릉에서 서울까지 640리, 최소 열흘은 걸리는 여로였지만 몸이 힘든 것 이상으로 눈이 호사하였으니 연하고질이 있던 사임당에게 굽이굽이마다 나타나는 산수풍경은 여독의 고달픔을 잊게 하는 청량제였다. 몇 번이나 오갔는지 모르지만 그 길은 산천 유람의 길이기도 했다.

그 긴 여로의 고달픔을 덜어 주려고 사임당의 친정에서는 봉평 백옥포리(강원도 평창군 용평면 백옥포리)에 별서를 내주었지 않나 싶다. 1524년 21세에 상경하여 시어머니 홍씨에게 신혼례를 올렸지만 결혼(1522년, 19세) 후 1541년 38세에 서울 수진방 시댁에서 맏며느리의 책임을 맡아 살림을 주관할 때까지 20여 년간은 친정인 강릉과 시댁인 서울, 시댁의 본가로서 전장이 있던 파주, 그리고 봉평 백옥포리를 옮아 다니며 살았다. 전체적으로는 친정에 근거를 두고 잠시 다녀간 흔적이 있다.

봉평 백옥포리는 강릉에서 170리(70킬로미터) 지점에 있었고 당시는 강릉부에 속해 있었다. 서울에서는 470리(188킬로미터) 거리였다. 산태극 수태극(山太極 水太極)의 명당으로 알려진 곳이었다. 마을 뒤 북쪽으로 송정치·노정현·마전치 등 높지 않은 산봉우리들이 태극 모양처럼 둘러싸고 마을 앞 남쪽에는 흥정천과 속사천의 시냇물이 합수하여 태극처럼 휘감아 드는 정중앙에 위치해 있어 명당 중의 명당이라 했는데 사임당 부부가 살던 집터 판관대는 양지바른 남향으로 그 명당 가운데에 있다. 이이를 여기에서 잉태했다고 한다.

이런 전설을 증빙하듯 옛 백옥포리, 즉 봉평 입구에 있는 판관대 옆에는 이이를 모시고 제의를 행하는 이이의 사당이라 할 봉산서재(蓬山書齋)가 현존하고 있다. 강원도 평창군 봉평면 봉산서재길 17(강원도 평창군 봉평면 평촌리 산16)에 있는데 1906년(고종 43년) 창건하였다는 연혁이 붙어 있다.

그로부터 400여 년 후 이곳에서 이효석이 태어나 메밀꽃이 피는 이 마을의 장관을 소설로 그려 내었다. 「메밀꽃 필 무렵」에 묘사되었듯이 메밀꽃이 핀 봄밤의 메밀밭은 소금을 뿌려 놓은 듯이 하얗게 달빛이 부서지며 빛나고 있었고 그 광경은 사임당의 예술적 감흥을 흔들어 깨웠을 것이다.

사임당에게는 이곳의 생활이 결혼 생활 가운데 가장 행복하지 않았나 싶다. 친정이 가까이 있어 생활도 친정의 도움을 받을 수 있었을 것이고 여차하여 친정에 일이 생기면 한달음에 달려갈 수 있는 거리였다. 게다가 어른들 눈치 볼 것 없이 두 사람만의 삶을 꾸려 나갔으며 아이들도 자유분방하게 클 수 있었을 것이다.

아마도 아이들 가운데 한두 명은 친정에 맡겨 놓았을 수도 있었 겠다. 사임당의 남편 이원수가 쉰이 넘은 나이에 처음으로 한 벼 슬이 수운판관이었기에 이 집터는 판관대로 불리고 있다.

임진강 변의 풍광

사임당의 남편 이원수의 본가가 있는 경기도 파주 율곡리는 임진강 남쪽 15리 지점에 있었다. 서울까지는 불과 140리(57킬로미 터)였으니 강릉에서 볼 때는 서울 부근이라고 하여도 과언이 아니 었다. 임진강 경치 좋은 곳에 화석정도 있었다. 이이도 자신의 호 를 이 고향 집이 있는 마을 이름에서 따올 정도로 이곳은 덕수 이 씨 율곡 가문의 뿌리였다. 더구나 임진강 가엔 많은 학자들이 배 출되고 있어서 임진강 학파라고 할 만한 학자군이 성장하고 있었 다. 풍광 또한 아름다워서 사임당의 연하고질을 자극하였다.

우선 개성에 이이보다 한 세대 위인 화담 서경덕이 있어 후 학들을 기르고 있었고 율곡 이이를 비롯하여 우계 성혼·구봉 송 익필 등 일군의 학자들이 임진강 부근에서 성장하고 있었다. 조 금 떨어져 김포에는 이이의 제자 중봉 조헌도 있었다. 파주에서 이이가 여덟 살 때 지었다고 하는 「화석정」 시가 있어 사임당 모 자의 임진강에 대한, 파주에 대한 애정을 엿볼 수 있다.

숲 속 정자에 가을은 이미 깊었는데	林亭秋已晚
시인의 뜻은 끝이 없네	騷客意無窮
멀리 물은 푸른 하늘에 닿아 있고	遠水連天碧
서리 맞은 단풍은 붉은 해를 향했네	霜楓向日紅
산은 외로운 둥근 달을 토해 내고	山吐孤輪月
강은 만 리를 부는 바람을 머금었네	江含萬里風
하늘 가 큰기러기 어디로 가는지	塞鴻何處去
그 소리 저무는 구름 속에 끊어지네	聲斷暮雲中

가을날 해지는 저물녘 임진강 가 화석정에 올라 보니 강물은 푸른 하늘에 닿아 있고 단풍은 석양에 더욱 붉게 빛나는데 산 위로는 둥근 달이 떠오른다. 강바람은 만 리를 불어오듯 서늘한데 큰 기러기는 하늘을 날아가며 그 소리가 구름 속에 잠기는 광경이 눈앞에 펼쳐지는 듯싶다. 화석정은 율곡 이이의 5대조인 이명신(李明晨)이 지은 정자로 율곡리에서 북쪽으로 6킬로미터 지점인 임진강 가에 있는 풍광이 뛰어난 정자다.[22]

이 시는 이이가 여덟 살 때 지은 오언율시인데 아마도 사임당과 함께 지었을 가능성이 크다. 이이가 화석정에 가서 이 시를 지은 해는 여덟 살 때인 1543년, 사임당이 40세 때이니 사임당은 서울에 살며 서울 살림을 도맡아 하던 때이다. 그 즈음 사임당은 아이들을 데리고 시댁의 본가인 파주 율곡리에 자주 가지 않았나싶다. 특히 가을에는 그 땅에서 가을걷이를 하는 등 자주 왕래하였을 것이다. 사임당이 아들 이이와 함께 화석정에 올라 임진강의 풍광을 즐기면서 아들의 작시를 대견스러워하며 거들어 주는 광경이 떠오른다.

사임당의 연하고질은 이이에게도 고스란히 유전되었던 듯하다. 이이는 천성적으로 산수를 좋아하여 명산가경(名山佳景)이라면 가 보지 않은 곳이 없을 정도였다고 한다.[23] 또한 19세에 금강산에 들어가 1년 남짓 머물면서 불경을 읽는 틈틈이 7개의 사찰, 41개의 암자, 5개의 동곡(洞谷), 6개의 폭포, 16개의 산봉(山峰), 11개의 대(臺)를 돌아보았다. 산수를 좋아하지 않고는 할 수 없는 일이다. 이 「경포대부」에서도 '강산성벽'을 말하고 있다.

1569년 34세에 벼슬을 그만두고 강릉 외조모 이씨에게 근친을 간 이이는 친지들과 청학산을 여행하고 「유청학산기(遊靑鶴山記)」를 짓기도 하였다. 이이가 "대관령 동쪽으로 유람하는 이들이 으레 한송정이나 경포대를 일컫는데 이는 다 강해의 승경일 뿐이다. 동천(洞天)과 계학(谿壑) 중에 고인(高人)이 은거할 만한 곳이 있다는 말을 듣지 못하였다. 혹 있어도 내가 아직 보지 못한 것인지도 모른다."라고 말을 꺼내니 주위 사람들이 추천하여 유람하게 되었던 것이다. 이이는 청학산이 오대산이나 두타산보다 품격이 높다고 평가하고 그때까지 그 유심한 곳을 모르고 있었음을 한탄하면서 진작 유람했더라면 좋았을 것이라 탄식하였다. 이곳의 연못을 '창운(漲雲)'이라 이름 짓고 토곡에 이르러 한 길 폭포가 쏟아지는 바위에서 술잔을 기울이며 그 바위 이름은 취선암(醉仙

巖)이라 이름하고는 다시 오길 기약했지만 실현되지는 못했다. 아마도 어머니 사임당에게 구경시켜 드리지 못한 것을 한스럽게 생각했을 듯싶다. 연하고질의 모전자전이다.

뒤에 이이가 해주 고산군의 석담리에 주희의 무이구곡을 본따서 고산구곡을 경영하게 된 것도 그의 산수에 대한 사랑, 다시 말하면 산수애(山水愛)에서 비롯되었을 터이다. 이이는 청학산을 유람한 지 2년 후인 1571년 36세에 처가가 있던 해주에 가서 예닐곱 명의 벗들과 고산의 석담구곡을 돌아보고 구곡의 이름을 지으면서 복거할 계획을 세웠다.

연하고질의 종착지, 삼청동

사임당 최후의 거처는 서울의 삼청동이다. 변변한 직업도 없이 지내던 남편 이원수가 나이 오십 넘어 처음으로 벼슬길에 올라 수운판관이라는 직업을 갖게 되어 이사하게 된 관사가 삼청동에 있었다. 그런데 삼청동은 서울에서 알아주는 경승지였으니 연하고질이 있던 사임당에게는 금상첨화이자 행운이었다.

삼청동은 도성의 북쪽, 경복궁의 동북 지역으로 북악산 동쪽 기슭에 있는 경승지이다. 산 맑고(山淸) 물 맑고(水淸) 사람도 맑아(人淸) 삼청(三淸)이라 이름하였다 한다. 또는 도교의 태청(太淸) 상청(上淸) 옥청(玉淸)의 삼위(三位)를 모신 삼청전이 있는 소격서가 있어 삼청동이라 하였다는 기록도 보인다. 삼청녹음으로 유명하였고 한양 도성 안에서 경치가 가장 좋은 곳으로 이름난 곳이었다. 마을 입구에 있던 병풍바위에 새겨 놓은 삼청동문(三淸洞門)이라는 각자까지 현존하고 있는 동네다.

정조가 읊은 「국도팔영(國都八詠)」 내용이 「필운대 화류」·「반지 연꽃 감상」·「압구정 뱃놀이」·「삼청동 녹음」·「자하각 관등」·「청풍계 단풍놀이」·「세검정 얼음 폭포」·「광통교 맑게 갠 달」이니 서울의 경치 좋은 여덟 곳을 노래한 가운데 삼청동은 여름의 녹음으로 그 이름을 알리고 있었던 곳이다. 삼청동의 수석을 찾아 시인 묵객들이 모여들었고, 장안의 부녀자들이 해마다 정월 대보름 안에 그해의 액운을 미리 막기 위하여 액막이 치레로 삼청동 깊고 그윽한 골짜기를 거쳐 숙정문까지 세 번 오르내리는 연례행사를 했다 한다. 신사임당은 여기로 이사하고는 비로소 남편의 취직에 안도하고 취직 덕으로 이사한 삼청동의 경치에 매료되어 '아! 이젠 여한이 없다.' 하고 눈을 감을 수 있었던 게 아닐까?

아버지에게 이어받은 학문과 수양

『소학』으로 시작된 수양

사임당의 인격 수양은 당연히 『소학(小學)』으로 시작되었을 것이다. 성리학적 어린아이 수신 교과서인 『소학』은 사림들에 의하여 학습되었다. 조선 초 개국공신파(뒤에 훈구파로 불림)는 문물제도 정비와 외교 관계 수립 등 건국의 기틀을 마련하기 위하여 사장학(詞章學, 문장학)에 전념하였고, 향촌에서 수기치인하는 선비의 길을 지향하던 사림파들이 본격적으로 『소학』을 공부하기 시작하였다.

성종 대 사림은 어른이 되어서야 『소학』을 공부하기 시작한 이들이었고, 중종 대 사림에 와서야 어릴 때부터 『소학』을 공부하기 시작하여 비로소 몸에 익혀 자기화하였다. 사임당의 아버지 신명화도 바로 중종 대 사림인 기묘사림의 한 사람이었으므로 그 역시 『소학』을 어릴 때부터 공부하였을 것이고, 자신의 자식들에게도 당연히 어릴 때부터 『소학』을 가르쳤을 것임은 불문가지이다.

『소학』은 남송 때 주희가 제자 유자징과 함께 작업하여 1187년 내편 4권, 외편 2권 등 총 6권으로 편찬했다. 8세 전후의 어린이를 위한 성리학의 수신 교과서이니 성리학자들인 사림파들이 당연히 중요하게 여겼다. 1장 「입교(立敎)」, 2장 「명륜(明倫)」, 3장 「경신(敬身)」, 4장 「계고(稽古)」, 5장 「가언(嘉言)」, 6장 「선행(善行)」으로 구성되어 있다. 쇄소(刷掃)·응대(應待)·진퇴지절(進退之節) 등 기초적인 예절을 어릴 때부터 익혀 어른이 되어서는 자연스럽게 우러나오는 몸가짐과 규범을 가르쳤다. 쇄소는 청소하는 법이고 응대는 손님 접대하는 법이며 진퇴지절은 나아가고 물러나는 범절이다.

쇄소는 자신이 자고 난 자리, 자신이 어지럽힌 것은 자신이 깨끗이 치우고 정리·정돈하게 하여 환경을 잘 가꾸는 습성을 어려서부터 기르게 교육시키려는 것이 목적이다. 응대는 손님 접대를 중요하게 여겼던 당시에 어릴 적부터 손님을 정중하게 맞아들이고 인사하고 대접하여 모시는 법도를 가르치면서 예의범절을 익히게 하려는 것이다. 진퇴지절은 출타할 때 어른에게 알리고 돌아와서도 알리며, 어른의 방에 들어갈 때와 나올 때 등 나가고 물러날 때의 예의범절이다. 『소학』은 기묘사화 후 금서에 가까우리만큼 기피 대상이 되었다가 50여 년 후 선조가 즉위하여 조광조가 복권되어서야 다시 빛을 보았다.

사임당과 동시대인인 퇴계 이황이 지었다고 전하지만, 사실은 작자 미상인 『규중요람(閨中要覽)』이라는 책이 있다. 규중은 집안을 말하므로 여인이 읽어야 할 요람인 이 책에 다음과 같은 구절이 있다.

부인 여자로도 마땅히 『시(詩, 시경)』·『서(書, 서경)』·『사기(史記)』·『소학(小學)』·『내칙(內則)』을 읽어 역대의 나라 이름과 역대 조상의 명자(名字)를 알지니 그러나 문필의 공교함과 시사(詩詞)의 찬란함은 오히려 창기(娼妓)의 본색이요, 사부가(士夫家) 부녀의 행할 바가 아니니라.

이에 의하면 여인들도 시와 글씨를 익혀야 하고 『사기』와 『소학』, 그리고 「내칙」을 읽어야 한다고 되어 있다. 다만 문필의 공교함과 시사의 찬란함은 창기들이나 할 짓이라고 경계한다. 비록 문필이나 시사의 기교와 현란한 농필은 주의할지언정 시와 글씨는 권장하고 『사기』를 읽어 역사를 알아야 하고 『소학』을 읽어 기본적인 수기를 해야 하며 「내칙」을 읽어 여자의 본분을 알아 실천해야 한다는 것이다.

따라서 조선 시대 여자에겐 학문하는 것을 금기했다는 것은 사실이 아님을 증명하고 있다. 이이도 「선비행장」에서 사임당이 "경전에 통했고 글도 잘 지었으며 글씨도 잘 썼다."라거나 "묵적에 뛰어나 산수화, 포도 그림 등을 잘 그렸다."라고 서술하였다. 사임당의 남편이자 이이의 아버지인 이원수도 사랑에서 친구들에게 아내의 그림 솜씨를 자랑하였다고 한다.

따라서 여자에게는 문·사·철의 학문이나 시·서·화의 교양을 쌓을 기회나 시간이 없었을 뿐이다. 장려 사항은 아니지만 법적으로나 사회적으로 금기가 있었던 것도 아니었다. 더구나 사임당의 아버지 신명화는 신진 사림으로 개혁파에 속했고, 16세기 전반에는 성리학적 명분 사회가 확고하게 뿌리내리기 전이어서 사임당의 학예 활동은 친정이나 시댁, 나아가 남편의 격려와 도움을 받을 수 있었던 것으로 보인다. 「내칙」은 『예기』 중 여자에 관한 내용을 담은 한 편명이으로 당연히 학습 교재가 되었을 것이다.

사대부가 여인의 필독서

사임당 성장기에는 이미 조선 사대부가 여인의 필수 교양서 『내훈(內訓)』이 나와 있었다. 『내훈』은 1475년(성종 6년)에 성종의 어머니 소혜 왕후(뒤의 인수 대비)가 부녀들의 훈육을 위하여 편찬한 여성 교양서로 『열녀전(烈女傳)』, 『소학』, 『여교(女敎)』, 『명심보감(明心寶鑑)』 등에서 여성 교육에 꼭 필요한 대목을 간추려 일곱 장으로 엮어 내었다. 1장 「언행(言行)」에는 여인에게 필요한 네 가지 덕인 부덕(婦德)·부언(婦言)·부용(婦容)·부공(婦功)을 제시하고 역사적으로 모범이 될 만한 여인 500명의 행장을 실었는데 거기에 주 문왕의 어머니 태임(太任)이 들어 있다. 태임은 사임당이 스승으로 삼겠다고 하여 호를 사임당이라 하였을 만큼 사임당에게는 의미 있는 역할 모델이다. 따라서 『내훈』은 사임당에게 중요한 필독서였음에 틀림없다.

『명심보감』「부행(婦行)」편에는 네 가지 덕에 대한 자세한 설명이 있다. 부덕(婦德)은 재주와 이름이 뛰어난 것을 말하는 것이 아니고, 부용(婦容)은 얼굴이 아름답고 고운 것을 말하는 것이 아니며, 부언(婦言)은 구변이 좋고 말을 잘하는 것이 아니고, 부공(婦功)은 손재주가 뛰어난 것을 말하는 것이 아니라고 전제하였다. 먼저 부덕은 맑고 곧고 청렴하고 절제가 있어 분수를 지키고 몸가짐을 바르게 하며 행동거지에 염치가 있고 동정에 법도가 있는 것이라고 하였다. 또 부용은 먼지나 때를 깨끗이 빨아 옷차림을 정결하게 하며, 목욕을 제때에 하여 몸에 더러움이 없도록 하는 것이라 하였다. 그리고 부언은 본받을 만한 것을 가려 말하며 예의에 어긋나는 말은 하지 않고 꼭 해야 될 때가 된 뒤에 말하여 사람들이 그 말을 싫어하지 않도록 하는 것이라 했다. 마지막으로 부공은 오로지 길쌈을 부지런히 하고 마늘과 술을 좋아하지 않으며, 맛있는 음식을 갖추어 손님을 받드는 것이라고 하였다.

한편 『삼강행실도』는 일찍이 세종 대에 출간되어 있었고 사임당의 어머니 용인 이씨도 어려서 『삼강행실도』를 읽었다고 하므로 사임당에게도 당연히 필독서였을 것이다. 세종은 1428년(세종 10년) 진주에서 김화(金禾)라는 사람이 부친을 살해하여 강상죄를 범하자 처벌보다 백성을 교화하는 것이 급선무라 생각하고 직제학 설순에게 명하여 최초의 윤리·도덕 교과서인 『삼강행실도』를 1434년(세종 16년)에 3권 1책으로 간행하게 하였다.

그 구성을 보면 군위신강(君爲臣綱, 군신 관계)·부위자강(父爲子綱, 부자 관계)·부위부강(夫爲婦綱, 부부 관계)의 삼강에 모범이 될 만한 충신·효자·열녀의 행실을 중국 책과 우리나라 책에서 뽑아 그 내용을 그림으로 그린 뒤 설명하는 시구를 넣고 찬(讚)을 붙이기도 했다. 구도는 집과 울타리, 산과 언덕, 구름 등을 지그재그로 구획하고 그 사이 공간에 이야기의 내용을 아래에서 위로 세 장면을 순서대로 배치하되 부감법을 사용하였다.

이 책은 뒤에 중종 때 나온 『이륜행실도』와 정조 때 나온 『오륜행실도』의 원류가 되었고 판화로 제작하여 널리 보급되었다. 조선 시대 유교 윤리와 가치관을 예화를 통하여 그림으로 쉽게 전달하는 교과서로 그 역할을 톡톡히 하였다. 그 가운데에서 사임당의 관심사는 단연 「열녀도」였다.

경전에 통하다

사임당은 앞서 살펴본 기본적인 수신 교과서들을 빠르면 5세에서 7세 사이에 학습하고 10여 세 전후에 경사(經史, 경전과 역사)

를 공부하였을 것이다. 무엇보다 사임당이 "경전(經傳)에 통하였는데…… 그 정묘함을 얻었다."라고 한 것은 성리학의 사서삼경은 물론 불경이나 도가 경전 등을 통틀어 말한 것으로 이해해도 될 듯싶다.

이이가 학자로 대성하여 후학에게 가르친 독서 순서를 살펴보면 사임당의 학문 체계를 유추할 수 있다. 이이는 사서에 앞서 『소학』을 더하여 우선 오서를 꼽았으니 『소학』·『대학』·『논어』·『맹자』·『중용』을 차례로 제시하였다. 성리학의 기본 교과서인 사서(四書, 『논어』·『맹자』·『중용』·『대학』) 앞에 『소학』을 놓은 것이 큰 특징이다.

『소학』은 성종 대부터 사림들의 기본 교과서로 학습되어 중종 대 기묘사림에게는 필수 교과서로 확실하게 자리 잡았다. 따라서 기묘사림인 사임당의 아버지 신명화는 자신의 딸인 사임당에게 이 책을 강조하였을 것이고 사임당 역시 어린 시절 『소학』을 공부한 뒤 아들인 이이에게도 틀림없이 첫 번째 교과서로 『소학』을 가르쳤을 것이다. 다음으로는 『소학』에 대칭되는 『대학』을, 그다음에 『논어』·『맹자』·『중용』을 독서 순서로 제시하였던 것이다.

다음으로 이이는 오경을 제시하였는데 그 순서는 『시경』·『예경』·『서경』·『역경』·『춘추』이다. 사임당의 문학적 감수성은 오경 가운데 당연히 『시경』을 우선하였을 것이고 통상적으로도 『시경』부터 시작한다. 이이도 『시경』부터 꼽았으나 통상적인 육경의 순서(『시경』·『서경』·『역경』·『예기』·『춘추』·『주례』)를 따르지 않고 『예경』이 두 번째 순서인 점이 이채롭다. "예는 인간과 인간 사이의 애경(愛敬)을 극진하게 하는 준칙"(『주자가례』 서문)이라 중요하게 생각하여 『예경』을 우선시한 것이다. 『예경』은 육경 중에서 『예기』와 『주례』가 다 해당되지만 여기서는 『예기』를 말하는 것일 터이다. 양란(兩亂, 왜란과 호란) 후 무너진 사회 질서를 바로잡기 위하여 예를 정치의 기준으로 삼은 예치(禮治)가 이이의 제자들에 의하여 가능했던 것도 그의 학문 순서에서 암시하는 바가 크다.

그다음은 송나라 때 이루어진 성리학서들로 『근사록(近思錄)』·『주자가례(朱子家禮)』·『심경(心經)』·『이정전집(二程全集)』·『주자대전어류(朱子大全語類)』 등이다. 이 책들은 주희를 주축으로 송나라 성리학자들이 육경 등 유학의 기본 경전과 선학들의 저작에서 각기 주제별로 중요한 문장을 선택·발췌하여 설명과 주석을 단 책들이다.

『근사록』은 송나라 주희와 그의 친구 여조겸(呂祖謙)이 자신들의 연원인 염·락·관·민(濂·洛·關·閩)의 학맥에서 선배인 염계의 주돈이와 낙양의 정호·정이 형제와 관중의 장횡거의 학설 가운데 일상생활의 수양에 필요한 622조목을 추려 14문(門)으로 분류하여 지은 책으로 모두 14권이다. 책의 제목은 『논어』의 "절실하게 묻고 현실 가까이에서 생각하면 인이 그 가운데 있다.(切問而近思 仁在其中矣)"라는 구절에서 따왔다.

『주자가례』는 주희가 지은 성리학의 예서이다. 성리학 사회인 조선 사회에서 중요한 위상을 갖는 책이다. 조선 중기부터 학계의 연구가 심화된 예학의 중심 텍스트로서 그 후 쏟아져 나온 수많은 예서들은 이 책을 모태로 삼았다 해도 과언이 아니다. 조선 후기 사대부 예서의 교과서라 할 수 있는 김장생의 『가례집람(家禮輯覽)』은 바로 이 『주자가례』에서 당대 조선 현실에 맞지 않는 부분을 보완하여 주석을 달고 조선 사회에 적용할 수 있게 시의성(時宜性)을 살려 재해석한 예서이다.

『심경』은 성리학의 마음 공부에 관한 책으로 남송의 주자학자 진덕수(眞德秀)가 지었다. 기존의 경전과 학설에서 마음을 다스리는 방법에 대한 중요한 글귀를 모아 해석하고 주석을 붙인 책이니 송 대 성리학의 핵심 교과서가 되었다. 위에서 살펴 본 『소학』·『근사록』·『주자가례』·『심경』을 합쳐 성리학의 사서(四書)로 규정할 수 있겠다.

『이정전서』는 북송 성리학의 형성 과정에서 중요한 역할을 한 학자들인 정호와 정이 형제의 문집이다. 형인 정호는 너그러운 성품으로 육왕학(뒤의 양명학)적인 색채가 있다고 알려져 있으며 동생인 정이는 날카로운 성품으로 전형적인 성리학자로 평가되고 있다. 성리학의 이론 형성에 공헌한 정도로는 동생인 정이를 더 높이 평가하는 경향이 있다.

『주자대전어류』는 성리학의 집대성자인 주희의 저서 『주자대전(朱子大全)』에서 어류(語類, 말씀에 속하는 종류)만을 뽑아 놓은 책이다. 어록이므로 이론적이라기보다 직설적이어서 주희의 사상을 가장 잘 표현하고 있다고 할 수 있다. 주자학을 성리학의 대명

사로 부를 정도로 성리학을 신유학으로 문호를 개창한 주자(朱子) 즉 주희의 어류이므로 이이가 세운 중요 독서 순서의 마지막을 장식하고 있는 것이다.

이 독서 순서는 이이만의 독특한 개성이 보이는데 그가 특정한 선생 없이 어머니 사임당을 스승으로 삼아 16세에 사임당을 여읠 때까지 공부한 사실로 미루어 볼 때 기본적으로는 사임당이 전수한 독서 순서에 이이 스스로 터득한 학문 체계로 보완한 것으로 추론된다. 그 외에도 역사서인『사기』, 도가서인『장자』나 불경도 사임당의 학습 대상이었을 것으로 보인다.

아버지 신명화는 서울과 강릉을 오가며 살았으므로 사임당이 접하는 책은 외가의 장서가 주류였을 것이다. 당시의 학풍이 성리학 일변도도 아니었으니 거기에는 유교 경전 이외에도 역사서나 당송팔대가를 비롯한 중국 역대 문장가들의 문집이나 시집, 그리고 제자백가서와 불경 등이 있었을 터이다.

또한 당대 문단에 유행하던 당시(唐詩)에 대한 애호는 사임당이 여러 당나라 시인들의 시를 글씨로 남긴 사실이 증명하고 있다. 현재 남아 있는 사임당의 글씨가 거의 당나라 시인들의 시를 베껴 쓰고 있는 것은 당시를 애송하고 글씨로 썼던 사임당 시대의 문풍이 그대로 반영된 것이다.

당시풍은 고려 말기에서 조선 초기까지 200여 년 동안 문단의 대세였던 송시풍과는 차별화된다. 박은(朴誾)·정사룡(鄭士龍)·박순(朴淳)에서 시작된 당시풍의 유행은 다음 세대에 삼당시인(三唐

詩人)이 배출될 정도였다.

삼당시인은 백광훈(白光勳)·최경창(崔慶昌)·이달(李達) 세 사람을 일컫는데 신분이 서얼이라는 공통점이 있다. 선조 대에 활약한 이들 세 시인은 감각적이고 낭만적인 당나라 시풍을 이어받아 아름답고 서정적인 시풍으로 시단의 주목을 받았다. 뒤의 침류대(枕流臺) 풍월주 유희경(劉希慶)의 선배이자 18세기에 문단의 큰 흐름을 형성한 위항문학운동의 효시로 보아 무리가 없을 것 같다.[1] 사임당은 이들의 선생 격인 박순보다 20여 년 앞선 연배로 당시를 즐겨 애송하고 이를 글씨로 남겼으니 당시풍 유행에서도 앞서 가고 있었던 것이다.

그러나 무엇보다 사임당의 마음을 수양하는 데 도움이 되었던 것은 그녀의 특기인 수놓기였을 것이다. 자수는 실용성과 함께 마음을 차분히 수양하는 기능까지 갖고 있어서 처녀 시절은 물론이고 결혼 후 아르바이트로 수를 놓았던 그녀에게 일거양득의 효과를 주었을 것으로 짐작된다. 한 땀 한 땀 바느질이나 수를 놓는 행위 자체가 정신을 집중하고 차분히 마음을 가라앉혀 정신을 수양하는 효과가 있었을 것이므로…….

고단한 결혼 생활

사임당은 시간 경영의 귀재라 할 만하다. 1522년 19세에 세 살 연상의 이원수와 결혼하여 1551년 48세까지 30여 년 결혼 생활에서 4남 3녀를 낳아 키우고 많은 작품을 남겼으니 말이다. 이이가 「선비행장」에서 사임당이 시집에서 절용(아껴 씀)하여 가정을 꾸렸다고 했는데 그 절약 정신은 시간에도 예외가 없었다. 1524년 21세에 맏아들 선을 낳은 후 1542년 39세에 막내아들 우를 낳기까지 18년 동안 4남 3녀를 출산하였으니 거의 두세 살 터울로 아이를 낳은 셈이다.

비록 친정인 강릉에 머무는 시간이 많았다 하더라도 강릉과 서울을 오고 간 시간도 만만치 않았을 것이다. 친정집의 기둥인 딸로, 시집의 맏며느리로, 아내로, 엄마로, 양반가 안주인으로 대소사를 관리하며 그 사이사이에 그림을 그리고 글씨를 쓰고 침선과 자수도 하였을 것이니 촌음도 아껴 쓰는 시간 경영의 귀재가 아니고는 불가능해 보인다.

　더구나 사임당은 건강이 썩 좋은 편이 아니었던 것으로 보인다. 원래 감수성이 발달하여 예민한 성격이고 예술가적인 기질이므로 건장함과는 거리가 먼 섬세하고 연약한 여인이었으리라 생각된다. 계속되는 출산과 수유로 인한 신체적 부담에다 친정에 대한 그리움과 시댁에 대한 의무감에 시달리며 어려운 시댁의 살림을 도맡아 하면서 그 중압감도 컸을 것이다. 더구나 친정어머님에 대한 걱정과 생업이 되다시피 한 바느질과 수놓기로 잠 못 이루는 날들이 많지 않았나 싶다. 아이들 수발과 살림살이로 낮 시간이 없던 사임당이 그림이나 자수에 집중할 수 있는 시간은 밤잠을 아끼는 것으로 벌충할 수밖에 없었을 것이다.

　사임당이 태어난 시대는 조선 전기 창업기가 끝나고 수성기에서 오는 인습과 기득권 세력의 귀족화로 개혁이 요구되던 시대였다. 특히 아버지 신명화가 기묘사림이었고 사임당 열여섯 살에 기묘사화가 일어나 정국이 어수선하였다. 신명화는 그 3년 전에 진사에 합격하였으나 현량과로 고속 출세를 도모하지 않았기에 목숨은 부지하였다. 그럼에도 많은 동지들(기묘사림)의 죽음과 유배, 낙향으로 깊은 좌절감에 빠져 있었고 3년 후 사임당을 시집보내자마자 47세로 세상을 하직하고 말았다.

　그러니까 사임당의 행복은 열아홉 살까지로 보아야 한다. 이

시기 그녀는 아름다운 풍광 속 풍족한 외가에서 다섯 딸의 둘째로 외할머니 강릉 최씨, 외할아버지 이사온 공, 어머니 용인 이씨, 아버지 신명화 공의 사랑을 듬뿍 받으며 문·사·철의 경전 공부를 하고 시·서·화의 예능을 익힐 수 있었다.

아버지 신명화의 좌절감이 집안에 그늘을 드리웠다고 해도 그는 서울에 살며 처가에 다니러 오는 형세였으므로 강릉의 외가에서 살던 사임당은 열아홉 살(중종 17년)에 결혼할 때까지 시집갈 준비로 침선과 자수에도 골몰하며 그런대로 평화롭고 안정된 생활을 영위할 수 있었다.

한량 남편 이원수와 시가

아버지 신명화는 가장 아끼던 딸인 사임당을 혼인시키기까지 간신히 버티고 있었던 것 같다. 사임당이 열아홉 살로 3년 연상 스물두 살의 이원수와 결혼한 지 몇 개월 후 11월 7일에 눈을 감았다. 결혼하기 1년 전인 사임당 열여덟 살(중종 16년)에 외할머니 강릉 최씨가 별세하여 큰 슬픔을 안겨 주었는데 삼년상도 치르기 전에, 그것도 결혼하자마자 그토록 믿고 의지했던 아버지마저 저세상으로 떠나보내야 했던 사임당의 심경이 어떠했을지는 상상하고도 남음이 있다. 사임당에게 아버지 신명화는 아버지일 뿐 아니라 스승이었기에 그 상실감은 더욱 컸을 것이다. 딸만 다

섞인 집안에 버팀목이던 큰 어른이 사라진 것이다.

이원수는 덕수 이씨 명문이었으나 그의 윗대에 4대 동안 현관을 못하여 한미한 가문으로 전락하고 있었고 여섯 살에 아버지 이천(李蕆)이 24세로 요절하여 어머니 남양 홍씨 손에서 외롭고 가난하게 자랐다. 때문에 그는 체계적인 교육을 받지 못하였고 사임당의 간절한 소망에도 불구하고 평생 과거에 급제하지 못했다.

이원수는 한마디로 한량이라고 할 수 있겠는데 한량답게 통크고 너그러운 데가 있었지만 생활력이 없어서 사임당에게는 빛과 그림자를 함께 끼쳤다. 이이는 아버지가 '척당(倜儻, 뜻이 크고 기개가 높음)하여 집안 살림을 돌보지 않았다.'라고 표현하였다. 이이가 아홉 번이나 장원하여 구도장원공(九度壯元公)이 된 것은 아버지로 인한 어머니 사임당의 평생 한을 잘 알고 있어서 아버지 대신 어머니의 한풀이를 한 것이 아닌가 싶다.

더구나 이이가 「선비행장」에 시어머니 "홍씨 앞에서 희첩을 꾸짖은 적이 없었다.(於洪氏前 未嘗叱姬妾)"라고 했는데 문집 편집자가 희첩이라는 용어 다음에 "시중드는 여종을 모두 희첩이라고 했다.(侍婢皆名姬妾)"라고 주를 달았다. 아마도 이이의 아버지 이원수에게 누가 될까 저어하여 친절하게 주를 달았겠지만 희첩이란 이원수의 첩, 즉 뒤에 서모가 된 권씨일 가능성이 크다. 시어머니 앞에서 희첩을 꾸짖는 것은 칠거지악의 하나인 투기가 되는 것이기에 사임당은 희첩이 거슬려도 인내하였을 것이다.

어머니 사임당이 세상을 떠난 후 서모(권씨)가 이이를 사랑하지 않았다는 『명종실록』의 기록으로 보아[1] 서모와 사이가 나빴던 것이 이이가 입산하게 된 동기 가운데 하나가 아니었나 싶다. 이 사실은 사임당 생전에 사임당을 괴롭히던 희첩이 바로 서모 권씨였을 가능성을 말해 준다.

또 아버지 이원수가 돌아간 후 제사에서 서모 권씨의 위상 문제이다. 이이의 절친한 벗인 성혼은 또 한 사람의 절친한 벗 송익필에게 보낸 편지에서 "율곡이 평소 상례(喪禮)에 비첩이 부녀의 뒤에 선다는 말을 의심하여 서모를 주부(主婦)의 앞에 놓으려고 하는데 종전부터 소견이 이와 같았으니 어찌 잘못이 아니겠는가?"라고 지적하고 있다.[2] 보면 권씨가 비첩 출신이고 사임당 행장의 희첩이란 비첩이던 서모 권씨일 가능성이 더욱 분명해진다.

사임당은 서울에 올라와 시어머니 시집살이는 물론이려니와 어려운 시집의 살림을 도맡아 했을 뿐 아니라 남편의 희첩 때문에 마음고생까지 한 것으로 보인다. 아들인 이이는 아버지의 체면을 보아서 이런 상황을 일일이 쓸 수 없었기에 어머니가 시어머니 앞에서 희첩을 꾸짖지 않았다고 완곡하게 표현한 것으로 짐작된다. 이이가 서모에게도 극진히 효도했다고 하지만 그것은 당위로서의 행동이지 세상을 떠난 사임당을 생각하면 가슴 아픈 일이었을 것이다.

재능을 이어받은 아이들의 탄생

홀로 된 어머니를 보살펴 드릴 아들도 없어 서울 시집으로
떠나기에 차마 발이 안 떨어질 지경에 있던 사임당은 아버지 신
명화의 죽음으로 강릉 친정에서 삼년상을 치르며 눌러앉았다. 삼
년상을 치른 뒤 21세(중종 19년)에 상경하여 시어머니 홍씨에게 신
혼례를 올리고 9월에 맏아들 선(璿)을 서울에서 출산하였다. 이후
37세(중종 35년)까지 17년 동안 서울의 시집과 강릉의 친정을 오가
며 생활하였다.

그 사이에 사임당은 여러 대소사를 치렀다. 25세(중종 23년)에
어머니 용인 이씨의 열녀정각이 강릉에 세워졌다.『율곡선생전서』
에 있는 「이씨감천기」의 내용이 조정에 알려진 결과였다. 남편 신
명화가 몹시 아플 때 조상에게 간절하게 기도하여 살려 낸 이야
기였다. 26세(중종 24년)에 맏딸 매창을 낳았다. 사임당의 세 딸 가
운데 유일하게 이름이 알려졌고 어머니의 예술적 소질을 이어받
아 탁월한 작품들을 남겼다. 성장하여 양주 조씨 조대남(趙大南)
에게 출가하였다. 다시 2년 후인 28세(중종 26년)에 둘째 아들 번
(璠)을 출산하였다. 다시 2년 후인 30세(중종 28년)에는 둘째 딸을
출산하였다. 이 딸은 성장하여 파평 윤씨 윤섭(尹涉)에게 출가하
였다.

사임당 33세(중종 31년)에 셋째 아들 이(珥)를 출산하였다. 동
해 바다에서 검은 용이 올라와 방으로 들어오는 꿈을 꾸고 12월

26일에 낳아서 아명을 현룡(見龍)이라 하고 태어난 방을 몽룡실 (夢龍室)이라 하였다. 오죽헌 오른쪽 갓방이다. 강릉 친정집에서 낳 았지만 봉평 판관대 터가 있는 백옥포리에서 잉태하였다고 한다.

백옥포리 집은 친정 소유로 서울과 강릉을 오가는 딸을 위 하여 친정 어머니 용인 이씨가 배려한 별서로 보인다. 사임당에게 는 이 봉평 백옥포리의 별서야말로 친정에서도 시집에서도 벗어 나 호젓하게 쉴 수 있는 마음의 고향 같은 곳이었다. 그리고 모든 의무에서 벗어나 한가롭고 여유로운, 가장 편안하고 행복한 보금 자리였을 것이다.

이 셋째 아들 이이가 커서 큰 학자가 되어 외래 사상인 성리 학을 조선에 토착화하고 조선 성리학을 개창하여 기호학파를 성 립시켰다. 나아가 조선 성리학의 이념을 바탕으로 조선 왕조를 개 혁하여 조선 후기 사회를 재건하는 원동력을 제공하였다. 조선 후 기 사회는 이이가 그린 밑그림을 그의 제자들이 완성시켜 가는 과정이었다고 해도 과언이 아니다.

사임당 35세(중종 33년)에 셋째 딸을 출산하였다. 성장하여 남 양 홍씨 홍천우(洪天祐)에게 출가하였다. 이때까지 거의 2년 터울 로 큰아들 선을 제외한 2남 3녀를 출산하며 사임당은 몹시 쇠약 해졌던 것 같다. 37세(중종 35년)에 사임당은 큰 병을 얻어 자리에 누웠는데 마침 친정에 있었기에 병 조리를 잘할 수 있었던 듯싶 다. 이때 다섯 살이었던 이이는 외조부 신명화의 사당에 어머니의 병이 낫기를 간절히 비는 기도를 올렸는데 다행히 사임당은 쾌차

하였다.

친정인 강릉과 시댁인 서울로 오가며 산 20여 년 세월 동안 사임당에게 위로가 된 것은 아름다운 강산이었다. 640리 길이 모두 강산승경이었기에 그녀의 타고난 연하고질을 달래 주었다. 그 시절 봉평의 백옥포리 별서에서 살던 시간도 사임당의 고달픈 삶에 오아시스가 되어 주었고 거기다가 서울에서 멀지 않은 시댁의 본가가 있는 파주도 임진강가의 경승지여서 그녀의 연하고질을 달래 주는 또 하나의 위안이 되었다.

사임당 38세(중종 36년)에 상경하여 수진방에 있던 시댁에 안착하여 이후 10년간 총부의 역할을 맡아 시댁살림을 전담하였다. 사임당도 시댁과 친정을 오가는 생활에 지쳐 안정을 원했을 것이고 무엇보다 시어머니 홍씨가 연로하여 더 이상 살림을 주관할 수 없었기 때문이다.

사임당 39세(중종 37년)에 넷째 아들이자 막내아들 위(瑋)를 출산하였다. 위는 뒤에 이름을 우(瑀)로 개명하였다. 맏아들 선과 막내아들 우만 서울서 출산한 것이다. 우는 누님 매창과 더불어 어머니의 예술적 소양을 물려받아 훌륭한 그림과 글씨를 남겼다.

사임당 42세(인종 원년)에 을사사화가 일어났다. 사임당은 조선 전기 4대 사화 중 출생 전에 일어난 무오사화를 제외한 갑자사화, 기묘사화, 을사사화를 겪었다. 그녀의 일생은 사화의 시대에 걸쳐 있었다고 해도 과언이 아니다. 갑자사화는 출생년이어서 모르고 지나갔고 기묘사화는 아버지 신명화가 연루되어 해를 입을

뻔했지만 현량과를 통하지 않고 정도를 걸으며 꼿꼿하게 살아온 처신으로 화를 면하였다. 그러나 그 후유증으로 신명화는 3년 후 47세의 아까운 나이로 타계하였다.

사임당 42세에 일어난 을사사화는 국가적인 일이었지만 사임당 개인에게는 큰 영향을 미치지 않았다. 남편이 급제하지 못하여 관직에 있지 않았으므로 별 탈 없이 넘어갔던 것이다. 사임당은 세상만사가 '새옹지마'라는 말은 여기에도 해당되는구나 싶었다.

남편의 뒤늦은 벼슬살이, 그리고 사임당의 영면

사임당 47세(명종 5년) 여름에 남편 이원수가 관직을 얻었다. 그렇게도 소원하던 과거 급제는 못했지만 수운판관이라는 미관말직이나마 직업을 갖게 된 것이다.[3] 수운판관은 세곡을 운반하는 임무를 수행하는 종5품의 관직이었다. 이 벼슬로 인하여 이듬해인 사임당 48세 되던 해에 일가는 삼청동에 있는 우사(寓舍), 즉 관사로 이사하였다.

남편 이원수가 수운판관의 업무를 수행하기 위하여 큰아들 이선과 셋째 아들 이이를 데리고 평안도 지방에 출장 간 사이에 사임당은 병이 났다. 5월 17일 새벽 발병하여 2~3일 앓다가 세상을 하직하였다. 남편의 취직으로 비로소 안심하고 고단한 삶의 끈을 놓아 버렸던 것이다. 삼부자가 출장을 끝내고 서강에 도착

한 후 소식을 들었다. 열여섯 살이었던 이이는 임종도 못한 어머니의 죽음을 도저히 받아들일 수가 없었다. 이이의 삶은 어머니의 죽음으로 한층 성숙되고 어머니의 한풀이를 대신하면서 불꽃같이 점화되었던 것이다.

사임당 사망 시 남편 이원수는 51세, 맏아들 선은 28세, 맏딸 매창은 23세, 둘째 아들 번은 21세, 둘째 딸은 19세, 셋째 아들 이는 16세, 셋째 딸은 14세, 막내아들 우는 10세였다. 덕수 이씨의 마을인 파주 두문리(斗文里, 현 파주시 법원읍 동문리) 자운산(紫雲山)에 장사지냈다. 후에 아들 이이의 공으로 정경부인에 추증되고 1561년(명종 16년) 이원수가 61세로 별세하자 합장하였다. 이원수도 이이의 공으로 숭정대부 의정부 좌찬성으로 증직되었다.

사임당의

예술혼

2

사임당의 시와 글씨

사임당은 조선 시대 지식인들이 동경해 마지않던 시·서·화 삼절의 효시라는 평가를 받고 있다. 따라서 그녀의 예술 세계는 시와 글씨와 그림으로 나누어 볼 수 있는데 여기에 여인의 필수 재예였던 자수를 더할 수 있다. 이 네 가지 가운데 시와 글씨와 자수는 남아 있는 작품 수가 적지만 그림은 40여 점이 전칭(傳稱, 전하여 칭송함)으로나마 현존하고 있다. 우선 얼마 안 되는 작품이지만 시와 글씨를 한데 묶어 살펴보고 그림과 자수는 따로 보려고 한다.

사임당의 사모곡

사임당의 자작시는 「유대관령망친정(踰大關嶺望親庭)」과 「사친 (思親)」의 두 수와 낙구 하나가 있을 뿐이고, 글씨는 당나라 유명 시인들의 오언절구를 초서로 쓴 6폭(오죽헌·강릉시립박물관 소장)과 역 시 당시 오언절구시를 쓴 초서 8폭 병풍(대전시립박물관 소장), 산수 화 두 폭(국립중앙박물관 소장)의 시제로 쓴 당시 절구 두 편이 있다.

우선 38세에 서울의 시댁으로 가기 위하여 대관령을 넘으며 친정을 돌아보고 지은 칠언절구 「유대관령망친정」을 보자. 이 시 는 이이가 지은 「선비행장」에 들어 있어서 사임당의 작품임이 확 실하다.

머리 하얀 어머님 임영에 두고	慈親鶴髮在臨瀛
장안 향해 홀로 가는 이 마음	身向長安獨去情
고개 돌려 북촌 바라보노니	回首北邨時一望
흰 구름 날아내리는 저녁 산만 푸르네	白雲飛下暮山靑

위 시의 마지막 구절에 나오는 흰 구름(白雲)은 당나라 사람 적인걸(狄仁傑)이 태항산(太行山)에 올라가 흰 구름을 바라보며 "저 구름 아래 우리 아버지가 계신다." 하며 잠시 서 있다가 구름이 옮겨 간 뒤에야 그곳을 떠났다는 고사에서 온 말로 어버이를 생 각하는 뜻으로 쓰인다.(『당서(唐書)』 「적인걸전(狄仁傑傳)」)

연로하신 어머님을 홀로 남겨 두고 서울 시댁으로 가다가 대관령을 넘으며 마지막으로 뒤돌아 친정집을 바라보며 어머님을 걱정하는 마음이 절실하게 표현되어 있다. 물론 친정 가까이에 권화(權和)에게 시집간 여동생도 있고 친척들도 있었지만 사임당은 자신이 어머니를 직접 모시지 못하는 데 대하여 안타까운 심정이었고 어머니를 아침저녁으로 모실 든든한 아들이 없는 친정집이 항상 마음에 걸렸던 것이다. 어렵지 않은 시어를 쓰고 있는 소박하지만 진솔한 시다.

또 하나의 시가 서울 수진방 시댁에서 친정을 그리며 지은 칠언율시인 「사친」이다. 이 시는 『덕수이씨가승(德水李氏家乘)』에 실린 것으로 사임당의 작품임이 확실하다.

산 첩첩 내 고향 여기서 천 리	千里家山萬疊峰
꿈속에도 오로지 고향 생각뿐	歸心長在夢魂中
한송정 언덕 위에 외로이 뜬 달	寒松亭畔孤輪月
경포대 앞에는 한바탕 바람	鏡浦臺前一陣風
갈매기는 모래톱에 헤어졌다 모이고	沙上白鷗恒聚散
고깃배는 바다 위를 오고 가겠지	海門漁艇任西東
언제쯤 강릉 길 다시 밟아 가	何時重踏臨瀛路
색동옷 입고 어머니 곁에서 바느질할꼬	更着班衣膝下縫

사임당이 38세(1541년) 이후에 서울 시댁에서 친정을 그리며

지은 시로 여성스러운 감성이 배어 나오는 고운 작품이다. 기련(起聯, 시의 1·2구)의 가산(家山)은 고향 산천을 뜻하는데 만첩(萬疊)이라는 용어가 첩첩 산 넘고 또 산 넘어 멀리 있는 고향을 묘사하고 있다. 귀심은 고향에 돌아가 어머님을 뵙고 싶은 마음을 뜻하며 꿈속에서도 그 마음을 놓지 못하는 심회를 표현하였다.

함련(頷聯, 시의 3·4구)의 한송정과 경포대는 강릉의 경승지로 강릉을 상징하고 있다. 한송정에 뜬 외로운 달, 경포대를 스치고 지나가는 한 줄기 바람이라는 오감(눈과 피부)을 자극하는 표현으로 하여 순간적으로 강릉으로 공간 이동하는 느낌이 든다.

경련(頸聯, 시의 5·6구)에서 모래톱에 무리 지어 날아올랐다 흩어지는 하얀 갈매기 떼와 바다 위에 떠서 오가는 고깃배로 하여 그 풍경들이 완성된다. 전자가 종적이라면 후자는 횡적으로 교차하면서 아름다운 강릉의 풍광을 눈앞에 펼쳐 보이니 어느덧 강릉의 푸른 바다에 빠져드는 듯하다. 또한 자유롭게 훨훨 나는 갈매기와 마음대로 오가는 고깃배에 서울의 시댁에서 온갖 의무에 매여 있는 자신의 처지를 비교하는 탁물우의(托物寓意, 사물에 의탁하여 마음을 부침)의 은유가 돋보인다.

미련(尾聯, 시의 7·8구)에서 언제 다시 강릉에 가 반의(班衣, 색동옷)를 입고 어머니를 즐겁게 해 드리고 어머니 곁에서 바느질을 할 수 있을지 소원을 말하고 있다. 색동옷 이야기는 중국 초나라 때 노래자(老萊子)라는 효자가 나이 일흔에도 색동옷을 입고 부모님 앞에서 어린아이처럼 재롱을 부리며 기쁘게 해 드렸다는 고사에서 이끌어 쓴 것이다.

기련에서 고향을 그리는 마음을 펴 보이고 그 마음이 가는 대로 따라가다가 함련에서 한송정과 경포대로 달려가 경련에서 날아오르는 하얀 갈매기 떼와 고깃배들을 떠올리며 고향의 정경을 그리고 미련에서 고향에 가서 어머님을 뵙고 싶은 희망을 피력하며 간절한 사친의 정을 읊고 있다.

다음은 낙구(落句, 일부분만 떨어져 남은 시구)로 전해 오는 오언시이다. 이 낙구 역시 이이의 「선비행장」에 실려 있어서 사임당의 작품임이 확실하다.

밤마다 달을 보고 비노니   夜夜祈向月
살아생전 뵐 수 있게 하소서   願得見生前

오늘날에는 하루에도 오갈 수 있는 강릉이지만 당시엔 열흘은 걸려 큰마음 먹지 않으면 오가기 힘든 먼 거리였고, 특히 시집살이에 아이들이 줄줄이 달린 자신의 처지로는 좀처럼 가기 어려운 친정이었다. 밤마다 달을 바라보며 살아생전 친정에 가서 어머님 뵐 날을 간절하게 빌고 또 비는 사임당의 애절한 심정이 고스란히 담겨 있는 시이다. 어려운 고사를 빌리지 않고 순정하고 간단명료한 시어로 어머님 그리운 마음을 절절하게 표현한 데서 사임당의 시적 표현력과 감수성을 확인할 수 있다.

이상 세 편의 사임당 자작시에서 확인되는 것은 첫 시의 '백운(白雲)'말고는 중국의 어려운 고사를 인용하지 않고 친근하고 핍진한 용어로 자신이 느끼고 있는 감정을 절실하게 담아내고 있다는 점이다. 사임당의 그림에서도 확인되는 소박한 진정성이 묻어나고 있으니 이 소박하고 진실한 호소력이야말로 사임당의 개성으로 볼 수 있겠다.

초서로 쓴 당시

사임당의 글씨로 남아 있는 초서들은 모두 당시(唐詩)라는 공통점을 갖고 있다. 비록 사임당의 시 작품은 아니지만 글씨로 쓴다는 것은 선택의 의미가 담겨 있기에 그녀의 문학적 취향과 선호도를 가늠할 수 있겠다. 나아가 앞에서 살펴보았듯이 두서너 편밖에 남아 있지 않은 시 작품을 보완하여 그녀의 시의 세계를 엿볼 수 있는 자료로 활용할 수도 있다.

우선 오죽헌·강릉시립박물관(이하 오죽헌)에 있는 당시 오절 초서 6폭 병풍을 보자. 가로 약 34센티미터, 세로 약 45센티미터로 여섯 폭의 크기는 모두 같고 유명한 당나라 시인들의 오언절구를 종이에 먹으로 쓴 것이다.

제1폭 증이당산인(贈李唐山人, 이당산인에게 드림)

성당 시인 대유공(戴幼公) 지음

122

이내 뜻 고요히 일 없고져	此意靜無事
문 닫으니 풍경도 느릿느릿	閉門風景遲
버드나무 가지처럼 백발이 되면	柳條將白髮
마주 보며 함께 흰머리 드리울 테지	相對共垂絲

대유공은 대숙륜(戴叔倫)으로 유공은 자이다. 강소성 금단(金壇) 사람으로 무주 자사를 지냈으며 문장이 탁월하고 성품이 온화하여 사람들의 호감을 샀다. 그의 시는 유원(幽遠, 그윽하고 멀어서 아득한 느낌)하다는 평을 받고 있다. 이 시는 무소욕(無所欲, 욕심이 없는 경지)으로 세상일에 얽매이지 않고 자연에 순응하며 유유자적하는 자신의 삶을 노래한 작품이다. 곱게 늙어 감의 한 경지를 보여 준다. 사임당은 아직 젊었지만 이 시에 자신의 노년에 대한 희망을 의탁한 것이 아닐지 싶다. 그래서 그 감발된 시정을 글씨로 쓴 것이 아닐까?

제2폭 금릉회고(金陵懷古, 금릉에서 회고하다)

중당 시인 사공서(司空曙) 지음

행차 길 강가엔 단풍나무 우거졌고	輦路江楓暗
대궐 뜰의 들풀은 봄이어라	宮朝野草春
유 개부 생각하니 마음이 상하네	傷心庾開府
늙어서 북조의 신하가 되다니	老作北朝臣

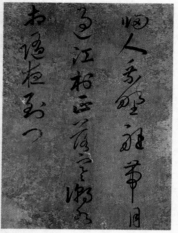

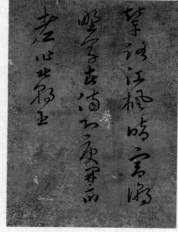

사임당 | 당시 오절 초서 6폭 병풍 중 제1~3폭 | 오죽헌·강릉시립박물관 소장

사공서의 자는 문명(文明) 또는 문초(文初), 광평 사람으로 진사에 급제하여 벼슬은 우부 낭중에 이르렀다. 시를 잘 지어 대력 십제자(大曆十才子)의 한 사람으로 꼽힌다. 『사공문명시집(司空文明詩集)』 3권이 전한다. 남북조 시대 문인 유신(庾信)을 안타까워하며 지은 시이다. 개부(開府)는 유신의 관직 이름이다. 사공서가 유신의 시를 선호하여 그의 행실까지 좋았더라면 하는 희망을 읊은 시이다. 유신의 시는 청신(淸新, 맑고 새로움)하다는 평을 받았다.

제3폭 송장십팔귀동려(送張十八歸桐廬, 동려로 돌아가는 장십팔을 전송하며)

성당 시인 유문방(劉文房) 지음

돌아가는 사람 거룻배 타고	歸人乘野艇
달 끼고 강마을 지날 제	帶月過江村
바로 지금 찬 조수가 들어오는 때라서	正落寒潮水
물 따라 희롱하며 문 앞에 이르겠지	相隨挪到門

유문방은 유장경(劉長卿)으로 문방은 그의 자이다. 하북성 하간(河間) 사람으로 개원 연간에 진사에 합격하여 수주 자사를 지냈다. 시가 뛰어나 그가 지은 「용문팔영(龍門八詠)」은 고시의 걸작으로 꼽히며 『유수주시집(劉隨州詩集)』 11권에 540여 수의 시가 전한다. 그의 오언절구는 고원한담(高遠閑淡, 높고 아득히 멀고 한가하며 담담함)하다는 평을 받는다.

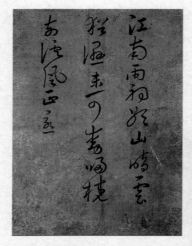

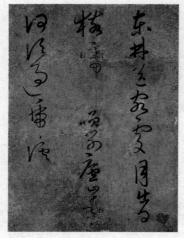

사임당 | 당시 오절 초서 6폭 병풍 중 제4~6폭 | 오죽헌·강릉시립박물관 소장

제4폭 송별고명부(送別顧明府, 고명부를 송별하며)

성당 시인 대유공 지음

강은 밝아서 비 개었는데	江明雨初歇
산은 어둑하고 구름은 아직 젖었어라	山暗雲猶濕
노 저어 돌아가려 하나 움직일 수 없겠네	未可動歸橈
앞길에 풍랑이 거센 걸 보니	前程風浪急

첫째 폭과 같은 작자 대숙륜의 시이다. 대숙륜의 시는 명정
류탕(明淨流宕, 밝고 깨끗하며 유창함)하며 청아(淸雅, 맑고 아취가 있음)하
다는 평을 받았다. 원본에는 1구의 명(明) 자가 남(南) 자로, 4구의
정(程) 자는 계(溪) 자로, 랑(浪) 자는 정(正) 자로 되어 있다. 오자
인 듯싶어 바로잡았다.

제5폭 별동림사승(別東林寺僧, 동림사 스님과 이별하며)

성당 시인 이백(李白) 지음

동림사 손님 보내는 곳	東林送客處
달 떠오르자 흰 원숭이 우는데	月出白猿啼
웃으며 이별하자니 여산이 멀어져	笑別廬山遠
어느새 호계를 지났네그려	何須過虎溪

작자 이백은 우리나라에서 이태백(李太白)으로 더 잘 알려져
있다. 촉의 창명 사람으로 태백은 그의 자이고 호는 선옹(仙翁), 또

는 청련거사(靑蓮居士)이다. 희대의 천재로 제자백가 가운데 종횡가를 애호하였다. 호방한 시풍에 빼어난 상상력과 비유로 낭만주의 시인의 대표 주자로 꼽는다. 그의 시는 맑고 속되지 않아 곧잘 두보와 함께 거론된다. 시선(詩仙) 또는 주선(酒仙)이라는 별명이 말해 주듯이 말술 마시고 거침없이 시를 읊어 대는 신선으로 묘사되며 중국 문학사상 대표적인 시인으로 평가받고 있다. 저서로 『이태백집』이 있다.

이 시에서 말하는 호계는 강소성에 있는 여산의 동림사 앞을 흐르는 시내로 혜원법사(惠遠法師)가 동림사에 거주하면서 손님이 오면 전송할 때 호계를 넘지 않았는데 어쩌다 넘으려 하면 호랑이가 울어 경계하였다 한다. 어느 날 도연명과 육정수(陸靜修)가 찾아왔는데 법사가 전송하려 함께 한담하며 걷다가 자신도 모르게 호계를 넘고 말았다. 이때 호랑이가 울어 경계하자 세 사람은 크게 웃고 헤어졌다는 고사를 이끌어 시로 읊은 작품이다.

제6폭 송왕옹신환담중구거(送王翁信還剡中舊居, 왕옹신이 담중의
옛집으로 돌아감을 송별하며)

　　　　　　　　　　　성당 시인 황보효상(皇甫孝常) 지음

바닷가 언덕 위 잔설을 갈다가	海岸畊殘雪
시내가 둔덕에서 석양을 낚지요	溪沙釣夕陽
가난한 집에 무어 가진 게 있나	家貧何所有
봄풀만 점점 자라고 있네	春草漸看長

황보효상은 황보염(皇甫冉)으로 자는 효상, 또는 무정(武政)이고 단양 사람이다. 문학적 재능이 뛰어나 10세에 훌륭한 글을 지었으므로 36세 연상이며 재상을 지낸 초당 시인 장구령(張九齡)이 소우(小友, 작은 친구)라고 불렀다. 천보(天寶) 연간에 진사에 장원 급제하였다. 1구의 언덕 위의 잔설을 간다든가 2구의 석양을 낚다라는 표현은 빼어난 시어의 구사 능력을 보여 준다. 안빈낙도하는 고고한 선비의 삶을 탁월하게 묘사한 작품이다.

대전시립박물관에도 당시 오절 초서 8폭 병풍이 있는데 이역시 당나라 시인들의 오언절구를 초서로 쓴 것이다. 동춘당 송준길(宋浚吉)의 종가 유물을 간직하던 선비박물관에 소장되어 있다가 현재는 대전시립박물관에 기탁되었다.

제1폭 백석탄(白石灘)

　　　　　　　　　　　　　　　　　　　　성당 시인 왕유(王維) 지음

맑고 얕은 백석탄　　　　　　　　　　　　　清殘白石灘

푸른 창포 손에 잡히네　　　　　　　　　　綠蒲正堪把

집이 동서로 물과 마주해 있어　　　　　　　家在水東西

밝은 달 아래 비단을 빠네　　　　　　　　　浣紗明月下

왕유는 산서성 분주(汾州) 사람으로 자는 마힐(摩詰)이다. 19세에 진사시에 합격하여 벼슬은 대악승에서 시작하여 감찰어사, 상서 우승(尙書右丞)에 이르렀다. 초서·예서·시화에 능하였고 산수화

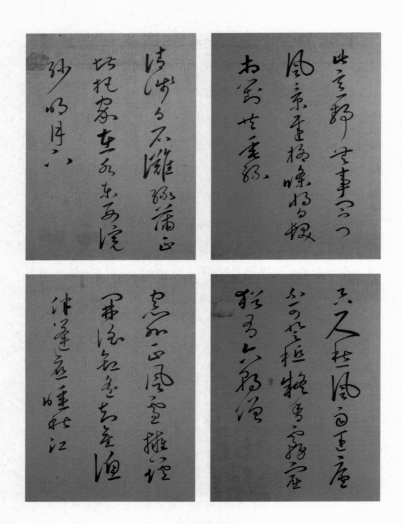

사임당 | 당시 오절 초서 8폭 병풍 중 제1~4폭
대전시립박물관 소장(동춘당 송준길가 기탁)

에 뛰어나 남종화의 시조가 되었다. 전원과 산수를 좋아하며 시와 그림으로 묘사하는데 시화일치(詩畵一致)의 탁월한 경지에 이르렀고 자연 시인으로 문명을 날렸다. 저서로 『왕우승집(王右丞集)』 10권에 380여 수의 시가 전하고 그림에 관한 『화학비결(畵學秘訣)』이 있다. 송나라 때 시인 소식(蘇軾, 소동파)은 왕유의 시를 품평하여 "시 가운데 그림이 있고 그림 가운데 시가 있다.(詩中有畵畵中有詩)"라고 하였다.

제2폭은 앞에서 이미 살펴본 오죽헌의 첫째 폭과 같은 대유공의 「증이당산인」이고 글씨체도 작은 차이가 있기는 하지만 거의 방불하다. 글자의 모양이 명료하고 점과 획이 간정한 점에서 서로 닮아 있다. 사임당 글씨체의 전형이 같은 시를 쓴 이 두 폭의 초서에서 확인된다.

제3폭 독작(獨酌, 홀로 술을 마시다)

만당 시인 두목(杜牧) 지음

창밖에 눈보라 칠 때면	窓外正風雪
화로 끼고 앉아 술항아리 연다	擁鑪開酒缸
멀리 어촌 나룻가 옛 친구는	遙知舊漁津
가을 강가 허름한 집에서 졸고 있겠지	蓬底睡秋江

두목은 경조(京兆) 사람으로 자는 목지(牧之), 호는 번천(樊川)이며 진사에 합격하여 벼슬은 중서사인(中書舍人)에 이르렀다. 번

천의 별장에 살았으므로 두번천(杜樊川)으로 불렸다. 이상은(李尚
隱)과 함께 대표적인 만당 시인이다. 강직하고 절조가 높은 선비로
만년이 불우하였다. 스스로 묘지를 짓고 평생 쓴 글들을 불태웠
다. 그의 시는 세련된 언어를 구사하고 구성이 빈틈 없었으며 호
탕하면서 뛰어나 "웅장한 자태가 꽃불처럼 피어나고 화려한 풍조
가 물 흐르듯 아름답다.(雄姿英發 風華流美)"라고 평가받았다. 성당
시인 두보(杜甫)를 대두(大杜)라고 하고 두목을 소두(小杜)라 부를
정도로 두보에 버금가는 시인으로 쌍벽을 이루었다. 저서에 『번천
집(樊川集)』 22권이 있다.

제4폭 강행무제(江行無題, 강으로 가며 제목 없음)

성당 시인 전기(錢起) 지음

지척이지만 비바람 걱정되어	咫尺愁風雨
여산에 오를 수 없네	匡廬不可登
다만 운무 자욱한 굴속에	秖疑雲霧窟
아직도 육조 때 스님 있을까?	猶有六朝僧

전기는 오흥 사람으로 자는 중문(仲文)이다. 시를 잘 지어 대
력십재자(大曆十才子)의 한 사람으로 꼽힌다. 자연의 경물을 잘 묘
사하였다. 그의 시격은 신기하고 이치가 청섬(淸贍, 맑고 넉넉함)하여
"맑고 새로우며 빼어나게 아름답다.(淸新秀麗)"라는 평을 받았다. 저
서로 『전중문집(錢仲文集)』이 있다. 이 시에서 육조승(六朝僧)은 진

(晉)나라 고승으로 동림사(東林寺)를 세운 혜원(惠遠) 스님을 말한다.

　　제5폭　노중도동루취기작(魯中都東樓醉起作, 노 땅 중도 동루에서 취
했다가 일어나 짓다)

성당 시인 이백 지음

어제 동성에서 술 마시다가	昨日東城飮
돌아오려 두건을 거꾸로 썼었지	還應倒接羅
누가 말에 오르는 걸 부축했는지	阿誰扶上馬
누각 내려올 때 살피지 못했네	不省下樓時

　　흔히 두주불사(斗酒不辭, 말술도 마다하지 않음)로 알려진 이백이
자신의 술 취했던 모습을 읊은 시이다.

　　제6폭　유노진경(留盧秦卿, 노진경과 머물며)

중당 시인 사공서 지음

만날 기약 있는 줄 알건만	知有前期在
이 밤 헤어지기 어렵네	難分此夜中
친구에게 줄 술도 없고	無將故人酒
석우풍조차 미치지 않네	不及石尤風

　　앞서 살펴본 오죽헌의 당시 오절 초서 6폭 병풍의 둘째 폭
「금릉회고」의 작가 사공서의 시이다. 마지막 구의 석우풍(石尤風)

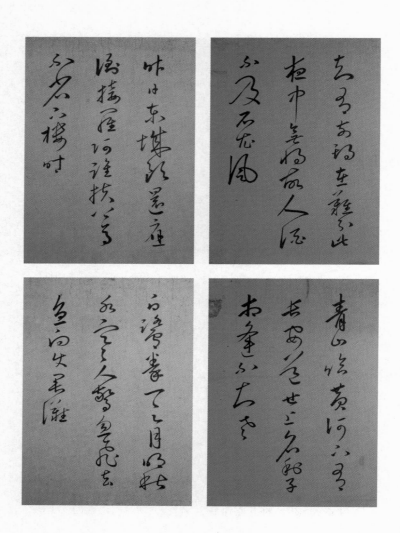

사임당 | 당시 오절 초서 8폭 병풍 중 제5~8폭
대전시립박물관 소장(동춘당 송준길가 기탁)

은 배가 떠나기에 앞서 부는 거센 바람을 말한다. 옛날 석씨(石氏)녀가 우랑(尤郎)에게 시집가서 행복하게 살았는데 우랑이 장사하러 배를 타고 떠나려하자 석씨녀가 간곡하게 말렸지만 듣지 않고 떠나더니 결국 풍랑에 죽고 말았다. 애통해하다 죽게 된 석씨녀는 자신이 죽으면 바람이 되어 위험할 때를 알리겠다고 하였다. 그리하여 배가 출범하려 할 때 역풍이 심하게 불면 석우풍(석씨와 우랑에서 첫 자를 딴 바람의 이름)이 분다고 경계하며 출발을 미루었다는 전설의 바람이다. 사공서의 시는 "한가롭고 담백하며 맑고 화려하다.(閑淡淸華)"라는 평을 받았다.

제7폭 부득백로사송송소부입삼협(賦得白鷺鷥送宋少府入三峽, 백로사에서 송소부가 삼협에 들어가는 것을 송별하며 얻은 부)

성당 시인 이백 지음

백로가 다리 하나 접고 서 있네	白鷺拳一足
달은 밝고 가을 물은 찬데	明月秋水寒
인기척에 놀라 홀연히 날아가	人驚忽飛去
곧장 사군탄으로 향하네	直向使君灘

달 밝은 밤 가을 물은 찬데 백로 한 마리가 다리를 포개어 접고 물가에 외로이 서 있다가 인기척에 놀라 날아오르는 정경을 그림같이 묘사하였다. 청신(淸新)하다는 시평을 받고 있는 작품으로 "시 가운데 그림이 있다.(詩中有畵)"의 경지에 도달한 작품이다.

사임당 전칭작 「갈대와 물새」(오죽헌 소장) 그림은 이 시를 시제로 한 것이 아닌가 싶을 정도로 그림과 시상이 닮아 있다.

제8폭 송유순(送柳淳, 유순을 송별하며)

중당 시인 맹교(孟郊) 지음

푸른 산은 황하에 닿아 있고	靑山臨黃河
그 아래 장안 가는 길 있네	下有長安道
세상의 명리 좇는 이들	世上名利子
서로 만나도 늙어 감을 모르네	相逢不知老

맹교는 무강(武康) 사람으로 자는 동야(東野)이다. 장적(張籍)이 시호를 추증하여 정요(貞曜)선생이라 한다. 50세에 진사 시험에 합격하고 한유(韓愈, 중당기의 문인이며 사상가로 당송팔대가의 한 사람)와 망형지교(忘形之交, 나이를 따지지 않는 사귐)를 맺었다. 시에는 맹교, 문장에는 한유로 병칭되었다. 저서로 『맹동야집(孟東野集)』10권이 있다. 이 시는 푸른 산과 누런 황하를 대비시키고 그 아래 장안 가는 길, 즉 명리를 탐하여 출셋길을 달려가는 무리들은 늙음도 모른다는 말로 노탐을 경계하였다. 맹교의 시는 "깊고 그윽하고 우아하다.(深玄優雅)"라는 평을 듣고 있다.

이상에서 사임당이 즐겨 낭송하여 글씨로 쓴 당 시인들의 오언절구들을 살펴보았다. 대부분이 성당 시인들이고 중당 시인 두 명(사공서와 맹교), 만당 시인 한 명(두목)이다. 사임당은 당나라 문예의 절정기였던 성당기 시인들을 더욱 좋아하여 애송하고 글씨로 썼던 것으로 보인다.

성당기는 당나라 국운이 최고조에 달해 태평을 구가하던 시기로 당시(唐詩) 또한 가장 난숙한 경지를 이룬 황금기이다. 그 작품들은 청신수려(清新秀麗, 맑고 새로우며 빼어나게 아름다움)하거나 고원한담(高遠閑淡, 높고 아득히 멀고 한가로우며 담담함), 풍화유미(風華流美, 시풍이 화려하고 물 흐르듯 아름다움), 명정유탕(明淨流宕, 밝고 깨끗하고 유창함)으로 품평되므로 사임당의 문학적 취향을 그대로 보여 주는 것으로 평가해도 좋을 것이다. 또한 사임당의 당시에 대한 안목과 조예의 깊이를 알 수 있는 증빙이 된다.

부산 동아대학교 석당박물관에 초서 한 폭이 더 있는데 가로 27센티미터, 세로 30.5센티미터로 종이에 먹으로 쓴 오언율시이다. 모서(摹書)의 흔적이 보인다고 해서 평가절하되고 있지만 시를 소개하면 다음과 같다.

희증정심양(戲贈鄭深陽, 정심양에게 장난삼아 드리다)

성당 시인 이백 지음

도연명은 날마다 취하여	陶令日日醉
버들잎 날리는 봄이 온 줄도 몰라	不知五柳春
소금(素琴)은 본래 줄이 없고	素琴本無絃
갈건을 써 술을 거르네	漉酒用葛巾
맑은 바람 북창 아래 부니	清風北窓下

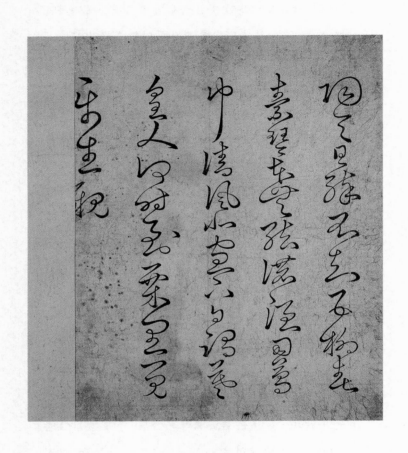

사임당 | 당시 오절 초서 | 동아대학교 석당박물관 소장

스스로 옛사람이라 부르네	自謂羲皇人
어느 때 율리에 이르러	何時到栗里
한 번 보고 평생 친할 것인가	一見平生親

이상 사임당의 초서는 모두 당시를 썼다는 공통점이 있다.

또한 국립중앙박물관에 소장된 사임당의 산수도 2폭의 제시(題 詩) 역시 초서로서 당시이다.(그림은 7장 참조) 그 첫 폭의 제시를 보자.

배 저어 안개 낀 물가에 대니	移舟泊烟渚
해는 저무는데 나그네 수심은 새로워라	日暮客愁新
들은 드넓고 하늘이 나무에 나직하니	野廣天底樹
강물은 맑고 달은 사람에 가까워라	江淸月近人

이 시는 성당 시인 맹호연(孟浩然)의 「숙건덕강(宿建德江, 건덕 강에서 자다)」라는 오언절구이다. 제시에 묘사된 해 질 녘의 쓸쓸한 산하와 하늘에 뻗어 있는 나무를 그렸다는 점에서 이 산수도는 시의도(詩意圖)의 일종으로 볼 수 있다. 맹호연은 호북성 양양 사람으로 이름은 호(浩)이고 호연은 자이다. 여러 번 과거에 낙방하여 양양 부근 녹문산(鹿門山)에 은거하며 일생을 처사로 지냈다. 왕유와 함께 자연파 시인으로 병칭되었다. 『맹호연집(孟浩然集)』 4권에 260여 수의 시가 전한다.

또 하나의 폭에는 다음과 같은 제시가 쓰여 있다.

갠 하늘에 기러기 한 마리 멀리 날고	天晴一雁遠
확 트인 바다 위 외로운 돛배 느릿느릿	海闊孤帆遲
밝은 해는 바야흐로 저물려 하는데	白日行欲暮
푸른 물결 아득하여 기약이 어렵네	滄波杳難期

이 오언시는 이백의 오언율시 「송장사인지강동(送張舍人之江東, 장사인이 강동에 가는 것을 송별하며)」의 두 번째 연과 세 번째 연이다. 진(晉)나라 오주 사람 장한(張翰)이 대사마가 되었을 때 가을바람이 불자 한 아전이 오주의 향채나물·순채국·농어회를 상기시키며 "인생이란 제 생각대로 하는 것이 귀한데, 어찌 수천 리 떨어진 곳에서 벼슬살이에 매어 명성과 직위를 구할까?"라고 말하자 바로 사직하고 고향 집으로 돌아갔다는 고사를 읊은 시이다. 시의 전문은 다음과 같다.

장한이 강동으로 돌아갈 제	張翰江東去
마침 가을바람 부는 때이네	正値秋風時
갠 하늘에 기러기 한 마리 멀리 날고	天晴一雁遠
확 트인 바다 위 외로운 돛배 느릿느릿	海闊孤帆遲
밝은 해는 바야흐로 저물려 하는데	白日行欲暮
푸른 물결 아득하여 기약이 어렵네	滄波杳難期
오주에서 보는 달도 똑같아	吳洲如見月
천 리나 먼 곳에서도 다행히 서로 생각하네	千里幸相思

위의 오언율시 가운데 장한이라는 인물을 묘사하는 첫 연과 마지막 연을 빼면 그야말로 풍광 묘사여서 맑게 갠 하늘 저 멀리 기러기 한 마리가 날고 있고 바다에는 돛단배 하나가 유유히 떠가는데 밝은 해는 바야흐로 저물어 가고 푸른 물결은 아득히 출렁거리는 정경이 눈앞에 떠오른다. 사임당은 바로 이 시구를 빌려 또 하나의 시의도를 그린 것이다. 이 두 폭의 산수화와 여기에 써넣은 위 제시의 글씨는 사임당 작품으로 가장 신빙성이 높다는 것이 학계의 정설이다.

사임당의 초서는 매우 간략하고 깔끔한 점획, 명료한 짜임, 곧은 획과 휜 획의 조화, 단아한 짜임으로 특징지을 수 있다. 그야말로 필의가 단정(端正)하고 간정(簡淨)한 풍격이다. 운필의 단계는 해서를 쓰는 듯한 기필(起筆, 붓을 들어 올림), 둥글게 돌아가는 송필(送筆, 붓을 보냄), 붓끝을 깔끔하게 거두는 수필(收筆, 붓을 거둠)의 세 단계로 요약되는데 원필(圓筆, 둥근 붓놀림)과 방필(方筆, 네모진 붓놀림)의 조화로움이 돋보인다.

사임당의 해·행서(楷·行書)로 알려진 작품으로 가로 50센티미터에 세로 33센티미터, 종이에 먹으로 쓴 「해행 사언잠」(개인 소장)이 있으니 다음과 같다.

책을 펼치면 성인을 대하듯	開卷對越
빛나며 왕림하신 듯	赫若有臨
햇수가 모자라니	年數不足

두려워 마음이 놀라노라　　　　　　　　　　　怵然心驚

경석(警夕)

　'책을 펴 성현을 대하듯 옛 스승을 사숙하는데 자신이 공부한
연조가 부족해 두렵고 마음에 놀라움이 가득하다'는 이 글은 끝을
살짝 눌러 누에머리처럼 표현하는 잠두법을 쓰고 있어서 사임당의
글씨를 마제잠두법(馬蹄蠶頭法)으로 규정하는 근거가 되었다. 그런데
이 사언잠이 백사 이항복(李恒福)의 『백사집(白沙集)』에도 보인다.

　「경석잠(警夕箴)」

　석양 빛 들창으로 들어오고　　　　　　　夕日入牖

　물결에 비친 달빛 번지어 잠기네　　　　流光易沈

　햇수가 모자라니　　　　　　　　　　　年數不足

　두려워 마음이 놀라노라　　　　　　　怵然驚心

　책을 펼치면 성인을 대하듯　　　　　　開卷對越

　빛나며 왕림하신 듯　　　　　　　　　赫若有臨

　감히 즐겁게 놀기나 하며　　　　　　　敢娛以嬉

　이 짧은 세월 헛되이 보내랴　　　　　　虛此分陰

　(하략)

　이항복보다 앞선 시대를 산 사임당이 이 글을 보았을 리 없으
니, 「해행 사언잠」은 사임당의 글도 글씨도 아님을 확인할 수 있다.

사임당의 그림과 자수

현존하는 사임당의 그림은 모두 전칭(傳稱)이어서 사임당의 작품이라고 확언할 수는 없다. 그러나 조선 후기부터 사임당 그림으로 알려진 대표적인 작품은 초충도이다. 그녀의 성장 터전인 강릉 오죽헌의 앞뜰과 뒤뜰, 그리고 울타리 옆에서 자라나고 생동하던 꽃과 풀과 벌레들이 그녀의 그림에 살아 남아 있는 것이다.

거기에는 원만함과 유려함이 묻어나면서도 과감한 독창성까지 엿보이므로 꼭 어느 화가의 영향이나 화보를 들먹일 것까지 없이 그녀만의 개성이 돋보인다. 생활 주변의 친숙한 소재를 우리 고유의 미감과 고유의 정서를 바탕으로 여성 특유의 섬세한 필치로 그려 낸 것이다.

그녀의 초충도는 그 초충도를 밑그림으로 수놓은 자수 작품과 떼어 놓고 생각할 수 없을 만큼 밀접한 관계를 보여 준다. 사임당의 초충도는 수를 놓기 위한 밑그림의 사생으로 시작한 것이라고 해도 과언이 아닐 것 같다. 특히 그림의 구도에서는 필요치 않은 나비들을 장식적으로 배치한 것, 그림이라면 과감한 생략이 요구됨에도 불구하고 빈 공간을 채우기 위하여 불필요한 사물을 그려 놓고 있는 것이 그러한 점을 방증한다. 나비의 배치는 꽃과 나비라는 전통적인 사랑의 메시지와 장수라는 길상의 의미까지 있어서 초충도든 초충도 자수든 반드시 등장하는 주역이 된 것이다.

오죽헌·강릉시립박물관의 초충도

사임당의 초충도는 오죽헌·강릉시립박물관의 8폭 병풍과 국립중앙박물관의 8폭 병풍이 대표적이다.

오죽헌의 초충도 8폭 병풍은 종이에 채색(彩色), 특히 담채(淡彩)로 그렸고 크기는 가로 35.9센티미터, 세로 48.6센티미터이다. 첫째 폭은 「오이와 메뚜기」이다. 오이와 메뚜기 외에 석죽화(패랭이꽃)가 곁들여 그려져 있고 하얀 나비 한 쌍이 마주 보며 날고 있다. 크고 탐스러운 오이 두 개가 넝쿨 아래로 늘어져 있고 막 자라나고 있는 작은 오이 하나가 넝쿨 위쪽에 매달려 있다. 오이와 석죽화는 왼쪽 가파른 토파(흙 둔턱)에서 나와 오른쪽으로 퍼졌다. 오이는 담묵의 윤곽선 안에 담채로 변화를 주어 칠하고 오이의 골과 돌기를 윤곽선과 같은 먹으로 처리하였다. 오이의 넓은 잎은 담채의 몰골법(沒骨法, 필선으로 윤곽을 그리지 않고 선염으로 화면 효과를 높이는 색채주의적 화법)으로 그리고 나서 먹선으로 엽맥을 묘사하였다. 덩굴손도 담채의 가느다란 필선으로 그려 넣었다. 섬세한 필치가 돋보인다. 오이의 잎과 석죽화가 넓게 퍼져 있는 것으로 보아 수를 놓기 위한 사생이 아닐지 싶다.

둘째 폭 「석죽과 풍뎅이」는 추규(秋葵, 촉규화=접시꽃)와 석죽화가 어우러진 가운데 풀들이 우거진 땅에는 쇠똥벌레 두 마리가 기어가고 공중에는 잠자리 한 마리가 추규를 향해 날고 있다. 추규의 잎이 무성하게 평면으로 펼쳐져 있는 모습이나 석죽화의 꽃과 잎이 퍼져 있는 것으로 보아 역시 수본을 위한 사생으로 보인다.

셋째 폭 「수박과 여치」는 수박 넝쿨과 달개비 한 포기가 왼쪽 아래 구석에서 뻗어 나와 오른쪽으로 퍼져 나가며 화면을 가득 채우고 있다. 다 자란 커다란 수박 두 덩어리가 탐스럽게 덩굴 아래에 늘어져 있고 막 자라나는 어린 수박 한 덩이가 보일 듯 말 듯 잎 사이에 달려 있다. 수박 꽃 하나와 꽃봉오리 하나도 수박 덩굴 윗부분에 달렸다. 두 개의 큰 수박 사이에는 여치 한 마리가 앉아 있다. 그리고 하얀 나비 한 쌍이 양쪽에서 수박꽃과 달개비꽃을 향해 날아든다. 첫째 폭에서 오이와 석죽을 소재로 하여 하얀 나비 한 쌍을 양쪽에 배치한 것과 이 셋째 폭에서 수박과 달개비를 소재로 하여 하얀 나비 한 쌍을 양쪽에 배치한 것이 소재만 다를 뿐 구도와 배치가 똑같다. 역시 수본으로 사생한 것으로 보인다.

사임당 | 초충도 8폭 병풍 중 제1폭 「오이와 메뚜기」 | 오죽헌·강릉시립박물관 소장

사임당 | 초충도 8폭 병풍 중 제2폭 「석죽과 풍뎅이」 | 오죽헌·강릉시립박물관 소장

사임당 | 초충도 8폭 병풍 중 제3폭 「수박과 여치」 | 오죽헌·강릉시립박물관 소장

사임당 | 초충도 8폭 병풍 중 제4폭 「가지와 사마귀」 | 오죽헌·강릉시립박물관 소장

넷째 폭 「가지와 사마귀」는 가지 한 포기가 땅에서부터 두 줄기로 갈라져 브이 자로 자라나며 커다란 잎들이 달리면서 퍼져 나가고 있는데 두 개의 커다란 가지가 몰골법으로 처리되어 두 줄기에 하나씩 땅 가까이에 매달려 있다. 땅 위에는 사마귀 한 마리가 가지를 향해 기어가고 있고 개미취로 보이는 풀꽃도 한 포기 가지 아래 보인다. 진보라색으로 농도의 강약을 살려 몰골법으로 처리한 가지의 꼭지 부분은 흰색으로 처리하여 가지의 싱싱한 맛을 살려 놓았다. 줄기 꼭대기 쪽에 가지 꽃도 서너 송이 그려 놓아 현장감을 살렸고 역시 나비 한 쌍이 마주 보며 가지 위로 날아오고 있다. 넓게 퍼진 가지의 잎사귀들과 가지 한 쌍의 품새로 보아 역시 수본을 위한 사생으로 보인다.

다섯째 「맨드라미와 개구리」는 계관화로도 불리는 맨드라미 한 포기를 왼쪽으로 조금 휘게 땅 위에 곧추세우고 그 옆에 도라지 꽃대 하나를 보조로 세워 맨드라미의 불안정한 자세를 받쳐 주는 역할을 하게 하였다. 땅 위에는 바랭이풀이 무성한 사이에 개구리 한 마리가 앉아 있고 공중에는 노랑나비 한 쌍이 도라지꽃을 향하여 차례로 날아들고 있다. 붉은 맨드라미와 청보라색 도라지꽃이 강렬한 대비를 이룬다. 맨드라미 잎을 평면으로 무성하게 표현한 점이나 맨드라미 꽃송이를 큰 하나와 작은 것 두 개 배치하여 변화를 준 점, 도라지꽃도 평면적으로 그려 놓은 점으로 미루어 이 작품 역시 수본을 위한 사생으로 보인다.

여섯째 폭 「양귀비와 풀거미」는 화면 가운데에 화려한 양귀비꽃 한 포기를 배치하였다. 활짝 핀 꽃 세 송이와 꽃봉오리 하나를 가운데 배치하고 돌기가 많은 커다란 잎사귀들을 땅에서부터 위로 쓸어 올리듯이 그려 놓았다. 전반적으로 꽃과 잎이 응축되는 듯한 구도에 변화를 주기 위하여 잡초 잎을 두어 개 왼쪽 빈 공간 위로 쓸어 올리듯이 삼전법으로 그려 넣었다. 땅에는 풀거미 한 마리가 기어오고 공중에는 하얀 나비 한 쌍이 양쪽에서 꽃을 향하여 날아들고 있다. 세 개의 꽃대를 모두 휘어 놓아 장식적인 효과를 노린 점이나 잎들을 무성하게 평면적으로 그려 놓은 점으로 미루어 보면 역시 수본으로 쓰기 위한 사생으로 짐작된다.

일곱째 폭 「봉숭아와 방아깨비」는 봉숭아 꽃대 하나와 달개비 두 대를 거의 평행으로 땅 위에 곧추세우고 봉숭아에는 많은 꽃과 꽃봉오리, 그리고 어긋나기로 돋아 있는 잎들을 그려 놓았다. 달개비는 봉숭아보다 어리고 연약하여 작은 꽃 하나씩만 달고 봉숭아를 보조하고 있다. 땅에는 방아깨비 한 마리가 봉숭아를 향해 기어가고 공중 높이 노랑나비 한 쌍이 봉숭아꽃을 향해 팔랑이는데 나비 아래로 고추잠자리 한 마리도 날아다닌다. 그 잠자리 아래는 하얀 나비 한 마리가 달개비 꽃을 향해 날아들고 있으니 이 폭에는 다른 폭과 달리 나비가 세 마리 등장한다. 봉숭아꽃이나 잎은 수를 놓기 위한 듯 거의 평면으로 묘사하였고 봉숭아꽃의 붉은색과 달개비 꽃의 푸른색이 대비를 이루게 한 점 등 역시 수본을 위한 사생으로 보인다.

사임당 | 초충도 8폭 병풍 중 제5폭 「맨드라미와 개구리」
오죽헌·강릉시립박물관 소장

사임당 | 초충도 8폭 병풍 중 제6폭 「양귀비와 풀거미」
오죽헌·강릉시립박물관 소장

사임당 | 초충도 8폭 병풍 중 제7폭 「봉숭아와 방아깨비」
오죽헌·강릉시립박물관 소장

사임당 | 초충도 8폭 병풍 중 제8폭 「원추리와 벌」
오죽헌·강릉시립박물관 소장

여덟째 폭 「원추리와 벌」은 원추리 한 포기를 화면 한가운데 세우고 양옆에 막 피고 있는 듯 꽃봉오리가 오므라져 있는 개미취 두 포기를 보조로 벌려 놓았다. 원추리 꽃대는 약간 오른쪽으로 휘면서 셋으로 갈라져 활짝 핀 꽃 하나와 반쯤 핀 꽃, 그리고 봉오리 하나 등 세 송이의 꽃을 그려 넣었다.

원추리 잎은 난을 치듯이 삼전법을 구사하여 비교적 충실하게 그려 놓았다. 보조인 개미취도 두 송이 세 송이의 꽃을 줄기 끝에 달고 있고 잎들도 무성하여 전반적으로 풍성해 보인다. 공중에는 한 쌍의 벌들이 사이좋게 꽃을 향하여 날아들고 있다. 이 역시 꽃의 배열과 평면성, 잎사귀의 무성함, 개미취의 장식성 등을 볼 때 수본을 위한 사생으로 보인다.

이상 오죽헌 소장의 초충도 8폭 병풍은 모두 담채로 그려져 있다. 전반적으로 구도나 공간 표현에 있어 경직성이 보이고 한 쌍의 나비를 도식적으로 배치하고 있는 점, 장식적인 색의 대비를 추구하고 평면적인 묘사를 일삼고 있는 점 등으로 미루어, 자수를 위한 전 단계인 사생을 한 그림으로 보는 것이 타당할 것 같다.

국립중앙박물관의 초충도

국립중앙박물관에 있는 초충도 8폭 병풍은 종이에 채색으로 그렸고 크기는 가로 28.3센티미터, 세로 34센티미터이다.

제1폭 「수박과 들쥐」는 두 개의 커다란 수박과 어린 수박 하나를 왼쪽으로 약간 치우치게 배치하고 왼쪽에서 뻗어 나간 수박 넝쿨이 오른쪽으로 아치를 이루며 감싸 안고 있다. 가운데 있는 가장 큰 수박 덩어리는 완숙하여 들쥐 두 마리가 파먹고 있는 과육이 빨갛게 익어 있다. 오른쪽 빈 공간에는 빨간 석죽화 한 포기를 수직으로 올리고 두 송이의 꽃을 피워 냈다. 석죽과 큰 수박 사이에는 넓고 큰 수박 잎들이 어우러져 있다. 나비 한 쌍이 날아드는데 왼쪽 나비는 붉은 나비로 평면적인 데 비하여 오른쪽 호랑나비의 섬세한 표현과 색채가 돋보인다.

제2폭 「가지와 방아깨비」는 두 포기의 가지가 화면 중앙에 포치되어 있다. 왼쪽 포기에는 흰 가지 하나가 달렸고 오른쪽 포기에는 약간 둥글고 큰 가지 두 개가 층층이 매달려 있다. 가지 잎은 앞면은 짙은 녹색으로 하고 뒷면은 흐린 녹색으로 하여 양감 있게 표현했다. 가지 양쪽의 흰 나비와 붉은 나비는 날개를 활짝 핀 정적인 모습으로 생동감이 없으며 오른쪽 붉은 나비 밑으로 벌 두 마리가 나란히 날아들고 있다. 땅 위에는 방아깨비 한 마리와 개미 두 마리가 기어가며 네 송이의 붉은 꽃을 피워 낸 뱀딸기(?)가 평면에 펼쳐져 있다. 그리고 이에 대비해 쇠비름 풀 다섯 포기가 키를 달리하여 돋아나 있다.

제3폭 「오이와 개구리」는 이삭이 익어 고개를 숙이고 있는 조 두 포기를 나란히 배치하고 왼쪽에서 돋아난 오이 넝쿨이 조를 휘감아 올라가며 오른쪽으로 처지게 하여 공간감을 살렸다.

사임당 | 초충도 8폭 병풍 중 제1폭 「수박과 들쥐」
국립중앙박물관 소장

사임당 | 초충도 8폭 병풍 중 제2폭「가지와 방아깨비」
국립중앙박물관 소장

사임당 | 초충도 8폭 병풍 중 제3폭 「오이와 개구리」
국립중앙박물관 소장

사임당 | 초충도 8폭 병풍 중 제4폭「양귀비와 도마뱀」
국립중앙박물관 소장

정면 가운데 늙어 가는 커다란 오이를 배치하고 왼쪽에 유록색으로 변색한 늙은 오이잎 뒤로 역시 늙어 가는 오이를 반쯤 보이게 살짝 그려 넣었다. 넝쿨 중간쯤에는 어린 오이 하나가 달려 있어서 세 개의 오이가 삼각 구도를 이루고 있다.

전반적으로 왼쪽으로 쏠려 있는 구도를 만회하기 위하여 오이 덩굴을 오른쪽으로 늘어지게 처리하고 땅 위의 개구리도 오른쪽에 배치하였다. 휘어지는 넝쿨 부분에 핀 작고 노란 오이꽃을 향하여 왕벌 한 마리가 날아들고 개구리는 여치인 듯싶은 곤충을 노려 다가가고 있다. 소재의 상호 어울림이 가장 자연스럽고 경직되지 않은 작품으로 평가되는 초충도이다. 조 잎이나 오이잎, 오이들이 겹치기도 하고 줄기에 매달려 있기도 한 자연스러움, 오이 넝쿨의 끝이 가볍게 말려 있는 묘사, 곤충들의 비대칭적 배치 등이 회화적 가치를 높이고 있다.

제4폭 「양귀비와 도마뱀」은 양귀비 한 포기를 화면을 꽉 채우도록 배치하고 자줏빛 꽃 한 송이를 활짝 피워 냈다. 그러고는 좀 외롭다 싶었는지 이제 겨우 맺고 있는 녹색 꽃봉오리 하나를 곁들여 그렸다. 무성한 양귀비 잎 사이로는 패랭이 꽃대를 네 개 올려 그 끝에 양귀비꽃과 같은 자줏빛 꽃송이를 네 송이 그려 넣었다.

하얀 나비 한 쌍이 날고 있는데 오른쪽 큰 나비는 양귀비꽃을 향하고 왼쪽 작은 나비는 패랭이꽃을 향해 날고 있다. 패랭이꽃들이 왼쪽으로 쏠려 있는 것을 보완하기 위하여 오른쪽에 푸른 달개비 한 포기를 배치하고 여러 개의 꽃송이를 주렁주렁 매달아 놓았다. 땅 위의 도마뱀은 꼬리가 길게 과장되어 있으나 생동감이 있고 풀무치 한 마리가 달개비 아래로 기어가고 있다.

제5폭 「추규와 개구리」의 중심 꽃포기는 주황색의 커다란 추규(접시꽃) 두 송이를 피우면서 오른쪽으로 뻗어 올라갔고 가지 끝 부분에 역시 주황색의 꽃봉오리를 세 개 맺었다. 그 왼쪽으로 도라지 한 포기가 청보라색 꽃 두 송이와 꽃봉오리 하나를 매달고 있다. 오른쪽 위로 빨간 고추잠자리가 날고 나비 한 쌍이 높이를 달리 하여 날아드는데 한 마리는 왼쪽 높이 도라지꽃으로, 다른 한 마리는 아래쪽 주황색 큰 접시꽃을 향하고 있다. 땅에는 여치 한 마리가 기어가고 개구리가 그를 노리고 있다. 꽃들과 잎, 곤충들과 개구리가 화면에 산만하게 퍼져 있는 느낌이다.

제6폭 「맨드라미와 쇠똥벌레」는 맨드라미 한 포기를 화면 가운데 약간 왼쪽으로 기우뚱하게 세워 가지 꼭대기에 닭의 벼슬같이 생긴 커다란 자줏빛 맨드라미꽃을 피웠고 그 밑 푸른 이파리들 사이로 붉은 꽃봉오리 여섯 개를 한 쌍씩 마주나기로 그려 놓았다. 당당하게 서 있는 주인공 맨드라미 왼쪽으로 키 작은 개미취 네 송이를 놓았고 오른쪽 빈 공간에는 방동사니 같아 보이는 풀 한 포기를 배치했으며 땅 위에 풀무더기를 그려 놓았다. 땅에는 쇠똥벌레 두 마리가 열심히 쇠똥을 굴리고 한 마리는 길을 안내하는지 앞서가고 있다. 공중에는 특이하게도 하얀 나비 세 마리가 꽃을 향하지 않고 단합 대회 하듯이 한데 모여 날아다닌다.

사임당 | 초충도 8폭 병풍 중 제5폭 「추규와 개구리」
국립중앙박물관 소장

사임당 | 초충도 8폭 병풍 중 제6폭 「맨드라미와 쇠똥벌레」
국립중앙박물관 소장

사임당 | 초충도 8폭 병풍 중 제7폭 「여뀌와 검은 잠자리」
국립중앙박물관 소장

사임당 | 초충도 8폭 병풍 중 제8폭 「원추리와 매미」
국립중앙박물관 소장

제7폭 「여뀌와 검은 잠자리」는 붉은 여뀌(홍료(紅蓼)) 한 포기가 크고 무성한 잎들을 피우고 두 가지로 갈라져 자라나고 있는데 그 줄기 끝에 좌우 두 개씩 네 송이, 모두 여덟 송이의 붉은 꽃들을 조 이삭처럼 탐스럽게 매달고 있다. 보조로는 푸른 나팔꽃이 여뀌 가지를 감아 올라가며 봉오리 두 개와 만개한 꽃 두 송이를 피워 냈다. 오른쪽 위 빈 공간에 검은 잠자리가 여뀌꽃을 향하여 날아들고 대각선으로 왼쪽 땅 위에는 사마귀 한 마리가 기어가고 있다. 여뀌꽃의 잎과 나팔꽃의 잎들이 어우러지고 잎의 앞과 뒤를 녹색의 농담으로 처리하여 생동감이 있으나 늘어진 여뀌꽃의 작위적인 배치가 장식적인 효과를 노린 듯하다.

제8폭 「원추리와 매미」는 원추리 한 포기가 주인공이다. 중앙에 당당하게 원추리 한 포기를 배치하고 브이 자로 뻗어 올린 두 이파리 가운데로 한 줄기 꽃대가 시원하게 솟아 올라간다. 어긋나기로 우선 왼쪽에 꽃 한 송이를 피우고 그 위에 오른쪽으로 봉오리 하나를 맺었으며, 마지막으로 꽃대 끝에 피운 꽃은 막 지려는 듯 변색되고 있다. 꽃대 밑에는 매미 한 마리가 앉아 있다. 오른쪽 위에서 흰나비가, 왼쪽 약간 아래로 붉은 나비가 꽃을 향해 날아들고 있어서 나비 한 쌍을 배치한 것은 위의 여러 폭의 초충도와 같다. 붉은 나비 밑으로 벌 한 마리도 날아다니고 땅 위에는 개구리 한 마리가 저편을 향해 앉아 있는데 반대쪽에는 굼벵이로 보이는 벌레도 한 마리 보인다.

이 병풍은 원래 노저(鷺渚) 이양원(李陽元)의 집에 보관되어 있다가 백수십 년 뒤 영조 때에 그 자손들이 팔고자 하여 직암(直菴) 신경(申暻)이 사서 보관해 왔다고 한다. 현대에 와서 이용희(李用熙)¹의 소유가 되었다가 다시 국회의원이던 정해영 씨에게 넘어간 후 국립중앙박물관에 기증되어 보관되고 있다. 여기에는 신경의 발문과 근대에 서화 감식으로 이름을 날린 위창(葦滄) 오세창(吳世昌, 1860~1953년)의 발문이 붙어 있다.

이 8폭 병풍은 모두 짙은 채색 그림이다. 지평선을 표현하는 방법으로 수묵과 채색을 합쳐 많은 점을 찍어 놓았다는 공통점이 있다. 역시 앞의 오죽헌 소장 8폭 병풍과 거의 같은 초충 소재와 장식적 구도, 평면적 형태, 경직성으로 보아 자수의 밑그림에 요구되는 특징을 골고루 갖추고 있다. 사임당이 서울에서의 생활비를 충당하기 위하여 자수와 침선을 할 수밖에 없었던 현실과도 밀접하게 연결되어 있는 작품들이다.

간송미술관의 초충도

간송미술관에도 사임당 작품으로 알려진 화훼·초충도 여덟 폭이 소장되어 있다. 전시회에 공개된 순서대로 적어 보면 다음과 같다.

1   초충(草蟲, 꽈리와 잠자리)

2 　서과자완(西瓜紫菀, 수박과 개미취)

3 　계관길경(鷄冠桔梗, 맨드라미와 도라지)

4 　포공주실(浦公朱實, 민들레와 땅꽈리)

5 　계거추규(鷄距秋葵, 달개비와 접시꽃)

6 　포도(葡萄)

7 　훤원석죽(萱苑石竹, 원추리와 패랭이)

8 　귀비호접(貴妃胡蝶, 양귀비와 호랑나비)

　　간송미술관의 「초충(草蟲, 꽈리와 잠자리)」은 가로 20센티미터,
세로 28.8센티미터 크기로 수묵화이다. 꽈리 한 포기가 오른쪽
토파에서 뻗어 나와 두 개의 가지로 갈라지면서 다섯 개의 꽈리
열매를 맺어 놓았다. 공중에는 커다란 검은 잠자리가 날고 있다.
보조로 땅과 거의 수평으로 달개비 한 포기가 세 개의 꽃을 달고
꽈리 줄기를 떠받치듯 배치되었다. 그 밑에 쇠똥벌레 한 마리가
쇠똥을 굴리고 왼쪽 옆에서는 벌 한 마리가 날아들고 있다.

　　오죽헌 소장의 「꽈리와 잠자리」 그림에는 꽈리 모양이 삼각
형인 데 비하여 이 그림은 실물대로 둥그스름하게 표현되어 있다.
또한 전자가 화려한 채색인 데 비하여 이 그림은 수묵이라서 생
동감이 떨어지지만 수묵화가 보여 주는 청초한 느낌이 살아 있다.
두 개의 꽈리 가지가 브이 자 모양으로 뻗어 있고 그 사이에 덩치
가 큰 검은 잠자리가 배치되어 있을 뿐만 아니라 큼직큼직한 꽈
리의 잎사귀들로 인하여 화면이 가득 찬 느낌이다. 여기 나타나

있는 벌·나비·쇠똥벌레 등 곤충들도 시골집의 앞·뒤뜰에서 흔히 보이는 소재이며 사임당이 즐겨 그렸던 대상들이다.

간송미술관 소장의 「서과자완(西瓜紫菀, 수박과 개미취)」은 가로 25.7센티미터, 세로 41센티미터이며 종이에 채색이다. 크기가 조금 차이 나는 커다란 수박 두 덩이를 거의 평행으로 땅 위에 배치하고 사이에 비교적 작은 수박 잎들을 그려 넣었다. 오른쪽 좀 더 작은 수박 위로 덩굴이 올라가며 아주 작은 수박 한 개를 달고 있지만 잎들은 무성하지 않게 표현하였다. 수박 덩굴이 오른쪽으로 올라가도록 한 것과 균형을 맞추기 위해 청보랏빛 꽃들이 일곱 송이나 활짝 핀 개미취 한 포기를 왼쪽에서 오른쪽으로 굽어져 올라오게 배치하였다. 점박이 하얀 나비 한 마리는 수박 줄기와 개미취 사이에서 팔랑이고 똑같이 생긴 또 한 마리는 약간 왼쪽 위에서 날아들고 있다. 사임당의 다른 초충도에서 잎들이 커다랗게 표현되어 있는 것과 달리 별로 크지 않은 잎들이 달려 있어 상대적으로 수박 두 덩이가 더 크게 강조된다.

세 번째로 간송미술관의 「계관길경(鷄冠桔梗, 맨드라미와 도라지)」은 가로 25.7센티미터, 세로 41센티미터이며 종이에 채색이다. 맨드라미와 도라지를 땅 위에 브이 자로 거의 같은 비중으로 다루었다. 채색을 한껏 사용하여 맨드라미의 붉은 꽃들을 다채롭게 표현했다. 가운데 큰 맨드라미꽃이 수탉의 볏처럼 화려한 자태를 뽐내고 그 밑에 작은 꽃송이가 양쪽에서 호위하듯 떠받치고 있다. 더 아래로는 두 송이의 꽃봉오리가 어긋나기로 돋아나 있다.

사임당 | 「초충(草蟲, 꽈리와 잠자리)」 | 간송미술관 소장

사임당 | 「서과자완(西瓜紫菀, 수박과 개미취)」 | 간송미술관 소장

사임당 |「계관길경(鷄冠桔梗, 맨드라미와 도라지)」| 간송미술관 소장

꽃대가 왼쪽으로 기울어진 화려한 맨드라미를 보완하듯 오른쪽으로 휘어진 도라지 꽃대에는 청보라색 꽃 세 송이가 만개했고 한 송이는 반쯤 피어났으며 또 하나의 꽃봉오리가 맺어져 청초한 자태를 자랑하고 있다. 맨드라미 꽃대는 두 개의 필선으로 윤곽을 그리는 쌍구기법을 쓰고 도라지 꽃대는 짙은 먹선으로 일필(一筆, 한 붓)로 그려 내어 엷고 짙은 먹색이 대조를 이룬다. 꽃의 색깔이 붉고 푸른 것과 꽃대의 표현 방식이 극단적으로 대조되어 조화를 이끌어 낸다. 맨드라미꽃 쪽으로 나비 두 마리가 다가오는데 커다란 나비 한 마리는 화면 중앙에서, 작은 나비 한 마리는 왼쪽에서 날아들고 있다.

땅 위에는 바랭이풀들이 산만하게 돋아나 자랐고 개구리 한 마리가 지금 막 움츠고 뛰려는 자세로 그려져 있다. 국립중앙박물관의 초충도 8폭 병풍 가운데 여섯째 폭인 「맨드라미와 쇠똥벌레」와 비교할 때 개미취 대신 도라지를 넣었고 전자의 개미취가 보조적인 데 비하여 이 그림은 도라지의 비중이 훨씬 크다. 다만 강렬한 색채의 대비를 위하여 맨드라미의 붉은 빛과 대조되는 청보라색 꽃들인 개미취와 도라지를 선택했다는 공통점이 있다.

맨드라미꽃의 표현도 전자가 전형적인 꽃의 모양을 갖추고 꽃봉오리들도 마주나기로 여섯 개나 배치하여 약간 도식적으로 보이는 데 반하여 여기서는 맨드라미의 꽃 모양에 약간 추상적인 변화를 주고 그 밑의 꽃 두 송이는 작게, 꽃봉오리는 두 개만 그려 넣어 훨씬 자연스럽다. 나비도 전자에는 세 마리가 무리 지어

사임당 | 「포공주실(浦公朱實, 민들레와 땅파리)」 | 간송미술관 소장

평면적으로 오른쪽 위에 배치되어 부자연스러운 데 비하여 여기서는 두 마리가 날개를 펄럭이며 꽃으로 날아드는 모양새여서 훨씬 자연스럽다. 땅 위의 움치고 뛰려 하는 개구리도 비교적 자연스럽다.

이 그림은 오죽헌 소장 초충도 8폭 병풍의 다섯째 폭 「맨드라미와 개구리」와 친연성이 높다. 소재도 맨드라미, 도라지, 개구리, 나비로 똑같고 땅 위에 돋아나 옆으로 자라고 있는 바랭이 풀숲도 같다. 나비도 두 마리인 것은 같은데 전자에는 노랑나비이고 날아드는 방향이 오른쪽인 데 비하여 이 그림에서는 하얀 나비로 자연스러우며 꽃의 배치는 같지만 잎의 모양이 다르고 도라지의 비중이 다를 뿐이다.

간송미술관 소장의 「포공주실(浦公朱實, 민들레와 땅꽈리)」은 가로 25.7센티미터, 세로 41센티미터이고 종이에 채색이다. 붉은 열매를 주렁주렁 매달고 있는 땅꽈리가 주인공이고 민들레는 보조로 보인다. 오늘날 민들레꽃은 노란색이거나 흰색인데 푸른색 꽃에 붉은 점이 돌려져 있는 민들레꽃은 현실에서는 볼 수 없고 상상으로나 가능한 것이다. 땅꽈리의 붉은색과 대비를 이루기 위하여 상상력을 발휘한 독창성의 발로가 아닐지 싶다.

점박이 하얀 나비 세 마리가 날아들고 있는데 왼쪽에 두 마리, 오른쪽에 한 마리를 배치하였고 오른쪽 위에는 청잠자리도 날아오고 있다. 땅 위에는 방아깨비 한 마리가 뛰어오를 듯 자세를 가다듬고 있다. 여기에서 보이는 민들레와 땅꽈리는 사임당 작

사임당 | 「계거추규(鷄距秋葵, 달개비와 접시꽃)」 | 간송미술관 소장

품으로 알려진 다른 그림에서는 찾아볼 수 없는 소재이며 빨간 돌기가 있는 푸른색 민들레꽃은 그 무성하게 표현된 잎이 아니었다면 다른 식물로 착각할 정도로 생경스럽다.

간송미술관 소장의 「계거추규(鷄距秋葵, 달개비와 접시꽃)」는 가로 25.7센티미터, 세로 41센티미터이고 종이에 채색이다. 담황색의 커다란 꽃 두 송이를 피우며 뻗어 올라간 줄기에 꽃봉오리들을 다섯 송이나 매달고 있는 접시꽃 한 포기가 왼쪽으로 배치되어 있고, 오른쪽으로는 보조로 달개비가 푸른 꽃송이들을 네 개 피워 내며 브이 자로 배치되어 있다. 잡초로 피어났을 달개비는 바랭이풀들과 어울려 있다.

점박이 하얀 나비 한 쌍은 오른쪽에서, 빨간 고추잠자리 한 마리는 왼쪽 위에서 날아들고 있다. 그 아래로는 벌 한 마리가 활짝 핀 접시꽃을 향해 바짝 달려들고 있다. 땅 위에는 쇠똥벌레 한 쌍이 제 몸집보다 큰 먹이를 굴린다.

간송미술관의 「포도(葡萄)」는 가로 21.7센티미터, 세로 31.5센티미터로 비단에 수묵으로 그린 묵포도이다. 위에서 아래로 뻗어 내린 가지에 포도가 주렁주렁 달렸고 덩굴손이 유연하게 말려 늘어졌다. 화면 중앙 가득히 커다란 포도 잎을 그려 넣고 큰 포도송이가 그 잎에 반쯤 가려 있는 중심 구도에 위로 작고 큰 두 개의 포도송이가 매달려 있다. 화면이 꽉 찬 느낌이면서도 산만하지 않은 것은 커다란 포도 잎이 중심을 잡아 주기 때문이다.

포도 잎은 풍성한 잎을 담묵으로 묘사하고 그 위에 농묵의

사임당 |「포도(葡萄)」| 간송미술관 소장

예리한 필선으로 엽맥을 그린 전형적인 몰골법을 보여 준다. 엽맥의 곡선 처리로 포도 잎의 입체감을 잘 표현하였고 포도송이의 포도 알 하나하나에도 묵조(墨調)의 변화를 주어 포도의 탐스러움을 살렸다. 사임당이 초충도에서 커다란 잎을 즐겨 강조한 특징과 공통분모를 지닌다. 자연스럽게 가지를 감고 나선형으로 돌돌 말리는 가녀린 덩굴손의 끝부분도 탄력 있는 필선으로 율동감 있게 처리한 점을 종합해 볼 때 이만한 필력이라면 당대 제일로 평가할 수 있고 높은 경지에 이른 작품이다. 5만 원권 사임당 초상 옆의 포도 그림이 바로 이 작품이다.

본래 족자나 병풍이었을 듯싶은 큰 그림에서 잘라 낸 일부라 여겨지는데 조선 전기 문화가 끝나는 시기에 살았던 사임당이 이렇게 기운이 생동하는 그림을 그렸을까 의심하는 이도 있다. 한 세대 이상 앞서가는 그림이라는 평가이다. 오히려 화단과 거리를 둔 규중의 여류 문인이었기에 문화 말기의 퇴폐적 화단 분위기와는 상관없이 아버지 신명화의 개혁 정신을 구현하고 아들 이이에게 그 정신을 이어 주려는 모성이 이런 작품을 가능하게 한 것이 아닐까 싶기도 하다. 우리가 날마다 사용하는 5만 원권 지폐의 사임당 초상에 곁들일 만한 작품이다.

이이도 「선비행장」에서 "세상에 흉내 낼 수 있는 사람이 없다."라고 했듯이 사임당이 그린 포도 그림의 명성이 높았던 이유가 바로 이 대단한 필력과 기운 생동하는 특징 때문이 아니었을까 생각된다. 무엇보다 직접 관찰하고 사생하면서 터득한 자기만의 기법을 창안해 낸 사임당의 창조성에 눈을 돌릴 필요가 있다.

이 작품은 18세기 대수장가였던 석농(石農) 김광국(金光國)이 수집한 『해동명화집(海東名畵集)』에 들어 있는 것으로 김광국이 1792년(정조 16년) 윤4월 15일에 구입했다는 기록을 남겼다.

간송미술관 소장 「훤원석죽(萱苑石竹, 원추리와 패랭이)」은 가로 25.7센티미터, 세로 41센티미터이고 종이에 채색이다. 원추리꽃을 중심에 놓고 개미취꽃 한 포기를 왼쪽에, 패랭이꽃 한 포기를 오른쪽에 배치하여 전반적으로 풍성한 느낌이다. 가운데 주황색의 만개한 원추리꽃은 왼쪽에 막 피어나는 꽃송이와 오른쪽에 꽃봉오리를 거느리고 삼각 구도를 이루었다. 꽃들을 에워싸듯 커다란 원추리잎 세 개가 삼전법으로 그려져 있는데 잎의 앞뒤를 명암으로 처리하여 부피감이 있다. 개미취꽃은 두 줄기로 갈라지면서 다섯 개의 꽃을 피워 내고 패랭이꽃도 두 줄기로 갈라지면서 네 송이의 꽃을 피워 내어 꽃동산을 이루었다.

원추리꽃으로 날아드는 나비는 조금 크게, 그 뒤를 따라 나는 흰나비는 작게 두 마리의 나비를 배치하였다. 땅은 흐린 먹선으로 표현하고 바랭이풀 몇 포기를 그려 넣었다. 땅에는 도마뱀이 몸을 틀고 앉아 있다. 원추리·개미취·패랭이 꽃들과 나비·도마뱀 등 전반적으로 볼 때 사임당이 즐겨 그린 대상이고 가운데 주황색 원추리 꽃포기를 놓고 보조로 대비되는 푸른색의 개미취와 패랭이꽃을 배치한 것도 사임당식이다.

간송미술관의 「귀비호접(貴妃胡蝶, 양귀비와 호랑나비)」은 가로

25.7센티미터, 세로 41센티미터이고 종이에 채색이다. 양귀비 줄기 세 포기가 땅에서 솟아나 각기 붉은색의 양귀비꽃을 한 송이씩 피워 냈는데 가운데 줄기에만 작은 꽃봉오리 하나가 더 매달려 있다. 주황색에 가까운 화사한 빨강색의 꽃들이 수를 놓은 것 같은 모습으로 꽃잎들을 피워 냈다. 가운데 꽃은 반쯤 얼굴을 보이고 오른쪽 꽃은 완전히 앞을 향하고 있는데 왼쪽 꽃은 얼굴을 뒤로 향하게 하여 변화를 주었다. 공중에는 나비 세 마리가 꽃을 향해 날아들고 땅 위에는 귀뚜라미 한 마리가 기고 있다.

간송미술관의 화훼·초충도들은 전체적으로 안정된 구도와 섬세한 필치를 보여 준다. 또한 소박하고 정갈한 설채에서 사임당 특유의 미감이 잘 살아 있다. 다만 나열적인 배치와 사생감이 떨어져 평면적으로 보이는 점으로 보아 자수를 위한 밑그림이 아니었나 싶기도 하다.

마지막으로 「오이」와 「가지」 그림이 있는데 아직 전시회에 공개되지 않았고 공식 명칭도 붙지 않았다. 앞에서 살펴본 오죽헌과 국립중앙박물관의 오이 그림이나 가지 그림과 전혀 다른 화풍을 보이고 있다.

사임당의 초충도 대부분이 중앙에 식물 한 포기를 배치하는 중앙 집중식 구도인데 이는 당시 화가들에게서 유례를 찾아보기 힘든 특징이다. 아마도 수를 놓기 위한 수본이기에 이런 구도를 선호한 것이 아닐지 싶고 더불어 이는 사임당이 다른 화가에게서 영향 받기보다는 홀로 독창적인 작업을 했을 것으로 보는 이유이기도 하다.

사임당 | 「훤원석죽(萱苑石竹, 원추리와 패랭이)」| 간송미술관 소장

사임당 | 「귀비호접(貴妃胡蝶, 양귀비와 호랑나비)」 | 간송미술관 소장

사임당 | 「오이」 | 간송미술관 소장

사임당 | 「가지」| 간송미술관 소장

무엇보다도 집 안의 마당과 울타리 옆에 자라고 있는 생활 주변의 친근한 소재들을 작품에 끌어들여 예술로 승화시킴으로써 일상생활의 정취를 한 단계 고양시키고 있다는 점을 높이 사야 할 것 같다.

그래서 더욱 다정하고 따듯하며 소박하고 꾸밈없는 감성의 세계가 잘 표현되어 있다. 화면 가운데 대표적인 화훼를 배치하고 그 주변에 온갖 풀과 벌레들을 늘어놓아 그림 작법에 구사되는 작위적인 느낌이나 조형적 고려가 전혀 보이지 않는 천진무구한 어린아이 같은 원초적인 세계를 그대로 나타내고 있어서 더욱 공감이 든다.

그 밖에 전칭되는 작품들

국립중앙박물관에 소장되어 있는 사임당 전칭 화접도 7폭은 종이에 담채로 크기는 가로 29센티미터, 세로 46.3센티미터이다. 1폭 「수세미」, 2폭 「오이」, 3폭 「수박」은 오른쪽, 왼쪽에서 덩굴이 뻗어 나온 모양새지만 4폭 「여뀌」, 5폭 「원추리」, 6폭 「가지」, 7폭 「맨드라미」는 모두 화면 한가운데에 중심 되는 식물 한 포기를 배치하였다. 제1폭에서 5폭까지는 모두 하얀 나비를 세 마리를 그려 놓았고 6폭 「가지」에는 네 마리, 마지막 7폭에는 두 마리를 그렸다. 소재는 사임당 초충도와 같지만 변형된 도안화로 민화풍이 보인다. 신사임당의 작품으로 전해지고는 있지만 화풍이나 화

사임당 | 「수박과 석죽화」 | 오죽헌·강릉시립박물관 소장
사임당 | 「꽈리와 잠자리」 | 오죽헌·강릉시립박물관 소장

격으로 보아 사임당의 작품으로 보기는 어렵다.

사임당의 작품으로 전칭되는 그림 중에 오죽헌 소장(이창용 기증)의 초충도 두 폭 「수박과 석죽화」와 「꽈리와 잠자리」도 있다. 「수박과 석죽화」는 종이에 채색으로 그렸고 크기는 가로 25.9센티미터, 세로 44.3센티미터이다. 화면 가운데 아래 3분의 1 선에 커다란 수박 한 덩어리를 놓고 수박 덩굴 하나는 왼쪽으로 휘면서 위로 올라가고 또 하나의 수박 덩굴은 오른쪽으로 둥글게 휘면서 땅 위로 기고 있다. 이 땅 위의 덩굴에는 작은 수박 한 덩어리가 풀숲에 3분의 1쯤 가려져 있다.

큰 수박덩이 위로 커다란 세 이파리가 삼각 구도로 배치되어 있고 그 뒤로 붉은 석죽화(패랭이꽃) 여섯 송이가 활짝 피어 있다. 그 위로 하얀 나비 한 마리가 왼쪽에서 팔랑이고 한 쌍의 벌이 양쪽에서 꽃을 향해 날아들고 있으며 또 다른 벌 한 마리는 화면 오른쪽 꼭대기에 있다. 땅 위에는 사마귀 한 마리가 저편을 향해 기어가고 있다.

전반적으로 세련되어 보이지만 수박의 줄무늬 처리가 너무 기교적이고 석죽화의 배열도 자연스럽지 않아서 사임당의 다른 작품에서 보이는 특유의 천진함이랄까 소박함이 결여되어 있다. 화면 오른쪽 위에 '사임당(師任堂)'이라 묵서했는데 바로 그것 때문에 더욱 사임당의 작품이라 보기 어렵고 후대의 모작으로 짐작된다.

오죽헌 소장(이창용 기증)의 또 하나의 초충도 「꽈리와 잠자리」역시 종이에 채색으로 그렸고 크기는 가로 25.7센티미터, 세로 44.2센티미터이다. 꽈리 한 포기를 오른쪽으로 약간 휘어지게 중앙에 배치하고 보조로 뒤에 들국화 두 포기를 브이 자로 배치하였다. 한 포기는 꽃을 잔뜩 매달고 왼쪽으로 휘어져 오른쪽으로 휘어 있는 꽈리를 받쳐 주고 또 한 포기는 꽃 두 송이를 달고 오른쪽으로 보일락 말락 조그맣게 뻗어나가 뒤에서 받쳐 주고 있다.

그 옆으로는 바랭이로 보이는 풀 한 포기가 오른쪽으로 휘어 자라며 땅 위의 잡초와 숲을 이루고 있다. 삼각형의 꽈리 열매는 세 개가 커다란 잎에 조금씩 가려진 채로 매달렸는데 주황

빛으로 익어 완숙된 상태다. 왼쪽 위로는 빨간 고추잠자리 한 마리, 오른쪽 위로는 흰나비 한 마리가 날아들고 그 아래 양옆으로 벌 한 쌍도 날아들고 있다. 풀색으로 그린 땅은 달무리 지듯 채색이 주변으로 번져 나가는 훈염법으로 처리하고 꽈리 부근에는 점을 찍어 풀들을 표현하였다. 땅 위에는 여치 한 마리가 기어가고 있다.

앞마당에서 흔히 볼 수 있는 꽈리나 들국화, 벌 나비와 잠자리 등의 소재와 중앙 집중식 구도로 보아 사임당의 수본을 위한 초충도들과 친연성이 높지만 역시 오른쪽 상단의 '사임당(師任堂)'이라는 서명이 오히려 사임당 작품이 아닐 가능성을 시사한다. 당시의 관행으로 보나 수본으로서의 기능으로 볼 때 자필 서명은 그 가능성이 희박하고 다른 작품에서 전혀 보이지 않던 사임당의 서명이 이 두 초충도에서만 나타날 리 없기 때문이다.

한편 국립중앙박물관에 소장되어 있는 사임당 전칭 화조도 12폭은 종이에 채색으로 크기는 가로 19.1센티미터, 세로 22.7센티미터이다. 여기에 나타나 있는 꽃들은 사임당이 즐겨 그리던 풀꽃들이 아니라 모란이나 수선, 매화나 국화 등 화보에 많이 등장하는 귀한 화초들이 화보의 표현 방식으로 세련되게 그려져 있다. 사임당의 초충도 작품들은 주요 식물 하나를 중앙에 배치하는 방식인 데 비해 이 화조도들은 대부분 옆에서 뻗어 나온 가지에 꽃이 핀 구도이다. 화보의 그림처럼 매끈한 꽃과 잎의 표현에서는 사임당의 풀벌레 그림에서 확인되는 소박함이 전혀 보이지 않는다.

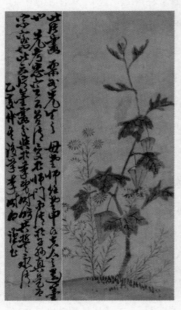

사임당 | 「꽈리」
선문대학교 박물관 소장

사임당 | 「맨드라미와 쇠똥벌레」
선문대학교 박물관 소장

사임당 |「가지와 방아깨비」
선문대학교 박물관 소장

사임당 |「수박과 도마뱀」
선문대학교 박물관 소장

나비 등 곤충도 두어 폭에 보이지만 주로 희귀종의 새들이 다섯 폭에 보인다. 그림의 대상으로 보나 구도로 보나 기법으로 보나 사임당의 그림으로는 볼 수는 없다.

선문대학교 박물관의 수묵 초충도 4폭은 모두 종이에 수묵으로 그렸다. 첫 번째 그림인 「꽈리」의 크기는 가로 7.7센티미터, 세로 19.7센티미터이다. 앞서 말한 또 하나의 초충도 「꽈리와 잠자리」의 축소판으로 보이는데 고추잠자리, 하얀 나비, 벌 두 마리, 여치 등 곤충들을 모두 생략하였다.

둘째 그림인 「맨드라미와 쇠똥벌레」는 가로 10.4센티미터, 세로 24센티미터인데 앞에서 살펴 본 국립중앙박물관 소장의 8폭 병풍 가운데 여섯째 폭인 「맨드라미와 쇠똥벌레」의 축소판이다. 나비 세 마리 대신 벌 두 마리를 그려 넣었다.

세 번째 그림인 「가지와 방아깨비」의 크기는 가로 10.5센티미터, 세로 23.9센티미터이다. 국립중앙박물관 소장의 8폭 병풍 가운데 두 번째 폭인 「가지, 벌, 나비」의 축소판으로 나비 두 마리를 없애고 오른쪽 옆의 벌 두 마리를 위쪽으로 옮겨 놓아 약간의 변화를 주었다.

네 번째 그림인 「수박과 도마뱀」의 크기는 가로 9.4센티미터, 세로 24.4센티미터이다. 오죽헌 소장의 「수박과 석죽화」의 축소판으로 사마귀 대신 도마뱀을 그려 넣고 하얀 나비와 벌 세 마리를 모두 생략하였다. 이 도마뱀은 국립중앙박물관 소장 8폭 병풍의 넷째 폭인 「개양귀비와 도마뱀」에서 도마뱀을 그대로 따온 것이다. 이 네 폭의 수묵 초충도는 후대에 사임당 초충도의 애호 화가가 이 작품 저 작품에서 대상을 마음대로 따오고 생략해 가면서 모사한 게 아닌가 싶다.

겸재 정선에게 이어진 초충도

사임당이 수를 놓기 위하여 생활에 밀착되어 있던 사물을 사생함으로서 이루어 놓은 이러한 조선 고유 전통은 조선 후기에 율곡학파가 정권을 잡으면서 선정(先正) 이이의 모부인으로서 사임당의 위상이 확고해지는 현상과 맞물려 화단에도 크게 영향을 미친 것으로 보인다.

사임당의 초충도에서 즐겨 소재로 삼은 맨드라미(鷄冠花), 패랭이꽃(石竹花), 도라지꽃(桔梗花), 붉은 여뀌꽃(紅蓼花), 바랭이풀, 꽈리와 수박과 가지와 오이 등과 개구리와 들쥐, 매미와 나비와 잠자리와 벌, 방아깨비와 여치, 개미와 쇠똥벌레 등은 18세기 겸재 정선(鄭敾)의 초충·영모·화조화 8폭 병풍(간송미술관 소장)에 그대로 재현되어 있다. 이 그림들은 비단에 채색으로 그렸고 크기는 가로 20.8센티미터, 세로 30.5센티미터로 모두 같다. 군데군데 비단이 좀먹은 부분이 있어서 아쉽지만 대체적으로 양호한 상태다.

그 첫 번째 그림인 「추일한묘(秋日閑猫, 가을날 한가로운 고양이)」는 가을날 연보랏빛 꽃을 피운 국화 한 포기 아래 검은 고양이 한

겸재 정선 | 「추일한묘(秋日閑猫, 가을날 한가로운 고양이)」| 간송미술관 소장

마리가 한가하게 햇볕을 즐기며 앉아 있는 그림이다. 왼쪽 밑에서 나온 국화 줄기에는 만개한 꽃 다섯 송이와 꽃봉오리가 둘 배치되어 풍성한 느낌을 준다. 무성한 국화잎과 줄기는 몰골법으로 처리하였다.

역시 몰골법으로 처리된 검은 고양이의 금빛 눈동자가 유난히 도드라져 보인다. 그 눈이 향하고 있는 목표는 땅 위에서 경계 태세를 하고 언제라도 날아갈 채비를 하고 있는 방아깨비 한 마리이다. 국화꽃 위로는 벌 한 마리가 날아들고 땅 위에는 바랭이풀이, 고양이 뒤로는 강아지풀 한 포기가 옆으로 돋아나 있다. 고양이는 사임당 그림에 보이지 않지만 바랭이풀이나 방아깨비, 벌 등은 사임당이 즐겨 그리던 소재이다.

두 번째 그림인 「하마가자(蝦蟆茄子, 두꺼비와 가지)」는 늦여름 가지 밭 풍경을 그린 부분 묘사이다. 아직 순이 오르고 있는 한 그루의 가지 줄기가 왼쪽 밑에서 뻗어 나와 무성한 잎새 사이로 두 개의 짙은 보라색의 가지를 맺고 꽃도 두 송이 피웠다. 아래 매달린 가지는 크고 실하며 위에 매달린 가지는 자라나고 있는 어린 가지이다.

가지와 같은 보라색으로 잎맥을 선명하게 처리한 녹색의 커다란 잎 밑으로 두꺼비 한 마리가 엉금엉금 기어 나온다. 몰골법으로 처리한 가지에서 터질 듯한 부피감과 부쩍부쩍 자라나는 가지의 생동감이 그대로 전해진다. 우둘투둘 돌기가 돋아난 등판을 가진 흑갈색 둔중한 몸매의 두꺼비는 붉게 튀어나온 눈망울을 번

겸재 정선 | 「하마가자(蝦蟆茄子, 두꺼비와 가지)」 | 간송미술관 소장

들대며 먹이를 찾는 모습이다.

두꺼비 눈높이 조금 떨어져 두꺼비가 노리는 파리 한 마리가 있고 두꺼비 아래엔 쇠똥벌레가 먹이를 굴리고 있다. 두꺼비 위로는 도라지 한 포기가 푸른색 꽃 두 송이와 꽃봉오리 두 개를 매달고 왼쪽에서 오른쪽 휘어져 화면을 채우고 있다. 가지 한 포기로 생길 수밖에 없는 빈 공간을 도라지가 보조하고 있는 셈이다.

여리고 청초한 도라지 한 포기로, 잎이 무성할 뿐 아니라 커다란 가지까지 달려 있는 가지나무와 징그러운 두꺼비의 등등한 기세를 중화시키고 있다. 땅에는 바랭이풀들을 삼전법으로 쳐 내어 겸재의 난초 치는 기량까지 엿볼 수 있다. 짙은 보라색의 가지와 푸른 도라지꽃의 대비 등 설채(設彩)와 강약의 화면 구성이 돋보인다. 이 그림의 가지는 사임당 작품에서 즐겨 그린 소재이고 푸른 도라지꽃이나 먹이를 굴리는 쇠똥벌레, 빈 땅을 채우는 역할을 하는 바랭이풀도 마찬가지이다.

세 번째 그림인 「등롱웅계(燈籠雄鷄, 꽈리와 수탉)」는 왼쪽에서 뻗어 나와 빨갛게 농익어 껍질이 벌어진 꽈리(燈籠)를 주렁주렁 매달고 있는 꽈리나무 두 포기를 포치하였다. 그 밑에는 개미취 한 포기가 푸른 꽃잎에 노란 꽃심(花心)을 드러낸 채 서너 송이 청초하게 피어나 붉은 꽈리의 강렬함을 순화시키고 있다.

그 밑으로는 장닭 한 마리가 위풍당당하게 붉은 벼슬과 긴 꼬리털을 곤두세우고 공격 자세를 취하고 있다. 오른쪽에서 개미취 꽃을 향하여 벌 한 마리가 날아들고 있다. 어느 한가한 가을

겸재 정선 |「등롱웅계(燈籠雄鷄, 꽈리와 수탉)」| 간송미술관 소장

한낮 마당 가의 한 장면을 사생한 것으로 보인다. 닭을 몰골법으로 처리했음에도 터럭 하나하나 세밀화법으로 그린 것보다 더 생동하는 수탉의 기운을 느끼게 한다. 주홍색 꽈리는 물론이고 같은 계열의 붉은색으로 표현된 장닭의 붉은 색감이 싱싱하게 푸른 꽈리 잎들과 어우러져 화면 가득 찬란한 색채의 향연을 벌이고 있다. 이 그림의 등롱, 즉 꽈리와 개미취, 벌은 역시 사임당 그림에 친숙하게 나타나는 소재이다.

네 번째 그림 「계관만추(鷄冠晚雛, 맨드라미와 늦병아리)」는 오른쪽 밑에서 뻗어 나온 맨드라미가 두 줄기로 갈라지면서 한 줄기는 왼쪽으로 휘어져 있는데 그 밑에 암탉 한 마리가 늦병아리 셋을 거느리고 노니는 모습을 포착한 그림이다. 붉은 맨드라미꽃은 물론이고 줄기와 잎맥까지 붉은 빛으로 그려 낸 맨드라미와 그 뒤에 삼전법으로 쳐 낸 초록빛의 바랭이풀 한 포기가 대조를 이루었다.

맨드라미 꽃 위로는 고추잠자리 한 마리가 유연한 몸짓으로 날아들어 가을의 정취를 고조시키고 있다. 붓끝을 위에서 아래로 내리눌러 생긴 위가 뾰족한 점 즉 첨두점(尖頭點)이나, 물속의 말처럼 솔가지 형태로 표현한 점 즉 수조점(水藻點)을 어지럽게 흩어 놓아 땅 위의 잡풀을 묘사했다. 풀밭 위의 어미닭과 병아리들은 몰골법으로 묘사되었음에도 세밀화법으로 그린 것 못지않게 대상의 본질과 사태를 잘 나타내고 있다.

대상을 정밀하게 관찰하여 그 본질을 명확하게 파악하는 격

겸재 정선 | 「계관만추(鷄冠晚雛, 맨드라미와 늦병아리)」 | 간송미술관 소장

물치지(格物致知)의 단계를 거쳐 대담한 용필법(用筆法)으로 그 특성을 강조하는 정선 특유의 추상적 감필법(減筆法, 대상의 본질을 필선에 함축함으로써 가능한 한 필묘를 줄이는 화법)을 영모화에 적용시킨 것이다. 여기서 주 소재인 맨드라미와 잠자리는 사임당 작품에 친숙하게 보이는 것이지만 꽃 모양이 다른 맨드라미인 것이 차이점이다.

다섯 번째 그림인 「과전전계(瓜田田鷄, 오이밭의 참개구리)」는 한여름 오이 밭에 벌어진 자연의 합주를 그린 것이다. 커다란 오이 하나는 그 무게를 견디지 못하여 땅 위에 늘어졌고 또 하나의 어린 오이는 오른쪽에서 왼쪽으로 무성하게 뻗어 올라간 오이 넝쿨의 한가운데 매달려 있으며 노란 오이꽃이 덩굴 위쪽에 두어 송이 피었다. 커다란 오이 잎들은 무성하게 펼쳐졌고 허공의 오이 줄기는 휘어졌다.

유연하게 감아올린 오이 넝쿨 사이로 진홍색 패랭이꽃 세 송이가 보이는데 한 송이는 온전하게 다섯 개의 꽃잎으로 만개해 있고, 또 한 송이는 꽃잎 세 개를, 또 한 송이는 꽃잎 두 개를 매단 채 지고 있다. 땅 위의 커다란 오이 뒤에 참개구리(田鷄) 한 마리가 오이에 몸을 조금 가린 채 허공을 향해 눈을 부릅뜨고 앉아 있다. 오이 덩굴 위쪽으로 오이꽃을 향해 작은 청나비 한 마리가 날아들고 맨 아래 밭둑 위에는 붉은 차조기 두 포기가 붉은 잎을 가득 단 채 돋아나 있다. 참개구리 위로는 바랭이 풀 한 포기가 옆으로 화면을 가르면서 변화를 준다.

겸재 정선 | 「과전전계(瓜田田鷄, 오이밭의 참개구리)」| 간송미술관 소장

무성한 오이 잎들과 커다란 오이, 참개구리까지 초록 일색인 화면에서 진홍색의 패랭이꽃과 차조기, 노란 오이꽃이 그 단조로움을 깨고 있다. 적재적소에 안배된 구성 요소들의 빈틈없는 짜임새에서 치밀한 구도 감각을 확인할 수 있으며 소재들의 정확한 묘사에서 실물들이 살아 있는 듯한 생동감을 느낄 수 있다.

이 그림의 오이와 참개구리는 앞에서 살펴본 국립중앙박물관 소장 전칭 사임당 초충도 8폭 병풍의 세 번째 폭인 「오이와 개구리」와 소재와 내용이 같다. 다만 국립중앙박물관 것에는 조 두 포기가 뒤쪽에 그려져 이삭을 양 옆으로 늘어뜨리고 있는 점이 다를 뿐이다.

여섯 번째 그림인 「홍료추선(紅蓼秋蟬, 붉은 여뀌와 가을매미)」은 가을날 여뀌와 매미를 소재로 한 그림이다. 여뀌 한 포기가 오른쪽 밑에서 왼쪽으로 뻗어 나와 두 줄기로 갈라지면서 벼 이삭같이 생긴 붉은 꽃타래를 일곱 개나 피워 내며 화면을 가득 채웠는데 중간 부분 커다란 잎 뒤 줄기에 가을매미 한 마리가 날개를 접고 3분의 1쯤 잎에 가린 채 앉았다. 여뀌는 키가 작아 눈에 잘 띄지 않다가 가을에 꽃을 피워 내야 보이는 잡초인데 이 그림에 묘사된 여뀌는 키도 크고 잎도 커서 화초로 기르기 위하여 거름을 준 게 아닌가 싶다. 예부터 문인 화가들이 그 격조에 매료되어 화재로 그린 풀인데 여기서는 더 격상되어 화초로 인정받고 있는 것 같다. 몰골법으로 그린 무성한 잎사귀에 붉은 잎맥을 그려 넣었고 보조로 그려 넣은 바랭이풀도 가을을 맞아 단풍이 든 듯 붉

겸재 정선 | 「홍료추선(紅蓼秋蟬, 붉은 여뀌와 가을매미)」 | 간송미술관 소장

은 잎맥을 그렸다.

땅 위에는 개미 한 쌍이 사이좋게 기어가고 있다. 예부터 청아한 소리와 품위 있는 몸매, 깨끗한 생활 태도로 문인묵객들의 사랑을 받아 그림에 자주 등장하는 매미는 음영을 넣어 세밀화법으로 그려 놓았다. 소재들의 정밀한 묘사가 생물 도감 같은 느낌이 들 정도이다. 이 그림의 붉은 여뀌는 국립중앙박물관 초충도 8폭 병풍의 일곱 번째 폭 「여뀌와 검은 잠자리」와 같은 붉은 여뀌가 주요 소재이며 잠자리 대신 매미가 나타난 점이 다르다.

일곱 번째 그림인 「서과투서(西瓜偸鼠, 수박과 도둑 쥐)」의 수박을 훔쳐 먹는 들쥐 두 마리 그림은 국립중앙박물관 소장의 사임당 전칭 초충도 8폭 병풍의 첫째 폭인 「수박과 들쥐」와 소재도 같고 잘 익은 수박을 들쥐 한 쌍이 훔쳐 먹는 장면도 꼭 같다. 다만 국립중앙박물관 것에는 큰 수박이 두 덩어리, 꼬마 수박이 한 덩어리로 모두 세 개인 데 비하여 겸재의 이 그림에는 화면을 가득 채우고 있는 커다란 수박 한 덩이가 몰골법으로 검푸른 색으로 채색되어 중앙에 버티고 있다.

역시 몰골법으로 그려진 회색의 들쥐는 징그러울 정도로 사실적이며 오른쪽 5분의 2 정도 밑에서 나와 커다란 수박 잎을 달고 왼쪽으로 뻗어가다 다시 오른쪽으로 휘감아 올라간 수박 덩굴이 화면 가득하다. 오른쪽 빈 공간에는 보조로 단풍이 들어 붉은 빛을 띤 바랭이 한 포기가 난초처럼 삼전법으로 그려져 있다.

땅에는 여러 형태의 점을 무수히 찍어 풀밭을 형상화하고 맨

겸재 정선 |「서과투서(西瓜偸鼠, 수박과 도둑 쥐)」| 간송미술관 소장

밑에 짙은 녹색의 큰 잎들을 거느린 남빛 달개비꽃을 무리 지어 피어 내었다. 힘차게 휘어 올라간 수박 덩굴과 커다란 녹색의 수박 잎들, 한가운데 검푸른 채색을 한 우람한 수박 덩어리 등 전반적으로 호방한 느낌을 주는 그림이다. 사임당 작품보다 대담한 필치지만 수박을 갉아먹는 쥐를 소재로 삼은 주제가 꼭 같다.

여덟 번째 그림인「석죽호접(石竹胡蝶, 패랭이꽃과 호랑나비)」은 분홍빛과 주홍빛 꽃을 피운 패랭이 두 포기가 왼쪽 땅에서 뻗어 나왔다. 분홍빛 패랭이꽃은 만개한 꽃 두 송이, 지고 있는 꽃 두 송이와 꽃봉오리 한 송이 등 다섯 송이를 피웠고 주홍빛 패랭이꽃은 만개한 꽃 한 송이, 지고 있는 꽃 한 송이, 봉오리 한 송이 등 세 송이를 피웠다. 꽃의 수에서 홀수를 선호하던 전통이 잘 나타나 있다.

패랭이꽃 줄기와 어우러진 갈대 두 포기가 갈대꽃을 피우고 있는데 오른쪽으로 휘어져 있는 갈대꽃 위에 풀무치 한 마리가 앉아 꽃을 탐식하고 있는 순간 동작도 정확하게 포착되었다. 공중에 분홍빛 패랭이꽃을 향해 날아내리는 호랑나비(제비나비)의 위용은 조연이 아니라 주연임을 당당하게 뽐내는 듯 보인다.

패랭이꽃이나 호랑나비의 세밀화 기법이 돋보이는 섬세하고 여성적인 정취마저 보이는 작품이다. 겸재의 장기 화목인 진경산수화와 비교할 때 섬세(纖細)와 조방(粗放), 정밀(精密)과 소략(疏略), 화사(華奢)와 창울(蒼鬱) 등 기법상의 양극단을 자유자재로 오가며 소재의 성격에 따라 마음대로 필법을 구사한 겸재의 기량을

겸재 정선 | 「석죽호접(石竹胡蝶, 패랭이꽃과 호랑나비)」 | 간송미술관 소장

확인할 수 있다.

또한 회화의 기본기인 육법(六法)을 겸비한 겸재의 면모를 유감없이 보여 주고 있다. 육법이란 여섯 가지 그림 그리는 화법이다. 첫째는 기운생동(氣運生動)으로 그리는 대상을 살아 있는 듯 기운이 생동하게 그리는 기법이다. 둘째는 골법용필(骨法用筆)로 사물의 윤곽과 골상을 그리는 데 적합한 붓 쓰는 기법이다. 셋째는 응물상형(應物象形)으로 대상에 따라 달리하여 모양을 그려 내는 기법이다. 넷째는 수류부채(隨類賦彩)로 대상의 종류에 따라 색채를 부여하는 기법이다. 다섯째는 경영위치(經營位置)이니 대상의 위치를 잘 배치하는 기법이다. 여섯째는 전이모사(傳移模寫)로 대상에 따라 모양을 그대로 옮겨 그리는 기법이다. 산수화 이외에 살아 있는 대상을 그리는 초충, 영모, 화조도에는 필수적인 화법일진대 겸재는 이 육법에 달통해 있음을 이 그림들로 증명하고 있다.

이상에서 보았듯이 정선의 초충도 등은 완벽한 구도와 조화로운 설채, 사생 기법의 탁월함 등으로 뛰어난 기량을 드러내 세련되고 기품이 있으며 회화성이 높은 것은 말할 나위가 없다. 또한 기운이 생동하는 박진한 생태 표현에 높은 경지를 보여 주고 있다. 그에 비하면 사임당의 초충도는 장식적인 구도와 부자연스러운 묘사가 자수 사생으로서의 한계를 갖고 있다.

예컨대 정선의 그림에서는 모든 식물이 오른쪽이든 왼쪽이든 옆에서 뻗어 나오는 화훼 그림의 정석을 보여 주는 데 비하여 사임당의 그림은 대부분 화면 가운데 식물 한 포기를 배치하는 중앙집중식 구도를 택하고 있다. 역시 수본으로 쓸 사생에서 오는 특징으로 보인다.

그러나 사임당이 수를 놓기 위하여 식물의 잎을 커다랗게 그리는 표현 방식은 정선에게 그대로 전승되고 있다. 사임당이 즐겨 그렸던 집 안의 화단과 뒤 뜰, 울타리 옆에 피어나던 꽃과 풀, 그 숲에서 놀던 곤충이나 개구리 등 친밀한 소재들을 정선은 고유 전통으로 이어받으며 거기에서 취사 선택을 했던 것으로 보인다. 무엇보다 생활 밀착형 작품 소재의 선택이라는 점에서 사임당 초충도가 갖고 있는 원조로서의 가치는 부인할 수 없는 사실이다. 세밀화법으로 섬세하게 잘 그려진 정선의 초충도에 비하여 소박함과 천진성, 서정적 자연주의에서 오는 자연 친화적 유대감은 사임당의 초충도가 훨씬 앞서고 있다.

자수 작품

사임당 작품의 정수이자 생활의 방편이기도 했던 자수는 생활용품으로서의 특성 때문인지 많이 남아 있지는 않고 장식성이 강한 병풍이 남아 있다. 자수는 재예로 분류되지만 사임당에게 있어서는 그림 사생을 기초로 한 예능의 총화로 평가할 수 있다. 전칭 사임당 초충도 대부분이 자수를 하기 위한 밑그림으로서의 사생으로 보이기 때문이다.

사임당의 인생에서 침선과 자수를 빼놓고는 이야기가 되지 않는다. 이이도 사임당의 행장에 어머니가 "바느질도 잘하고 수놓기까지 정묘하지 않은 것이 없었다."라고 적었다. 조선 시대 여성에게 침선과 자수는 필수 재예였다. 남아 있는 초충도 수병풍을 보면 사임당의 자수 솜씨를 확인할 수 있는데, 초충도 그림을 그대로 자수로 옮겼다고 해도 과언이 아니다.

아마도 기존의 수본대로 하자니 마음에 차지 않고 화보의 초충도는 너무 정형화되어 있을 뿐 아니라 중국산의 낯선 소재가 많아서 결국 자신이 직접 주변에서 흔히 보아 친숙한 꽃과 풀과 곤충을 그려서 수를 놓았을 것이다. 수를 놓기 위하여 초충도를 그리기 시작했는지 초충도를 그리다 보니 수본대로는 만족스럽지 못하여 본인 스스로 초충도를 그려서 수를 놓게 되었는지 선후는 분명치 않지만 사임당의 자수는 그녀의 초충도와 동전의 양면으로 생각된다.

동아대학교 석당박물관에 소장된 자수 8폭 병풍은 우선 각 작품의 크기가 사임당 전칭의 초충도들보다 크다는 특징이 있다. 가로 40센티미터, 세로 61센티미터로 검은 공단에 우리나라 전통적 자수 기법인 자련수(刺連繡)로 수놓았다.

첫째 폭인 「오이와 개구리」는 다른 사임당 작품이 중앙집중식 구도인 데 비하여 초충·화조도 등 회화 작품의 정석을 따라 오른쪽 밑에서 오이 덩굴이 뻗어 나와 휘어져 올라가며 오이 두 개를 매달고 덩굴 중간중간에 오이꽃이 서너 개 피어 있다. 오이

사임당 | 초충도 수병 8폭 중 제1폭 「오이와 개구리」 | 동아대학교 석당박물관 소장

덩굴 중간쯤에는 지고 있는 오이꽃을 끝에 매달아 이제 겨우 열매를 맺은 갓 난 오이임을 알게 하는 작은 오이도 하나 열려 있다.

보조로 넣은 개미취는 역시 오른쪽에서 줄기를 뻗어 다섯 개의 흰 꽃송이를 활짝 만개한 모양으로 수놓았다. 잠자리 한 마리가 활짝 핀 개미취 꽃을 향해 날아들고 아래위로 벌도 두 마리 날고 있다. 낙엽 서너 송이를 흩어 놓아 표현한 땅 위에는 개구리 한 마리가 뛰고 있는 듯 서 있는 자세이다. 오이 덩굴과 오이, 잠자리와 벌, 개구리 등 소재가 사임당이 즐겨 그린 소재들과 일치하고 커다랗게 수놓은 오이 잎들이 사임당 초충도의 특징을 잘 보여 주고 있다.

국립중앙박물관 소장 초충도 8폭 병풍의 셋째 폭인 「오이와 개구리」와 비교할 때 주역은 똑같이 오이와 개구리지만 보조 식물이 다르다. 이 자수 병풍은 흔히 들국화라고 부르는 개미취를 뒤의 위쪽에 배치하여 빈 공간을 채워 주고 있음에 비하여 국립중앙박물관 것은 조 두 포기를 배치하여 이삭이 양옆으로 늘어지게 하였다. 또 이 자수 병풍에서 주 식물인 오이 줄기가 오른쪽 아래서 뻗어 나오게 하여 회화성을 살리고 있지만 국립중앙박물관 것은 식물들을 중앙집중식 구도로 배치하여 전형적인 사임당식 위치 경영을 하고 있다.

둘째 폭인 「맨드라미와 도라지꽃」은 사임당이 즐겨 그린 소재로 배치도 사임당식으로 중앙집중식 구도이다. 오죽헌이나 국립중앙박물관 소장의 초충도에도 맨드라미 소재는 둘 다 있다.

사임당 | 초충도 수병 8폭 중 제2폭 「맨드라미와 도라지꽃」 | 동아대학교 석당박물관 소장

사임당 | 초충도 수병 8폭 중 제3폭 「원추리와 들국화」 | 동아대학교 석당박물관 소장

사임당 | 초충도 수병 8폭 중 제4폭 「꽈리」 | 동아대학교 석당박물관 소장

그러나 이 자수 병풍의 맨드라미는 꽃 모양이 작고 색깔도 맨드라미 특유의 주홍빛이 아니라 분홍빛이어서 맨드라미로 단정하기 어려운데 잎새의 모양으로 보아서는 맨드라미 같기도 하다. 가운데 큰 맨드라미 한 포기, 오른쪽으로는 작은 맨드라미 한 포기, 왼쪽으로는 보조 식물인 작은 도라지 한 포기를 병렬적으로 수놓아 인위적으로 배치한 것이 직접 세 포기를 꺾어다 놓고 수를 놓기 위하여 편의적으로 배열한 것같이 보인다. 공중의 나비는 큰 것 두 마리, 작은 것 네 마리 합하여 여섯 마리이고 벌도 한 마리 날아들고 있다. 땅 위에는 국립중앙박물관 소장 8폭 병풍의 넷째 폭인 「양귀비와 도마뱀」의 도마뱀과 같은 모양, 같은 자세의 도마뱀이 수놓아져 있는데 다만 크기가 조금 작고 꼬리가 짧다.

셋째 폭인 「원추리와 들국화」는 오죽헌 소장 8폭 병풍의 여덟째 폭 「원추리와 벌」과 친연성이 높다. 소재가 같은 원추리와 개미취인데 벌 대신 나비가 세 마리이다. 낙엽 두어 개로 표현된 땅 위에는 방아깨비로 보이는 작은 곤충도 한 마리 있다. 원추리를 가운데 포치한 중앙 집중식 구도와 개미취를 보조로 삼은 점이 똑같다.

넷째 폭인 「꽈리」는 오죽헌의 사임당 전칭 초충도인 「꽈리와 잠자리」와 비교할 때 꽈리의 모양이 세모꼴이 아니고 약간 둥그스름하여 진짜 꽈리 모양과 같고 꽈리 한 포기가 아니라 세 포기를 중앙집중식 구도로 수직으로 나열하였다. 두 포기는 실한 꽈리 열매를 각각 한 개씩 매달고 있는데 아직 익지 않은 푸른 꽈리이다. 커다란 꽈리 잎은 음영까지 표현하였고 땅에 떨어져 노랗게

사임당 | 초충도 수병 8폭 중 제5폭 「석죽과 민들레」| 동아대학교 석당박물관 소장

익어 가는 큰 꽈리가 돋보인다. 보조 식물인 오른쪽 땅 위 작은 나리꽃(?) 한 포기가 가녀린 모습으로 울울창창한 꽈리의 기세를 누그러뜨리고 있다. 공중에는 나비 한 마리가 날아들고 있다.

다섯째 폭인 「석죽과 민들레」는 전형적인 사임당식 중앙집중식 구도로 정 가운데 민들레 한 포기와 석죽(패랭이) 두 줄기를 배치하였다. 여기서는 두 식물의 비중이 거의 같아서 어느 것을 보조 식물이라고 지적하기 어렵다. 뒤쪽에 배치된 키 큰 패랭이 줄기들은 작은 꽃들을 잔뜩 피우고 있는 데 비하여 앞쪽에 배치된 민들레는 꽃대 세 개에 각기 하나씩 꽃을 피웠는데 양옆의 꽃들은 만개하였고 가운데 있는 꽃은 봉오리로 표현하였다. 가운데 큰 나비, 사방에서 작은 나비 네 마리가 각각 꽃을 향해 날아들고 땅 위에는 방아깨비도 한 마리 있다. 전반적으로 장식성이 강하고 도식적이어서 자수 작품의 특징을 유감없이 드러내고 있다.

여섯 번째 「수박」은 줄기가 왼쪽 아래에서 뻗어 나와 오른쪽으로 올라가며 가운데에 커다란 수박 한 덩이와 위쪽에 작은 수박 한 덩이가 수놓아져 있다. 수박 잎은 그리 크지 않으며 오른쪽 밑 빈 공간에는 작은 패랭이 꽃 한 포기를, 왼쪽 위 빈 공간에는 개미취 한 포기를 채워 넣었다. 공중에는 나비 한 마리가 날아들고 있다. 국립중앙박물관의 사임당 초충도 8폭 병풍 중 제1폭 「수박과 들쥐」와 비교해 수박, 패랭이꽃, 나비 등 기본적으로는 공통의 소재이지만 들쥐 한 쌍이 없고 개미취도 빠졌다. 수박의 줄이나 수박 잎의 안팎을 구별해 표현한 기법과 정성을 높이 평가할 만한 수작이다.

사임당 | 초충도 수병 8폭 중 제6폭 「수박」 | 동아대학교 석당박물관 소장

사임당 | 초충도 수병 8폭 중 제7폭 「가지와 벌」 | 동아대학교 석당박물관 소장

사임당 | 초충도 수병 8폭 중 제8폭 「들국화」 | 동아대학교 석당박물관 소장

일곱 번째 「가지와 벌」은 국립중앙박물관 소장 사임당 초충도 8폭 병풍의 제2폭 「가지와 방아깨비」와 비교해 보면 사임당의 전매특허인 중앙 집중식 구도, 땅에서부터 브이 자 형으로 올라간 두 가지 줄기, 주렁주렁 매달린 가지 세 개 등이 공통점이지만 몇 가지 점에서 다르다. 국립중앙박물관 것은 왼쪽 가지가 흰색이고 보조 식물이 뱀딸기(?)로 땅 위에 있는 데 비해 이 자수는 뒤에 바랭이풀을 배치하여 가지 줄기 사이사이로 줄기를 뻗으며 자연스러운 모양새이고 가지 꽃도 여섯 송이나 피워 냈다. 땅 위의 구절초 같아 보이는 풀꽃도 곁들여져 있다. 커다란 가지 잎들도 음영의 변화를 주면서 입체적으로 표현되었다. 공중에는 큰 나비 한 마리와 작은 나비 네 마리가 훨훨 날고 있다. 이 작품도 가지와 가지 잎, 바랭이풀의 표현 등 전반적으로 섬세하고 정성이 가득 담긴 수작이다. 단순한 가운데 자연스러우며 천진스러운 느낌을 준다.

여덟 번째 「들국화」는 사임당의 전형적인 소재 배치인 중앙 집중식 구도이다. 흔히 들국화로 불리는 이 식물은 개미취라고 부르는 것이 정확한 명칭일 것이다. 마치 개미취 몇 포기를 꺾어다 모아 놓은 듯한 느낌으로 절지화에 가깝다고 하겠다. 네 개로 보이는 줄기마다 만개한 꽃송이들을 다섯 송이, 일곱 송이 피워 내어 풍성한 느낌을 준다. 나비나 잠자리 등 곤충도 없고 땅 위에는 잡초 서너 개만 곁들여 있다. 수본을 위한 밑그림의 기본 자수로 꽃다발 한 다발을 보는 것 같다.

이 자수 병풍의 소재를 보면 수박과 패랭이꽃(석죽화), 민들레와 패랭이꽃에 나비, 넓게 퍼져 꽃이 만발한 개미취(들국화), 가지와 벌, 봉숭아와 도라지꽃과 나비와 도마뱀, 오이와 구절초와 잠자리와 개구리, 꽈리와 나비와 쥐, 원추리꽃과 구절초와 나비와 여치 등 초충도에 나오는 꽃과 곤충, 동물들이 그대로 등장하고 있다.

가장 많이 등장하는 패랭이꽃은 선비들이 좋아하던 꽃이다. 줄기가 대나무처럼 마디가 있고 잎이 대나무를 닮아서 석죽(石竹)이라고도 부른다. 양지바른 모래밭에서 잘 자라고 꽃 모양이 서민들의 모자인 패랭이를 닮았다고 해서 꽃 이름도 정겨운 패랭이꽃이 되었다. 개화 시기는 여름이다. 아름답고도 강인한 생명력을 갖고 있다.

구절초는 가을꽃이고 들국화로도 불린다. 우리나라 전국 어디서나 자라고 만주에서도 자란다. 잎은 국화 잎처럼 깊게 두 번 갈라지고 가장자리에 결각이 있다. 5월 단오가 되면 마디가 다섯 개가 되고 9월 9일이 되면 아홉 마디가 되는데 이때 잘라서 말렸다가 약으로 쓴다고 하여 구절초라는 이름이 붙고 그 약 이름이 그대로 꽃 이름이 되었다. 흰 구절초의 모양이 신선보다 깨끗하다고 하여 선모초라는 별칭이 붙었다.

원추리는 꽃 모양이 하도 어여뻐서 보고 있노라면 근심 걱정을 잊어버린다고 하여 망우초(忘憂草)라고도 불린다. 여름이 시작되면 잎보다 훨씬 높은 꽃대가 올라와 여러 갈래로 갈라지고 각각에 주황색 꽃이 하나씩 피는데 꽃 한 송이의 수명은 단 하루이다. 백합과에 속하는 여러해살이풀이다. 식용으로 많이 써서 넘나물이라는 별칭도 있고 약용으로도 쓰인다.

도라지는 6월부터 8월까지 흰색이나 보라색으로 다섯 잎으로 된 통꽃을 별처럼 피워 낸다. 우리나라 전국의 산에서 자생하는 여러해살이풀이다. 일본이나 중국에서도 자생한다. 꽃말은 영원한 사랑이다. 식용과 약용을 겸하고 있고 관상용으로 군식하여 무리 지어 피어 있는 경우 더 아름답다. 사임당의 초충도나 자수에서는 주인공보다 조연으로 등장하고 있다.

민들레는 봄이면 땅바닥에 깊은 톱날처럼 결각이 심한 잎사귀를 방석처럼 깔고 그 사이로 하나의 꽃대를 올려 꽃을 피우는 여러해살이풀이다. 한방에서는 포공영(蒲公英)이라 부르며 여러 가지 질병 치료에 쓰였다. 나쁜 환경에 견디는 인(忍), 뿌리가 잘려도 새싹이 돋는 강(剛), 꽃이 한 번에 피지 않고 차례로 피므로 예(禮), 여러 용도로 사용되므로 용(用), 꽃이 많아 벌을 불러 먹이므로 덕(德), 줄기를 자르면 흰 액이 젖처럼 나오므로 자(慈), 노인의 머리를 검게 하는 약효가 있으므로 효(孝), 흰 액은 모든 종류의 종기에 효험이 있어 인(仁), 씨앗은 스스로의 힘으로 멀리 날아가 퍼트리는 용기가 있으니 용(勇) 등 아홉 가지 덕목이 있다고 하였다. 그 장점을 본받게 하려고 어린이가 많이 다니는 서당에 심고 그것을 가르치는 훈장을 포공(蒲公)이라고 했다.

이 자수 병풍의 작품들은 초충도에 비교할 때 자수의 특성상 그림보다 생동감이 덜하고 경직되어 있는 등 자연스럽지 못한 면이 엿보이는 점이 다르다. 꽃이나 풀보다 나비 등 날아다니는 곤충에서 그러한 특징이 보인다. 또한 장식성이 두드러지니, 병풍이라는 특수성을 고려해서 제작한 것으로 보인다. 사임당이 서울 시집에 살 때는 사생을 하기 어려운 환경이어서 옛 기억에 의존하여 그림도 그리고 수본도 그렸을 것이다.

처녀 시절의 사임당은 시집가기 위한 혼수로서 골무부터 시작하여 시댁 어른께 드릴 보료는 물론 베갯모, 수젓집, 횃댓보 등 다양한 물건들에 장식용 수를 놓았을 것이고 출가 후에는 아이들의 돌에 신길 타래버선, 딸들의 한복에 장식하는 수는 물론이고 다른 사람들의 주문에도 응하였을 것이다. 바느질은 사람이 입을 거리인 옷을 만드는 것이 주목적으로 미적 감각보다는 실용성과 정교함에 그 장점을 살려 내야 했겠지만, 자수는 보고 즐기는 장식품이자 예술품이 주류였기에 더욱 공교한 솜씨와 탁월한 미감을 필요로 하였다.

더욱이 자수는 비단실을 만들고 염색해야 하는 준비 과정도 만만치 않았다. 누에를 쳐 얻은 누에고치에서 실을 잣고 그것을 몇 겹으로 꼬아 원하는 굵기의 실을 만든 뒤 색색으로 물을 들이는 일, 그 실로 비단에 그린 수본대로 수를 놓아 하나의 작품을 만드는 일은 구도 과정이나 다름이 없었다. 자수를 하기 위해서는 첫째가 도안이고 둘째가 배색이며 셋째가 기법이니 이 가운데 가장 중요한 것이 자수의 기본 틀인 도안일 것이다.

도안의 초보 단계는 남의 그림이나 수본을 그대로 본떠서 하는 것이고 다음 단계가 다른 사람의 그림이나 화보에서 베껴서 도안화하는 것이라면 세 번째 단계는 수를 놓고자 하는 사물을 직접 사생하는 것이다. 세 번째 단계로 사생하는 경우 상당한 그림 실력을 갖추어야 가능한 일이다.

　　사임당은 바로 이 사생력을 갖추고 있었고 그녀가 수놓는 대상으로 삼은 꽃과 풀과 곤충, 벌레와 동물들은 오죽헌 앞뜰과 뒤뜰, 울타리 옆에서 어려서부터 함께 자라고 살아온 익숙한 생물들이었다. 그녀의 초충도는 기본적으로 수를 놓기 위한 사생의 산물이었으리라는 추론이 가능한 이유도 여기에 있다.

　　배색 또한 그림에 대한 조예 없이는 불가능한 일이다. 남이 수놓은 대로 따라 수놓거나 수본대로 한다면 모를까 사생을 하여서 자신만의 창조적인 수놓기 작업을 한다면 당연히 배색 또한 자신의 몫이기 때문이다. 기법은 타고난 재능이 뒷받침되어야겠지만 오랜 수련을 거치면서 끊임없는 시행착오를 거쳐 숙련되는 것이므로 사임당의 자수 작품은 재능과 노력의 결실임을 부인할 수 없다.

　　사임당은 자수의 대상에 따라 사군자 등 섬세한 화초는 한 올 한 가닥 깔깔실을, 바위나 나무 등 중량감이 있는 사물은 두 올 한 가닥 깔깔실을 꼬아 꽃이나 잎의 형태에 따라 자련수(刺連繡), 평수(平繡), 우련수, 가름수, 잇는수 등의 기법을 자유자재로 쓰며 수를 놓았다. 특히 꽃을 수놓을 때는 자련수를 즐겨 놓았다.

이 수는 글자 그대로 이미 수놓은 위를 찌르면서 연이어 가며 수놓는 방법인데 진하고 연한 명암 표현에 맞고 정밀하여 사실적인 표현이 가능하기 때문이다. 이 수는 한 자리에 두 번 이상 바늘을 빼지 않으며 길고 짧게 변화를 주며 이어 나가면서 바늘 자리가 보이지 않게 자연스럽게 해야 하므로 어려운 자수지만 그만큼 효과도 좋았다.

사임당의 살아 있는 존재에 대한 사랑과 존중의 마음이 그림에서, 자수에서 자연 경물의 재현으로 나타났다고 보아도 과언이 아니다. 사임당은 자수의 세계에서 색의 대비를 통한 배색의 섬세함, 정교한 기법의 터득으로 꽃과 풀과 곤충을 살아 움직이듯 수틀 안에 생생하게 담아냄으로써 자신의 작품에 대한 성취와 만족감을 함께 이루었다. 사임당은 자수를 통하여 정신 수양, 작품을 통한 성취감, 생활의 방편이라는 세 마리 토끼를 잡았던 것이다.

이 초충도 수병은 사임당의 자수와 그림에 대한 명성을 뒷받침해 주며 소재나 기법으로 봐서 사임당 수 작품의 전형이라 생각된다. 전칭 사임당 채색 초충도들과 소재에 있어서나 그림에 담긴 정서, 기법에 있어서 밀접한 관계와 친연성을 보여 주어 사임당 초충도들이 자수를 위한 초벌 사생이라는 심증을 굳혀 준다.

포도도

　사임당의 포도 그림에 대해서는 이미 아들인 율곡 이이가 「선비행장」에서 "또 포도를 그렸는데 세상에 흉내 낼 수 있는 사람이 없다."라고 언급했다. 이러한 표현으로 짐작건대 아들인 이이는 어머니의 포도 그림을 많이 접했을 것이고 그 어머니의 솜씨에 상당한 자부심을 갖고 있었음에 틀림없다. 사임당의 포도 그림은 먹으로만 그린 묵포도인데 잘 알려진 작품 중에 가장 진품의 가능성을 인정받고 있는 작품은 앞에서 언급한 간송미술관의 「포도」 그림이다.

　또 하나의 포도 그림인 삼성미술관 리움 소장 「포도도」도 비단 바탕에 수묵으로 그렸고 크기는 가로 35센티미터, 세로 43.7센티미터의 소품이다. 200년 후에 사천 이병연이 이 그림을 보고 발문으로 써 넣은 다음과 같은 시가 있다.

> 사임당 포도 차운(師任堂葡萄次韻)
> 아버지 교훈 아래 자라난 부인　　　　　父師嚴訓不髭鬚
> 우리 동방 어진 인물 낳으셨나니　　　　成就吾東亞聖流
> 사람들은 포도 그림만 좋다 하면서　　　馬乳數叢人獨愛
> 부녀 중의 이영구라 일컫는구나　　　　女中還道李營丘

　이영구는 북송 때 화가 이성(李成)으로 자는 함희(咸熙), 영구

사임당 | 「포도도」 | 삼성박물관 리움 소장

사람이다. 불우하여 시와 그림과 술로 일생을 보냈다. 그의 산수화는 회화사에 길이 남을 명품으로 평가되었고 그를 존경하는 뜻으로 이름 대신 고향 이름을 붙여 이영구라고 불렀다. 이 칠언절구를 지은 사천 이병연은 사임당보다 200여 년 뒤인 18세기 시인으로 진경화가 겸재 정선의 절친한 친구였다. 정선과는 시와 그림을 바꾸어 보며 즐기는 사이였기에 그림에 대한 안목이 높았다. '사람들이 그녀의 포도 그림만 좋다 하면서 부녀 중의 이영구라 일컫는다'고 한 점으로 미루어 보아 사임당의 산수화가 북송 수묵산수화의 대가 이성에 비견될 정도로 유명했다는 것을 알 수 있다.

묵매도

　　사임당의 묵매도는 이화여자대학교 박물관 소장 고매첩 8폭과 오죽헌 소장의 「매화습작」이 알려져 있다. 이화대 박물관의 그림은 종이에 수묵으로 크기는 가로 36.4센티미터, 세로 52.5센티미터이다. 기본적으로는 수묵화지만 굵은 둥치에서 갈라진 작은 줄기인 마들가리 부분을 엷은 녹색으로 그린 수묵담채이다. 홍매의 마들가리가 어두운 홍색인 데 비하여 백매의 마들가리는 녹색이니 백매라는 점을 강조하기 위한 조치였을 것이다.

　　이 화첩에는 세 사람의 서문·발문이 있어서 화첩의 내력을 알려 준다. 첫째는 문정공 신석우(申錫愚, 1805~1865년)[2]가 쓴 서문으로 연대가 없고, 둘째는 좌의정 신응조(申應朝, 1804~1899년)[3]가 1861년(철종 12년) 작성한 서문이며, 셋째는 언론인 이관구(李寬求, 1899~1991년)가 1954년에 쓴 발문이다.

먼저, 신석우에게 그림을 보여 주며 글을 부탁한 사람은 안동 김문 출신의 의석(宜石) 김응근(金應根, 1793~1863년)이었다. 김응근이 신석우에게 말하기를,

> 이것은 율곡 선생의 어머님인 사임당의 필적인데 부인이 일찍이 그의 맏아들 선(璿)에게 주고 선은 그의 둘째 아들 경항(景恒)에게 주고 경항은 그의 사위 민희원(閔希遠)에게 주고 희원은 그의 현손 학(潭)에게 주고 학은 그의 사위 이동복(李東復)에게 준 뒤 이씨가 잃어버려 전하지 못하던 것을 이제 내가 얻어 가지게 되었는데 이것은 세상에 드문 보배니 그대는 나를 위하여 여기에 글을 써 붙여 달라.

라고 하였다는 것이다. 이에 신석우는 손을 씻고 공손히 감상하고서 몸을 바르게 하여 다음과 같이 썼다.

> 내가 일찍이 덕수 이씨 족보를 상고해 보니 부인은 천품 자질이 순정하고 효성 있고 지조가 단정 순결하며 말이 적고 행실을 삼가며 어려서부터 경전과 사기에 통하고 문장을 능히

하며 바느질과 자수에 모두 지극히 정묘할 뿐 아니라 그림 또한 신품을 만들었다고 적혀 있었다.

　내가 어렸을 때 나의 종가 직암(直菴) 신경(申暻)의 후손 집에서 부인의 그림을 보고 경모 완상한 일이 있어 그 그림 속의 정성이 아직도 눈앞에 삼삼한데 이제 또 이 그림을 보게 되니 참 다행한 일이다.

　부인은 선비의 집안에서 생장하고 도덕 있는 가문에 출가하여 세상에 이름을 떨친 현인을 낳고 키워 그 정통 근원과 옆으로 퍼진 갈래들(자손과 제자)이 늠실늠실 흐르고 통하여 지금껏 모두들 앙모하여 마지않는다.

　의석 선생(김용근) 집안의 학문도 본시 율곡 선생에게 근원을 둔 것인데 그 당시 (율곡 선생이) 임금께 충성하고 백성에게 은혜를 입히고자 하던 뜻과 또 나라를 걱정하고 백성을 사랑하던 정성은 또한 그대로 의석 선생의 가슴속에도 새겨져 있는 바이지만, 그 뜻을 펴서 실행하지 못한 것은 그 지위와 시국에 관련된 때문이다. 이 그림이 의석에게 돌아온 것이야말로 어찌 묵계와 명명한 가운데 뒷받침이 없고서야 그리 될 수 있었겠는가?

　우리 유학계에서 이 그림을 존경하는 것은 본시부터 두말할 것 없는 일이지만 더구나 부인은 우리 집안 여류 선비라 우러러 경모함에 더욱 특별한 점이 있기도 하므로 의석이 내게 발문을 지으라고 명령함도 또한 당연한 일이 아니겠는가?

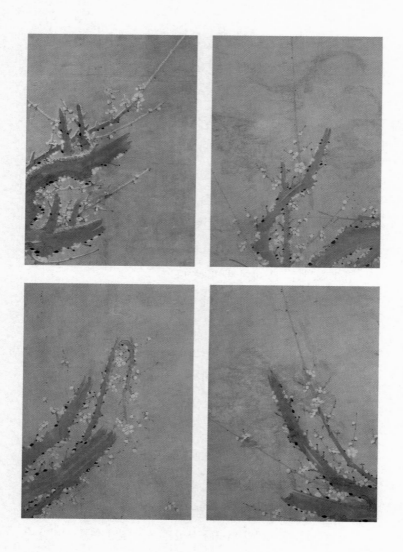

사임당 | 고매첩 8폭 중 제1~4폭 | 이화여자대학교 박물관 소장

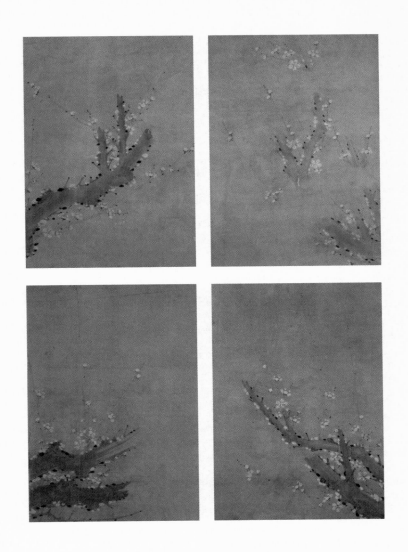

사임당 | 고매첩 8폭중 제5~8폭 | 이화여자대학교 박물관 소장

옛말에 '그림의 생명은 오백 년'이라 했지만 이는 보통 화가에 대해서 말하는 것이고 이 그림과 같은 것은 율곡 선생의 도학과 함께 천지가 뒤집어질 때까지 영원히 갈 것이니 어찌 저 채색 칠이나 먹물 칠이나 하는 손끝 기술을 가진 자들이 감히 짝할 수 있을 것이랴!

세상에서 율곡 선생의 학문을 논하는 이는 누구나 이 그림을 보배로이 완상함이 도리에 합당한 일이니 나는 이 그림의 생명으로 율곡 선생의 도학이 전하고 전하지 못할 것을 점치는 것이다.

의석 김응근이 사임당과 같은 평산 신씨로 먼 후손인 신석우에게 글을 써 달라고 부탁하고 신석우도 기꺼이 써서 사임당의 작품과 율곡의 도학 전승은 그 수명이 같을 것이라고 결론을 맺고 있다.

둘째 서문은 신응조가 썼다.

상곡군군 후(候) 부인(북송의 성리학자인 정호·정이 형제의 어머니)은 경서와 사기를 많이 읽어 고금의 사적을 널리 알았다. 그렇게 글을 좋아했건만 시나 문장을 짓지 않았고 세상의 부녀자들이 문장이나 글씨로 남에게 전파되는 것을 마땅치 않게 여겼다. 그럼에도 그 아들 정 선생은 어머님이 기러기를 두고 지은 명안시(鳴雁詩) 한 편을 자기 집 전기 속에 올려 적었다.

사임당 신 부인 역시 경전에 통하고 문장에 능하며 글씨를 잘 썼는데 아들 이문성(율곡 이이) 선생이 그것을 자세히 서술했고 또 사친시(思親詩)를 채록하였으며 또 부인이 일곱 살 때부터 안견의 그림을 본떠 산수 그림을 그린 것이 지극히 정묘하다는 것과 또 포도 그림은 세상에 견줄 사람이 없다고 하고 부인이 그린 그림이 족자와 병풍으로 세상에 전하는 것까지 밝혀 적어 두었다.

　　아! 저 신 부인으로 어머님을 삼아 율곡 이 선생이 있음이 어찌 저 정 선생이 후 부인으로 어머님을 삼은 것과 그리 같은가?

　　두 부인이 어진 대학자로 아들을 삼은 것이 같고 두 선생이 각기 어머님의 덕과 아름다움을 자세히 적어 놓은 것이 같고 그리고 두 부인의 도덕이 높고 예술이 정묘함도 또한 같으니 어찌 그리도 장하신고!

　　그런데 옛날 부녀로 역사에 실린 이들로 매운 지조와 아름다운 덕행으로 어쩌다 사람의 이목을 번쩍 뜨이게 하는 이는 있었지만 그림 솜씨에 있어서는 거의 없는 이유는 무엇일까? 그림은 부인이 할 일이 아니라 하여 혹시 있어도 전해지지 않은 것이 아닐까?

　　저 후 부인은 문장이나 글씨는 구태여 전할 것이 못 된다고 했는데 신 부인은 오히려 화가의 깊은 경지를 깨달아 앎에 까지 이르렀으니 후 부인과 다른 점이 있다고도 하겠지만 실상은 후 부인과 다른 것도 아니다.

대개 그 자신은 세상에 전할 뜻이 없었는데 굳이 남들이 그것을 보배로이 완상한 것이므로 저 후 부인의 그림이 없는 것과 신 부인의 그림이 있는 것을 차별해 보지 못할 것이니 그 뜻인즉 조금도 다를 것이 없기 때문이다.

아! (후 부인의) 추안시(秋雁詩, 가을 기러기 시)는 바로 저 「권이(卷耳)」·「초충(草蟲)」(『시경』에 나오는 시편의 제목들임)의 끼친 소리요, (신 부인의) 사친시는 저 「천수(泉水)」·「죽간(竹竿)」(모두 『시경』에 나오는 시편의 제목들임)의 남은 가락이라 모두 인륜의 지극한 것인데 정에서 출발하여 예의에서 그친 것이다.

대개 그의 도덕은 모두 부녀자의 사범이 될 수 있어 경전에 이른 훈계와 앉고 서는 모든 동작에 대한 예의에 조금도 부끄러움이 없을 뿐더러 모든 예법을 지키고 제사를 받든 뒤의 남은 힘과 또 음식하고 베 짜는 겨를을 타서 붓을 들고 생물을 본떠 자연에서 출발하여 그 묘한 솜씨를 발하여 본 것이니 저 부녀자의 역사에 실어 다음 세상에 전함으로써 천고에 비칠 만하다.

신 부인의 매화 그림 화첩은 처음에 파주 옛집에 간직되어 있다가 몇 대를 거쳐 그 먼 생질 손자의 집 물건이 되었더니 이제 다시 상서 의석 김 공의 소유가 된 것이다.

왕원미(王元美, 명나라 사람 왕세정(王世貞))가 "그림의 생명은 오백 년이라 할 만한데 팔백 년이면 그림의 혼이 가 버리고 천

년이면 완전히 끊어진다."라고 했으나 나는 "이 그림이 인간 세상에 있되 지금부터 앞으로 거의 햇수를 헤아릴 수 없을 것이다." 하겠으니 어찌 저 비단 조각에 먹물이나 묻혀 먼저 쉽게 없어져 버린 그림 따위와 비길 수 있겠는가?

아! 참으로 공경할 만하구나!

신유(辛酉, 철종 12년, 1861년) 10월 동양 신응조 삼가 씀

신응조 역시 평산 신씨(동양은 평산의 별칭)로 의석 김응근의 부탁으로 이 글을 쓴 것으로 보인다. 그는 신사임당을 북송 성리학 대가들인 정호·정이 형제의 어머니인 후 부인에 비교하고 후 부인의 겸손함에 사임당도 못지않아 남에게 자랑하려고 한 것이 아니라 사람들이 사임당의 그림을 보배롭게 완상한 것일 뿐이라고 하였다. 그림은 아녀자의 할 일이 아니라는 사회적 통념에 대한 변명일 것이다.

그래서 사임당이 여인으로서의 본분인 예법을 지키고 제사를 받들며 음식 만들고 베 짜는 일을 하는 겨를을 타서 '붓을 들고 생물을 본 떠 자연에서 출발하여 솜씨를 발휘하여 후세에 남긴 공'을 높이 평가하였다. 사임당이 날마다 해야 할 의무를 모두 다하면서 여가에 자연계 속 생물을 사생하였다는 점을 특기하고 있다. 행유여력(行有餘力, 해야 할 일을 다 하고 남은 힘)하여 그림을 그렸다는 것이다. 『논어』에 나오는 이 구절을 상기하고 쓴 글이다.

또 이 매화 그림이 원래 파주 본가에 있다가 돌고 돌아 의석

김응근의 손에 들어가게 되었다는 사실도 병기해 놓았다.

한편 세 번째 이관구의 발문은 양주에 살던 안동 김문의 김윤한(金倫漢)의 부탁으로 쓰게 되었다고 밝히고 있다.

아! 이 여덟 폭 매화 그림은 사임당 신씨가 그린 것이니 그는 바로 이문성 공(율곡 이이)의 어머니시다.

친구 김 군이 와서 내게 말하였다.

"내 선조 의석(宜石)·용암(蓉菴) 두 어른이 병풍을 만들어 몇 대를 전해 왔는데 그 사실은 이미 해장 태사(海藏太史, 신석우)·계전 상공(桂田相公, 신응조)의 서문에 자세히 적혔으므로 여기 구태여 더 덧붙일 필요는 없다.

그런데 양주 고향집이 경인년(1950년) 6·25 동란 때 불타 버려 모두가 거칠고 쓸쓸해져 다시는 옛날 모습을 찾을 수가 없는데 다만 이 그림만이 홀로 그 먹 향기를 보전한 것은 신명의 도움이겠으나 앞으로 또 몇 번이나 변하는 세상을 만날지 몰라 나같이 보잘것없는 자손으로서는 보배로이 간직하기가 어렵다."

그러면서 나에게 주인을 바꾸지 말고 잘 보관해 달라는 것이다.

스스로 돌아보니 내가 감히 그것을 받을 수 있으랴! 그러나 김 군의 간절한 뜻에 깊이 느끼는 바니 이 그림은 세상에 이름난 것이라 이 그림을 감상하는 자는 참으로 집 보배를 삼을 것이요, 만금을 주어도 바꾸려 하지 않을 것이다.

어느 날 김윤한 군이 내게 (한마디) 말을 하라 하므로 굳이 사양할 길이 없어 대강 그 전말을 적어 병풍 끝에 붙이고서 뒷날의 상고에 이바지하는 바이다.

갑오(1954년) 6월

후학 한산 이관구는 손을 씻고 공경히 발문을 적다

위에서 의석(宜石)은 김응근이고 용암(蓉菴)은 김응근의 아들 김병시(金炳始)이다. 김윤한은 그 후손으로 6·25 전쟁을 겪고 나서 이런 물건을 개인이 간직하기 어렵다고 판단하여 이관구의 발문을 싣고는 이화여자대학교 박물관에 기증하였다.

고매첩에 붙은 이 세 사람의 서문·발문으로 이 작품의 내력을 알 수 있다고 해서 진품이라고 단정하기는 어렵다. 다만 사임당의 전칭 작품에 대한 조선 후기 학자들의 인식은 율곡 이이와 떼어 놓고 생각할 수 없는 것이었음을 확인할 수 있다. '훌륭한 어머니에 훌륭한 아들' '그 아들에 그 어머니'라는 전제가 가장 중요하고 작품에 대한 본격적인 설명이나 분석은 부족한 편이다. 안동 김씨 세도기인 19세기에 신석우나 신응조 모두 안동 김문 김응근의 요청으로 이 글을 쓰고 있으므로 율곡학파에 뿌리를 둔 이들이 달리 비판의 글을 쓸 수는 없었을 것이다. 다만 이관구의 발문에서는 6·25 전쟁에도 살아남은 이 고매첩을 안동 김문의 양반 체모를 유지하려는 김윤한이 어찌 보관할지 고민한 흔적이 보인다.

이 고매첩은 현재 상태가 좋은 편은 아니다. 찢어진 곳을 보수한 흔적이 있고 제6폭은 매화의 수간이 아예 지워져 있다. 그럼에도 매화 둥치의 부드러운 곡선미와 수직으로 곧장 서 있는 녹색 마들가리의 표현이 조화를 이루어 아름다운 자태가 돋보이고 하얀 매화꽃을 호분의 점으로 묘사하고 있는 점도 개성이 있다. 또한 간결한 구도에 고졸한 필치가 돋보이며 소박하고 자연스럽다. 그런 의미에서 사임당의 초충도들과 일맥상통하는 부분이 있다.

산수화

사임당의 산수화로는 국립중앙박물관에 소장된 이곡산수병(二曲山水屛)이 있어, 아들인 율곡 이이가 「선비행장」에서 "7세 때 안견의 그림을 모방하여 산수화를 그린 것이 아주 절묘하다."라는 서술을 증명하고 있다.

이 두 폭의 산수화는 앞에서 살폈듯이 맹호연의 시 「숙건덕강(宿建德江)」 오언절구와 이백의 시 「송장사인지강동(送張舍人之江東)」 오언율시의 한 부분이 제시(題詩)로서 초서로 쓰여 있다. 종이에 수묵담채로 그렸고 크기는 맹호연의 「숙건덕강」이 화제로 쓰여 있는 그림은 가로 62.2센티미터, 세로 34.2센티미터이고 이백의 「송장사인지간동」이 화제로 쓰여 있는 그림은 가로 63.3센티미터, 세로 34.8센티미터이다.

동양의 산수화는 서양의 풍경화와는 달리 단순한 자연 경관을 그린 것이 아니라 동양 특유의 산수를 사랑하는 산수애(山水愛)와 조화를 중요하게 여기는 자연관을 바탕에 깔고 시·서·화를 아우르는 종합 예술의 성격을 갖고 있다. 송나라 때 그 골격이 이루어진 후 동양 전통 회화 가운데 으뜸 화목으로 발전해 왔다.

안견은 조선 초기 세종 대에 이름을 날린 산수화가로 사임당보다 100여 년 앞선 인물이다. 이 산수도 2폭은 안견을 비롯한 조선 초기부터 조선 중기까지 화단에 크게 유행한 절파(浙派) 양식을 보여 주고 있어서 사임당의 작품일 가능성이 높다는 것이 학계의 정설이다. 바위와 토파의 묘사에서 보이는 강한 묵선과 흑백 대조, 고목의 수간이나 가지 등 나무 표현에서 보이는 거친 듯 짧은 필선의 수지법(樹枝法) 등이 절파화풍을 보여 주고 있다. 특히 사임당이 연하고질이 있을 정도로 산수를 사랑했다는 점은 산수화를 그리게 된 동기로 작용했을 수 있다.

그 첫 폭의 제시인 맹호연의 「숙건덕강」을 보자.

배 저어 안개 낀 물가에 대니	移舟泊烟渚
해는 저무는데 나그네 수심은 새로워라	日暮客愁新
들은 드넓고 하늘이 나무에 나직하니	野廣天底樹
강물 맑고 달은 사람에 가까워라	江淸月近人

사임당 | 이곡산수병 중 「숙건덕강」 | 국립중앙박물관 소장

사임당 | 이곡산수병 중 「송장사인지강동」 | 국립중앙박물관 소장

왼쪽에 근경의 토파와 나무들이 몰려 있고 원산(遠山, 먼 산)은 흐린 먹으로 처리하여 끝만 보이는 잔산잉수(殘山剩水, 낮은 산과 낮은 물)식으로 표현하였다. 오른쪽에 넓은 공간과 잔잔하게 출렁거리는 수면이 펼쳐진 전형적인 일각구도(一角構圖, 한 모퉁이에서 본 구도)이다. 초서체의 제시가 오른쪽 상단에 쓰여 있어 구도상의 균형에 크게 이바지하고 있다. 제시에 묘사된 넓은 들과 강물, 아득히 먼 산 등을 그렸다는 점에서 이 산수도는 전형적인 시의도(詩意圖)의 일종이다.

또 하나의 폭에는 이백의 시 「송장사인지강동」의 한 부분이 쓰여 있다.

갠 하늘에 기러기 한 마리 멀리 날고	天晴一雁遠
확 트인 바다 위 외로운 돛배 느릿느릿	海闊孤帆遲
밝은 해 바야흐로 저물려 하는데	白日行欲暮
푸른 물결 아득하여 기약이 어렵네	滄波杳難期

이 폭은 앞의 폭과 비슷한 구도지만 좌우가 바뀌었다. 근경이 약간 멀리 보이고 원산 역시 멀리 보인다. 역시 왼쪽 상단의 제시가 빈 공간을 채워 구도상의 균형에 이바지하고 있다. 이 오언시는 이백의 오언율시 「송장사인지강동」의 두 번째 연과 세 번째 연이다. 멀리 서산에 해가 지고 넓은 바다에는 돛단배 한 척이 외로이 떠 가고 있으니 사임당은 이태백의 시를 빌려 자신에게 익숙

한 산수화 한 폭을 시의도로 그려 낸 것이다.

이 두 폭의 산수화는 '시의(詩意)의 회화화(繪畵化)'라는 문인 화론적 정의에 가장 근접하게 그려졌다고 하겠다. 바위나 토파를 묘사한 짙은 먹의 필선과 밝은 부분의 강한 대조, 고목의 줄기나 가지를 묘사한 좀 거친 듯 짤막한 필선 등은 조선 시대 절파화풍의 특징이지만, 바다의 잔잔한 파도를 가느다란 필선의 그물 모양으로 묘사한 기법은 이 시기 다른 화가들에게서는 볼 수 없는 사임당만의 독특한 기법이다.

두 그림 모두 시의도지만 사임당에게는 익숙한 풍경들이다. 어려서부터 보아 온 경포호의 물결, 경포대와 맞닿아 있는 바다 풍경은 자신만의 독특한 물결의 표현 방식을 만들어 낼 수 있게 하는 원동력이 되었음 직하다. 이 시들을 선택한 것도 저 멀리 바다 가운데의 돛단배, 바다 위를 한가로이 나는 기러기, 산 너머 뜨고 지는 달과 해 등 자신에게 친숙한 대상을 표현하기 위함이 아니었을까 싶다.

사임당이 안견을 사숙했다는 것은 산수화 학습의 기본을 안견에게 두었다는 일반론적 언급이고 그 기초 위에 사임당 스스로의 기법을 개발하여 자신만의 화경을 개척한 것으로 보인다. 산수화는 여성들이 즐겨 그리는 화목이 아니다. 더구나 규중의 아녀자로서 서울과는 먼 강릉에 주로 살았던 사임당으로서는 당시의 화단과 교류했을 가능성은 희박하다. 이것이 사임당의 그림이 안견의 산수화풍과는 다르고 여성 특유의 섬세함이 묻어나는 이

유가 될 수 있겠다. 이 두 폭의 산수화는 제시의 글씨와 함께 사임당 작품으로 가장 신빙성이 높다고 정평이 나 있다.

이이가 「선비행장」에서 "7세 때 안견의 그림을 모방하여 산수화를 그린 것이 아주 절묘하다."라고 한 데서 알 수 있듯이 사임당이 당대의 화단에 정통하거나 그 영향을 직접 받았을 확률은 낮다고 보인다. 안견은 세종 대에 활약한 유명한 화가로 사임당이 살던 시대보다 무려 100여 년 전 사람이니 그 이름이 시골 방방곡곡에도 알려진 유명 화가로서 사임당이 살던 시대에는 화가의 역할 모델이었을 것이다.

사임당은 남녀의 구별이 엄정한 시대에 중앙과 일정한 거리를 둔 지방의 규중에서 당대 화단이나 다른 사람의 그림에 영향 받지 않고 토속적인 정서 속에 살면서 자기만의 그림 세계를 구축하지 않았나 싶다. 중앙 화단과 직접적인 교류 없이 안견 같은 조선 초기의 유명 화가를 역할 모델로 삼아 임모하면서, 수를 놓기 위한 수본을 만드는 기초 작업으로 생활 주변의 사물을 관찰하고 사생하면서 자기 세계를 더 단단하게 다질 수 있었던 것이 아닐까.

한편 간송미술관 소장의 「어하(魚鰕, 물고기와 새우)」 그림은 발문의 화제에 따라 「자리(紫鯉, 붉은 잉어)」 그림이라고도 하는데 사임당의 또 다른 재능을 보여 주고 있다. 종이에 수묵으로 그렸고 크기는 가로 20센티미터, 세로 20.5센티미터이다. 물속의 수초 사이로 궐어(鱖魚, 쏘가리) 한 마리가 유유히 헤엄쳐 들어오는 모습을

사임당 | 「어하(魚鰕, 물고기와 새우)」 | 간송미술관 소장

그린 것이다. 그 바람에 수초가 앞뒤로 휩쓸리고 수초 속에 있던 새우 한 마리가 수초 밖으로 솟구쳐 달아나고 있다.

궐어의 궐(鱖) 자가 대궐의 궐(闕) 자와 같아서 입궐경하(入闕 慶賀)를 상징하는 그림이다. 과거에 급제하여 대궐에 들어가 임금 님을 뵙고 벼슬길이 트이기를 기원하는 뜻이다. 입궐경하(入鱖驚 蝦, 쏘가리가 들어와 새우를 놀래다)와 입궐경하(入闕慶賀, 대궐에 들어감을 경축하고 축하함)가 같은 음이기 때문이다. 이런 그림의 상징성으로 보거나 화제의 이질성으로 보면 그림의 제목은 「어하」가 무난할 듯싶다.

이 그림에는 17세기 율곡학파를 계승한 정치 집단인 서인(뒤 의 노론)의 종장 우암 송시열(宋時烈)의 발문이 붙어 있다.

　　나는 신 부인의 필적을 자못 많이 볼 수 있었고 혹은 발 어(跋語)를 붙이기도 했다. 이제 삼주(三州) 이중우(李仲羽, 이숙 (李翽), 중우는 자)의 소장을 보니 위에 율곡 선생께서 쓰신 절구 가 있어 더욱 보배라 할 수 있다. 중우가 배접을 다시 하여 보 배로 남기려는 일에 게으름을 잊으니 다만 그 묵묘(墨描)와 시 운(詩韻)을 취하여 호사가가 전해 가며 즐기는데 이바지하고자 했을 뿐만이 아니다.

　　그 자손이 그 뜻을 안다면 반드시 차마 구기거나 찢고 적 시거나 좀먹게 하지 않으리라.

　　가만히 주 선생의 일을 기억해 보니 매양 한 번 튀어 오름으로 벗어나서 기질을 변화하는 것으로 일깨워 배우는 요결을 삼았다 했다.

이씨 자손이 진실로 아래로 인욕(人欲)의 더러움을 벗어나고 위로 천리(天理)의 높고 바른 경지에 오르고자 하면 이 그림과 이 시에서 진실로 그 깊은 뜻을 얻을 수 있으리라.

은진 송시열이 삼가 쓰다

그림의 왼쪽에 두 줄로 종서한 이이의 절구시는 등용문 전설에 나오는 잉어 이야기를 담고 있다.

붉은 잉어 홀로 뛰어오르니	紫鯉獨騰躍
금선(琴仙)은 이미 종적 없네	琴仙已無迹
어찌 연못을 좁고 더럽게 하랴	豈是困汚池
반드시 벼락을 타리라	會當乘霹靂

이 그림이 뜻하는 '입궐경하'의 쏘가리는 아니지만 과거에 합격하여 벼슬길에 오르기를 축원하는 의미는 같으므로 뒤에 누군가 제시로 써넣은 것 같다.

제자인 이숙(李翻)이 선생인 우암 송시열에게 이 그림을 보이고 이 발문을 받은 시기는 1668년(현종 9년) 겨울쯤으로 추정된다. 송시열은 이숙이 배접 표구하는 정성을 묵묘(사임당의 그림)와 시운(이이의 제시)을 취하여 즐기려는 목적이 아니라 후손으로 하여금 깨닫게 하고자 함이라고 전제하고 주희의 '매양 한 번 뛰어올라 벗어나서 기질을 변화하는 것으로 일깨워 배우는 요결을 삼았다'는 말을 인용하였다. 이어 이숙의 자손들이 '아래로는 인욕의 더러움을 벗어나고 위로는 천리의 높고 밝은 경지에 오르고자 한다면 이 그림과 이 시에서 그 깊은 뜻을 얻을 수 있을 것'이라고 기원하였다.

또 그 외에 물새 그림으로 사임당 전칭의 「백로도」가 국립중앙박물관에 한 점, 서울대학교 박물관에 한 점이 있고, 이화여자대학교 박물관에 「수금도(水禽圖)」 한 폭이 있으며, 오죽헌(이창용 기증)의 「갈대와 물새」도 알려져 있다. 이 중 국립중앙박물관의 「백로도」는 사임당의 기준작으로 평가받는데 상태가 좋은 도판을 확보하지 못해 함께 싣지 못했다. 이 물새 그림들은 한결같이 갈대를 배경으로 하여 물새 한 마리가 호젓이 서 있는(서울대 박물관의 그림만 두 마리) 정경을 그린 것이어서 '외로움'이라는 정서를 표현하고 있다. 사임당이 집 근처의 경포호에서 많이 관찰하고 포착한 대상을 그림으로 옮긴 것이라 추론된다. 대전시립박물관 소장(동춘당 송준길가 기탁) 사임당 초서 8폭 병풍 중 7폭의 이백 시 "백로가 다리 하나 접고 서 있네. 달은 밝고 가을 물은 찬데……"라는 시구를 떠올리게 한다.

사임당 | 「백로도」
서울대학교 박물관 소장

사임당 | 「수금도」
이화여자대학교 박물관 소장

사임당 | 「갈대와 물새」
오죽헌·강릉시립박물관 소장

시서화 삼절의 효시

당대 사임당의 위상은 현대의 박수근 같은 화가와 비교될 수 있지 않을까 싶다. 서양화를 공부하고 모방하지 않으면 행세 못하던 시대에 박수근은 서양 유학, 서울 유학은커녕 중학교 진학도 어려운 환경에서 초등학교 졸업이라는 학력을 지니고 있었다. 서양 문화의 세례를 별로 받지 못한 학력에 강원도 산골 출신이어서 오히려 토속적이고 정감 어린 자기만의 독특한 화풍을 이루어 내 한국 화단의 독보적 존재가 될 수 있었던 것이다.

마찬가지로 사임당은 여성이기에 중국 화보가 유행하던 당대 화단에 공식적으로 등단할 처지가 아니었다. 중앙에서 멀리 떨어진 지방의 규중에서 홀로 생활 주변의 생물을 사생하는 작업을 하거나, 훨씬 전 조선 초기 활동했던 안견 같은 화가를 임모하면서 소박하고 천진스러운 자기 화풍을 구축할 수 있었던 것으로 생각된다.

사임당을 조선 시대 시·서·화 삼절의 효시라라고 한다면 지나친 말이 될지도 모른다. 사임당의 작품이라고 공인된 것이 없고 그림은 전칭(傳稱)으로 되어 있다. 그러나 그의 작품이 확실한 시작품 「유대관령망친정」과 「사친」, 그리고 「야야기향월 원득견생전 (夜夜祈向月 願得見生前)」의 낙구(落句) 한 수는 사임당의 시재를 유감없이 보여 준다. 세 수가 모두 그녀의 친정에 대한 애틋한 심정을 노래한 것이기에 더욱 절실한 정감이 느껴진다.

사임당의 글씨로 알려진 초서들은 거의 당나라 저명한 시인들의 작품들을 쓴 것이다. 사임당 시대에 성당풍의 당시들이 유행하였다는 문단의 사조를 알려 준다. 나아가 사임당이 어떤 시를 좋아했는지 사임당의 시에 대한 취향을 알 수 있는 자료가 되기도 한다. 사임당이 즐겨 쓴 당시들이 대부분 목가적인 전원 풍경을 읊은 작품들이라는 점도 사임당의 시취로 꼽을 만하다. 이 글씨들은 개성 있는 사임당 특유의 서풍을 보여 준다.

사임당의 초서는 매우 간략하고 깔끔한 점획, 명료한 짜임, 곧은 획과 휜 획의 조화, 단아한 짜임으로 특징지을 수 있다. 그야말로 단정하고 간정한 풍격이다. 운필의 단계는 해서를 쓰는 듯한 기필, 둥글게 돌아가는 송필, 붓끝을 깔끔하게 거두는 수필의 세 단계로 요약되는데 사임당의 초서는 원필(圓筆, 둥근 붓놀림)과 방필(方筆, 네모진 붓놀림)의 조화로움이 돋보인다.

사임당의 그림, 특히 초충도와 특기인 자수는 떼려야 뗄 수 없는 쌍둥이 같은 관계로 여겨진다. 이이가 「선비행장」에 서술한 대로 산수화나 포도 그림도 뛰어났지만 사임당의 특기는 단연 초충도에 있다고 해도 과언이 아니다. 자신이 태어나고 성장한 강릉 북평촌 친정(뒤의 오죽헌)의 앞뜰과 뒤뜰, 울타리 옆에서 생장하는 풀과 꽃, 곤충, 동물들은 그녀의 오랜 벗이자 반려 생물들이었다.

더구나 38세에 서울 시가에 올라온 후 사임당은 경제적 부담까지 안게 되어 바느질과 자수로 생활의 방편을 삼았으니 초충도는 수를 놓기 위한 밑그림, 즉 수본으로서 필수 작업이었다. 자수의 수본으로뿐 아니라 초충도 자체의 수요도 있었을 것이다. 당시 양반가 안방마님들이 초충도 하나쯤은 안방에 족자로 걸어 놓고 싶어 했을 듯도 싶다.

더구나 사임당의 초충도는 중국의 화보를 모사하면 나타나는 이질감과 생경스러운 느낌이 없고 우리의 생활 주변에서 흔히 볼 수 있는 사물을 핍진하게 그려 넘으로써 고향의 맛을 느끼게 하는 소박하고 포근한 서정성을 품고 있기에 더욱 인기가 있었을 것이다. 시골 출신에게는 고향의 느낌을, 서울 출신에게는 동경하던 시골에 대한 간접 체험을 제공하였기 때문이다.

동양의 그림에 나타나는 심미안은 유가와 도가의 상호 보완적 지점에서 생겨난다고 하는데 특히 동양의 예술 정신은 천인합일(天人合一) 정신에 기초하고 있다. 여기에서 천(天)이란 자연 내지는 자연의 질서이다. 자연과 사람은 따로 떼어 존재할 수도 없고 살아갈 수도 없는 하나가 되는 관계라는 것이다. 그러한 사고에서 볼 때 자연의 모든 사물은 생명이 있고 존중받아야 할 대상이다.

사임당은 이러한 철학적 기초에서 자연을 사랑하고 자연 속의 미물들을 그림의 대상으로 하여 애정을 쏟아부었으며 자신이 함께 살고 있는 일상의 자연물을 섬세한 예술로 형상화하였다. 사임당은 인간은 자연의 순리에 따라 살아야 하고 자연에서 느끼는 정서가 인간을 풍요롭게 한다는 사실에 공감하였다. 그리하여 예술 창작에서 강조되는 정경이 서로 융합하고(情景交融) 대상과 내가 서로를 잊고(物我兩忘) 사물을 빌려 사람에 비유하는(借物喩人)

경지를 자기 자신도 의식하지 못하는 사이에 이루어 냈던 것이다.

특히 자련수로 수놓은 사임당의 병풍 족자는 자수를 기예로만 하는 자수공들이 담지 못하는 회화적 감수성까지 자아내고 있다. 사임당의 살아 있는 존재에 대한 사랑과 존중의 마음이 그림에서, 자수에서 자연 경물의 재현으로 나타난 것이다. 자수의 세계에서 색의 대비를 통한 배색의 섬세함, 정교한 기법의 터득으로 꽃과 풀과 곤충을 살아 움직이듯 수틀 안에 생생하게 살림으로서 자신의 작품에 대한 성취와 만족감을 함께 실현했다. 평소 격물치지의 경지가 남달랐던 사임당의 장점도 한몫하였다. 사임당은 실용성과 예술성을 함께 갖고 있는 자수를 통하여 정신 수양, 작품을 통한 성취감, 생활의 방편이라는 세 마리 토끼를 잡았던 것이다.

이상으로 사임당의 예술은 시·서·화의 경계를 넘어 자수에까지 미치고 있음을 확인하였다. 시·서·화는 조선 시대 지식인인 선비들의 교양 필수였지만 사임당은 여자 선비로서 시·서·화에 더하여 자수까지 자신의 분야를 확장시켰다. 자신의 장기이던 초충도를 기초로 하여 자신이 성장하였던 강릉 친정집 부근에 살던 생물을 수폭에 담아냄으로써 재능의 재확인, 정신적 카타르시스, 경제적 소득을 함께 이루어 냈던 것이다.

길이 보배가
되리라

3

사임당의 자녀 이야기

　사임당은 4남 3녀의 자녀를 두었다. 첫째가 아들 이선(李璿, 1524~1570년), 둘째가 딸 매창(梅窓, 조대남(趙大南)에게 출가), 셋째가 아들 이번(李璠, 1531년~?), 넷째가 딸(윤섭(尹涉)에게 출가), 다섯째가 아들 이이(李珥, 1536~1584년), 여섯째가 딸(홍천우(洪天祐)에게 출가), 일곱째가 아들 이우(李瑀, 1542~1609년, 초명은 위(瑋))이다.

　사임당은 1522년(중종 17년)에 19세의 나이로 이원수(22세)와 결혼하여 1551년(명종 6년) 48세로 사망하기까지 30여 년의 결혼 생활 동안 1524년 21세에 첫 아들 선을 낳고 1542년 39세에 막내 아들 우를 낳았으니 18년간 거의 2~3살 터울로 출산을 계속한 셈이다. 자녀 가운데 학문적으로 대성한 이는 다섯째로 출생한 셋째 아들 율곡 이이이고 예술적 성취를 이룬 이는 첫째 딸 매창과 막내 아들 이우이다.

맏이 이선과 막내 이우만 서울에서 출생하였고 맏딸 매창, 둘째 아들 이번, 둘째 딸은 모두 강릉 외가에서 출생한 것으로 보인다. 그리고 이이가 여섯 살 때 사임당이 서울 시댁으로 올라왔다고 하니 셋째 아들 율곡 이이와 셋째 딸까지도 강릉 외가에서 출생한 것으로 짐작된다.

온화하고 유순한 맏아들 이선

맏아들 이선의 자는 백헌(伯獻), 호는 죽곡(竹谷)이다. 1524년(중종 19년) 서울에서 출생하였다. 이때 아버지 이원수는 24세, 어머니 신사임당은 21세였다. 이이보다 12년 연상이다. 어려서부터 어머니인 사임당에게서 배워 과거에 응시했으나 뜻을 이루지 못하다가 1564년(명종 19년) 41세 가을에 진사에 합격하였다. 이해 이이는 29세로 생원과 진사 양과에 합격하고 식년 문과에 장원 급제하여 호조 좌랑에 임명되었다. 이선은 6년 뒤인 1570년(선조 3년) 47세에 서울 남부 참봉이 되었는데 몇 달 후 8월 세상을 떠났다.

그는 당시로서는 늦은 나이인 32세에 결혼하였고 15년 만에 사망하였다. 어머니 신사임당 사망 시 그는 이미 28세였음에도 아직 결혼하지 않고 있었던 점, 아버지 이원수가 그의 부증(浮症)을 염려한 편지를 보낸 점으로 미루어 보아 평소 지병이 있지 않왔나 싶다. 부인은 선산 곽씨 곽연성(郭連城)의 딸인데 충청도 회덕 사람으로 13세 연하였다.

이이는 35세로 4월에 홍문관 교리에 취임하였는데 8월 맏형인 선이 죽자 형의 관을 붙들고 친히 제문을 지어 읽으면서 눈물을 걷잡지 못하였고 또 묘지명을 지어 그 죽음을 애도하였다. 그해 10월 이이는 벼슬을 버리고 처가가 있는 해주 야두촌으로 내려가 후학을 가르쳤다.

이이는 제문에서 "우리 형님의 타고난 기질은 온화하고 유순한 것을 바탕으로 삼아 행동할 적에는 외물(外物)과 거스름이 없으셨고, 조용히 계실 적에는 침잠하여 자신을 간직하셨습니다. 일찍이 문예를 익히어 벼슬을 하고자 하였으나 애석하게도 약간의 뜻을 이루었을 뿐 크게는 뜻대로 되지 않고 만년에야 낮은 벼슬에 오를 수 있었으나 영예(榮譽)와 명리(名利) 때문에 그릇된 일을 하지는 않으셨습니다."라고 추모하였다.[1]

이 제문에 의하면 이선은 조용하고 온화하며 내성적인 성격으로 보인다. 벼슬에 뜻이 있었지만 마음먹은 만큼 이루지 못하고 작은 성취에 이르렀지만 영예나 명리에 흔들리지 않은 올곧은 인생을 살았다는 것이다.

1577년(선조 10년) 42세가 된 이이는 맏형이 죽은 지 7년 만에 해주 석담에 사당을 세우고 회덕 친정에 있던 형수 곽씨에게 신주를 모시고 오게 하여 조카들과 함께 제사를 지내도록 하였다. 다시 3년 후 45세의 이이는 대사간이 되어 서울에서 움직일 수 없게 되자 형수 곽씨와 조카들을 서울로 불러 함께 살았다. 어려서부터 부모·형제 동거를 꿈꾸던 이이는 형의 가족과 동거했던 것이다.

시동생의 뜻을 거스르는 일 없던 곽씨는 서울로 옮긴 이듬해 1582년(선조 15년) 8월 향년 46세로 고단한 삶을 마감하였다. 남편이 세상을 떠난 지 12년 만이다. 남편보다 13년 연하였으니 시동생인 이이보다 1살 아래였던 그녀는 아이들을 데리고 친정과 이이의 처소(해주 석담과 서울)를 오가며 힘겹고 사연 많은 삶을 살았다.

맏형의 불우한 삶에 가슴 아파하던 이이는 청상과부로 경진(景震)·경항(景恒) 두 아들과 두 딸을 키우던 형수마저 세상을 떠나자 몹시 슬퍼하며 형수의 제문을 친히 지어 관 앞에서 읽었다. 이해가 47세로, 1월 이조 판서에 취임하는 것을 시작으로 형조 판서·병조 판서 등 조정의 요직을 두루 거치며 명성이 자자하던 이이에게 형수의 죽음은 인생의 무상함을 다시 한 번 일깨워 주는 사건이었다. 그 제문에,

아들 딸들 울부짖는데 귀가 있어도 듣지 못하네
가신 봉(鳳) 따르는 어진 황(凰)이여 어지러운 세상 영영 가시네

라 애도하였다. 부부 합장으로 파주 선영 자운산 자락에 어머니 사임당과 동생 이이와 함께 나란히 묻혀 있다.

그의 유고집은 현손 이신(李紳)에 의하여 편집되고 현석 박세

채(朴世采)의 발문을 받아 1687년(숙종 13년) 사후 117년 만에 간행 되었지만 현존하지 않는다. 다만 작품으로 남아 있는 것이 「지낭 부(智囊賦)」이다.

지혜 주머니(智囊賦)[2]
베와 비단 농 속에 쌓아 둠이여
옷 만들어 입으면 헤어져 다하고 만다
밥과 양식 자루 주머니에 갖춤이여
풀어 내어 먹으면 이어 대기 어렵다
오직 지혜를 갖추어 주머니를 만들면
무궁무진 기묘한 술책 거기 가득 차
본체는 비록 한 몸뚱이 속에 가려 있어도
쓰임은 천지 사방에 퍼지리라
하늘과 땅을 그 속에 들여 넣음이여
우주를 온통 주머니에 휩싸나니
어찌 저 곡식 비단과 비교하리요
실로 써도 써도 그지없다
아! 많고 넉넉하여 널리 베풀어
끊임없이 내고 들임 헤아리기 어려워라

안에선 마음을 운용하고
밖에선 눈과 귀를 살릴 수 있도록 갖추었으니

말 없는 가운데 남의 뜻을 엿봄이여
안 보이는 곳에서도 모든 물정 헤아리네
세상 이치의 교졸(巧拙)함을 찾아내고
화와 복의 이롭고 해로움을 살펴 아누나
내게는 이 한 몸 보양을 도모하지만
천하에 있어서는 만세의 향리(享利)를 기약하도다

그러나 지극히 교묘한 자는 도리어 용렬함인가
지혜 없는 자에게 패하지 않는 이 드물었나니
부질없이 사술과 술책에 힘쓰니
어찌 꾀가 갖추어지지 못함을 걱정하리오
정도(正道)에 어긋남을 숨겨 두니
마땅히 재앙을 부를 것이다

옛 역사에 성공과 실패한 일이 생각남이여
저 조조(晁錯, 전한 경제 때의 충신)의 중상당함이여
임금과 신하가 만남에 있어
충성을 바치고 옳은 계책 드렸노라
위를 섬김에 꾀와 지혜 다함이여
오직 나라 있음만 알고 제가 있음을 몰랐더니
위에서 호를 주시니 그 이름 지낭(智囊)이라
더욱더 충성을 다하기에 간절했을 뿐

매양 제 생각이 더 깊지 못함을 걱정하고
제 꾀가 더 훌륭하지 못함을 염려했노라
온갖 혐의 안 피하고 방책을 세움이여
과감히 나서서 나라 후환 없애려고
일곱 나라에 도전하여 화를 만들더니
마침내 참소의 칼날에 죽임을 항하였네

슬프다! 이 사람의 어리석음이여
도덕을 숭상함에 어두웠구나
한갓 지혜의 가상한 것만 알고
바른길로 제 몸을 닦지 못했나니
계책도 못 행하고 죽임만 당했으니
어찌 저 지혜 주머니를 믿을 수 있으랴!
그러므로 군자의 통달하는 길은
바른 곳에 처하여 순리대로 함이 상책이다

쉬운 데 몸을 두고 천명을 기다릴 뿐
어찌 모험하여 요행을 바랄 것인가
큰길을 따라 수행하고
마음을 안정시킴에 힘쓸지니
지혜를 숭상하고 덕을 숭상하여
진실로 밝고 지혜롭게 몸을 보전할지니

이에 거듭 경계하노라
사흉한 지혜 실패하고
바른 지혜 복됨이여
사흉과 바름에 따라
잃고 얻을 게 있나니
어찌타 이를 보고
법칙 삼지 않으리오
갖고 버림 밝히 하여
끊임없이 힘쓸지어다

전한 경제 때의 충신으로 별명이 '지혜 주머니(智囊)'이던 조
조(晁錯)의 고사를 빌려 지혜 주머니(智囊)의 빛과 그림자를 짚어
내고 도덕이 뒷받침되지 않은 지혜의 문제점을 설파하였다. 나아
가 모든 일에 있어 정도(正道)를 강조하였다.

이이의 자가 숙헌(叔獻)인데 이선의 자는 백헌(伯獻)이니 형제
들의 자에 헌(獻) 자를 함께하였다. 이이의 둘째 형 이번(李璠)의
자는 중헌(仲獻)이고 막내인 이우(李瑀)의 자는 계헌(季獻)이다. 이
이에게 맏형인 이선은 아버지보다 말이 잘 통하는 의논 상대이자
아버지를 대신할 수 있는 존재가 아니었나 싶다.

사임당의 예술적 재능을 물려받은 딸 매창

사임당의 맏딸이자 둘째 자녀인 매창(梅窓, 1529~1592년)은 아버지 이원수는 29세, 어머니 사임당은 26세에 태어났다. 오빠인 선보다 다섯 살 아래고 동생인 이이보다 일곱 살 위다. 어머니 사임당의 학식과 인격과 지혜, 그리고 예술적 재능까지 물려받아 시와 글씨와 그림이 남아 있고 바느질과 자수까지 어머니의 모든 재능을 이어 '작은 사임당'으로 불릴 정도였다. 이이가 관직에 있을 때 답답한 일을 누님인 매창과 의논하였다고 하니 아마도 경륜까지 갖추고 이이에게 어머니 사임당을 대신하는 누님으로서 의논 상대가 되었던 것이다.

사임당의 막내아들 이우의 8대손인 이서(李曙, 1752~1809년)가 쓴 「집안에 내려오는 서화첩 발문(家傳書畵帖跋)」에 다음과 같이 전한다.

매창은 부녀자 중의 군자이다. 일찍 어머님의 교훈을 받들어 여자의 규범을 좇았고 또 그 재주와 학식이 보통 사람보다 지나쳐 지혜와 원려(遠慮)를 가졌던 이라 세상이 전하되 선생(율곡 이이)이 매양 의심나는 일이 있으면 찾아가 물었으며 또 (이이가 병조 판서로 있을 때) 저 오랑캐 난리(1583년(선조 16년) 일어난 니탕개(尼湯介)의 난)가 있을 것을 예견하여 …… 그녀의 말을 많이 좇았다 하니 본래 천품도 훌륭했으려니와 교훈 받은 힘도 역시 큰 바 있었음을 숨길 수 없다.

　요즘 우연히 선조의 옛 문적을 뒤지다가 수백 년 뒤에 문득 그 끼친 필적을 보매 시의 운치는 청신하고 그림 솜씨는 정교하여 그야말로 "이 어머님에 이 딸이 있다."라는 말 그대로다. 누구를 사랑하면 그 집 지붕 위에 앉은 까마귀조차 사랑한다는 말과 같이 그 끼친 필적을 아끼는 생각이 일어나 그림을 옥산(玉山, 사임당의 막내아들 이우)의 조그마한 그림 오른편에 붙이고 시는 어머님 사임당의 시 구절 아래에 이어 두거니와 그림은 무릇 여섯 폭이요, 시는 겨우 두어 편이지만 한 점 고기로서 온 솥의 국 맛을 알 수 있는 격이라 구태여 많아야만 할까 보냐.

　여성으로서의 본분은 말할 것도 없고 예술적 재능에서 나아가 정치 사회 문제에까지 해박한 식견을 갖고 있었다는 것이다. 다음 기록은 더 상세하다.

　율곡이 벼슬길에 오른 뒤 국가의 중대사가 있으면 그 누님에게 물었는데 계미년(1583년) 저 북쪽 오랑캐의 난리(니탕개의 난) 때 율곡이 병조 판서로 있으면서 군량이 부족함을 걱정하자 그 누님이 율곡에게 이르되 "오늘날의 급선무는 반드시 인심이 즐겨 따를 것을 생각해서 행해야 성취할 수 있다. 재주 있는 서얼들이 폐고된 지 이미 100년이 넘어 모두 울분을 품고 있으니 지금 만일 그들에게 곡식을 바치게 하고 그 대신 벼슬길을 터 준다면 사리에도 옳고 군량도 변통할 것이 아니겠느냐?" 하였다. 이에 율곡은 감탄하고 그대로 위에 계청하여 시행하였다.[3]

율곡 이이의 대표적 사회 정책인 서얼 허통 정책(양반의 첩자인 서얼에게 관직을 고루 주자는 정책)에 대한 최초의 실마리를 제공한 사람이 바로 그의 누님이었던 매창이라니 놀라운 사실이다. 이들 형제자매의 열린 마음은 물론 사임당에서 연유했겠지만 그러한 마음을 가진 형제자매들이 보낸 동지적 후원이 이이에게 큰 힘이 되었을 것이다.

뒤에 매창의 부군이던 조대남(趙大南)의 묘지명을 쓴 현종 대의 묵재(黙齋) 신명규(申命圭)도 그 글에서,

여사는 능히 경전과 사기에도 통하여 사리를 알기 때문에 율곡이 크고 작은 일에 매양 의심나는 일이 있으면 문득 여사에게 와서 자문하는 것이었다.

라고 하였으니 그녀의 지혜와 식견이 남달랐던 것을 알 수 있다.

매창은 어머니와는 달리 초충도보다는 묵매나 영모 분야에 화적을 남겼다. 영모 분야에서는 조선 중기 화단에서 유행한 사계영모도(四季翎毛圖) 계열의 그림이 있는데 「참새」·「참새와 대나무」

매창 | 「참새」
오죽헌·강릉시립박물관 소장

매창 | 「참새와 대나무」
오죽헌·강릉시립박물관 소장

매창 | 「달과 기러기」
오죽헌·강릉시립박물관 소장

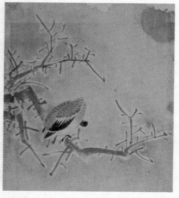

매창 | 「설경과 새」
오죽헌·강릉시립박물관 소장

·「달과 기러기(蘆雁)」·「설경과 새(宿鳥)」는 봄·여름·가을·겨울의 춘하추동을 표현한 일괄의 연작이다. 종이에 묵화로 크기도 거의 같고 한 화첩에 묶여 있으며 오죽헌에 소장되어 있다.

「참새」는 가로 30센티미터, 세로 34.8센티미터이고 종이에 수묵으로 그렸다. 참새 한 쌍이 나란히 앉아 있는 나무의 잎들이 아직 여린 점으로 보아 봄인 듯하다. 「참새와 대나무」는 가로 27.1센티미터, 세로 34.7센티미터이고 역시 종이에 수묵으로 그렸다. 대나무가 우거지고 죽순이 한창 자라나고 있는 점으로 미루어 보아 여름이다.

「달과 기러기」는 가로 30센티미터, 세로 34.8센티미터이고 역시 종이에 수묵으로 그렸다. 연무에 가려 아래쪽 반쯤은 보이지 않는 둥근 달이 높이 떠 있는 갈대밭에 앉아 있는 기러기 모습이니 당연히 가을일 터이다. 더구나 갈대꽃인지 아니면 무슨 풀의 이삭으로 보이는 형물이 두 개나 표현되어 있다. 마지막 「설경과 새」는 가로 30센티미터, 세로 34.7센티미터이고 역시 종이에 수묵으로 그렸다. 눈 내린 나목 위에서 잠을 자는 숙조 한 마리의 그림이니 당연히 겨울이다. 추운 겨울날 눈 쌓인 겨울 산에 한 마리 새의 모습이 애처롭다.

특히 「참새와 대나무」 그림은 오른쪽 아래 화면에 40도의 경사를 보이며 삼각형으로 비교적 넓게 토파를 그려 놓고 그 위에 참새 한 마리를 앉혀 대각선 쪽을 올려다보게 하였다. 그 시선을 따라가면 대각선에 또 한 마리의 참새 한 마리가 공중에 날고 있

매창 | 「달과 매화」| 오죽헌·강릉시립박물관 소장

어서 동적인 구도를 보인다. 암수 한 쌍이 서로 바라보며 무언가 즐겁게 지저귀는 모습이다.

오른쪽 밑 토파 위에 앉아 있는 참새의 양옆에는 대나무 두 그루가 솟아 있는데 오른쪽에는 무성한 잎을 달고 죽순을 두 개나 거느린 비교적 큰 대나무를, 왼쪽 밑 토파에는 죽순을 하나 거느린 작은 대나무를 그려 넣었다. 짙은 먹으로 그려 낸 날카로운 댓잎들의 모양이 단정하고 힘차며 참새들도 비교적 세련된 모습이다. 사임당 「수금도」의 정적인 구도와 조선 중기 영모화의 대가 이징(李澄)[4]의 동적인 구도를 이어 주는 역할을 하고 있다는 데 그 의의가 있다.

오죽헌 소장 「달과 매화」 그림은 종이에 묵화로 크기는 가로 25.2센티미터, 세로 36.1센티미터이다. 굵은 나무줄기인 수간이 화면 가운데 아래쪽에 안정된 형태로 배치되어 있고 수직으로 쭉쭉 뻗어 올라간 마들가리들의 가늘고 힘찬 모습엔 기운이 생동하는 듯하다. 마들가리에 송송 매달려 있는 꽃송이와 꽃봉오리들, 그리고 화면 오른쪽 위 여백을 거의 다 채울 듯이 큼직하게 그려 넣은 둥근달의 밑 쪽 3분의 1쯤은 연무에 가려 신비한 분위기를 자아내고 있다.

사임당 묵매의 굵은 둥치와 수직으로 곧게 뻗은 마들가리와 송송 매달려 있는 꽃송이 등 공통되는 점도 있으나 전반적인 구도와 분위기는 조선 중기를 대표하는 어몽룡(魚夢龍)의 「월매도(月梅圖)」(국립중앙박물관 소장)에 더 가깝다. 매창의 묵매도들은 조선 초기에서 중기로 넘어가는 시기의 전형적인 묵매 양식이니 조선 중기 어몽룡이나 조속(趙涑) 등에 의하여 정형화된 양식을 그대로 보여 준다.

매창의 부군 조대남의 본관은 한양이고 자는 희언(希彦), 고려 시대 증판중추원사 잠(岑)의 9대손으로 매창보다 한 살 연하였다. 할아버지는 성균관 진사 광진(光震)이고 아버지는 사옹원 참봉 건(鍵)이며 어머니는 한산 이씨로 판관 치(穉)의 딸이다. 위인이 초연하여 세상일에 별 관심 없이 술과 벗을 좋아하더니 늦게 사축서 별검이 되고 다시 황해도 해주 동쪽에 있는 청단역 찰방을 거쳐 종부시 직장을 역임하였다.

매창과의 사이에 3남 3녀를 두었으니 인(嶙, 1565~1592년, 자는 사진(士鎭))과 영(嶸, 1572~1605년, 자는 사안(士安))과 준(峻, 1573~1635년, 자는 사첨(士瞻))이 세 아들이다. 그리고 맏사위는 좌랑 김난서(金鸞瑞), 둘째 사위는 승지 심언명(沈彦明), 셋째 사위는 학생 심극(沈極)이다.

매창은 23세에 어머니 사임당을 여의고 10년 후에 아버지 이원수 공도 여의었다. 42세에 오빠인 이선이 세상을 떠났고 56세에는 아끼고 선망하던 동생 이이도 별세하였다. 2년 뒤인 58세에 남편 조대남도 57세로 세상을 떠나 외로이 지냈다. 6년 후 1592년 임진왜란으로 아들 조인, 조영, 조준과 함께 원주 영원성으로 피란했다가 맏아들 조인과 함께 왜적의 칼날에 희생되었으니 향년 64세였다.

조인은 28세에 죽은 후 42년이 지난 1634년(인조 12년) 효자 정려각을 세우고 지평에 증직되었다. 성주 이씨 현령 이언종(李彦悰)의 딸과 결혼하여 딸 둘을 두었는데 한 사람은 성주 이씨 현감 이홍인(李興仁)과 결혼하고 또 한 사람은 양천 허씨 허후(許厚)와 결혼하였다. 허후는 미수 허목의 사촌형으로 어린 허목을 가르친 선생이라고 할 수 있는 인물이어서 그 인연으로 조인의 묘표음기를 허목이 지었다. 또 사위인 허후의 아들 허시(許䎐)가 외손봉사 하였다.

이 모자는 전쟁 가운데 경황없이 원주 석경촌(石扃村)에 매장 되었다가 11년 뒤인 1603년 봄 둘째 아들 조영이 파주의 조대남 무덤 북쪽에 이장하였다. 곧 조영이 사망하고 집안 또한 영락하여 오랫동안 부부 합장을 못하다가 뒤에 자손들에 의하여 합장되어 그 무덤이 자운산 이이의 선영에 있다.

둘째 아들 조영의 호는 양호(楊湖)인데 형인 조인보다 8세 아래다. 평생 지조와 절개를 지키고 고상한 성품으로 칭송받았으나 34세로 요절하였다. 창녕 성씨 성로(成輅)의 딸과 결혼했는데 그 절개가 갸륵하여 뒷날 열녀의 정각이 세워졌다. 부부 합장한 무덤은 파주 자운산에 있는데 그 묘표명 역시 미수 허목이 지었다.

셋째 아들 조준의 호는 유호(柳湖)인데 둘째 조영보다 한 살 아래다. 임진왜란으로 어머니 매창과 큰형 조인과 함께 원주 영원성에 피란 갔다가 어머니와 형이 왜적에게 죽임을 당할 때 막으려다 부상을 입었으나 요행히 살아났다. 영월 신씨 판관 신눌(辛訥)

의 딸과 결혼하여 63세까지 수를 누렸다. 부부 합장한 무덤은 한산군 동면 동지산 기슭에 있으며 죽은 지 50년이 지나 1686년(숙종 12년) 정각을 세워 표창되었고 호조 정랑에 증직되었다.(신명규가 지은 조대남 묘표명)

둘째 아들 이번

이번은 사임당의 둘째 아들이자 출생 순서로는 셋째이다. 자는 중헌(仲獻)이고 호는 정재(定齋)이다. 아버지 이원수가 31세, 어머니 사임당이 28세 때 태어나 이이보다 5년 연상이다. 1573년(선조 6년) 이이에게 벼슬에서 물러나기를 권하는 글을 썼다. 주로 경제적인 일로 동생 이이가 동인으로부터 공격받는 빌미를 제공한 일화들이 있다.

율곡에게 물러나기를 권한다(勸栗谷引退)[5]

베옷 벗고 벼슬에 오른 뜻은
본래 집안이 가난하기 때문이더니
어찌 기약인들 했으리오
과분한 은혜 입어 영달이 날로 더할 줄

재주는 어설퍼 옥당에 맞지 않아
물러나고자 대궐에 세 번이나 간청하여
다행히도 은혜 입어 물러남을 허락받아
스스로 영영 한낱 한가한 백성이 되겠다더니

아침에 임금 은혜 감사하는 노래 부르자마자
저녁에 임금의 글발이 임진강 가에 떨어지니
알 만하다 삼사에서 상소하여
성상이 깨닫고 외로운 신하 부르신 것이네

무궁한 시폐(時弊) 누가 경장(更張)할까
공자 맹자 다시 나와도 그 뜻을 펴지 못하리니
하물며 공맹에 못 미치는 자가
이 백성 이 임금을 요순 적 사람 만들겠다고
어렵구나 저 어리석은 선비여
권력에 맞춰 의(義)와 인(仁)을 뚫으려 하니
송나라 신하들이 모두 다 정자 주자처럼 현명했다면
응당 골고루 다스려졌으련마는
설거주(薛居州) 한 사람이 저 혼자 송나라를 어이하리오
산림 속으로 물러나 정신을 기름만 못했네

나라 위한 신하는 쫓겨나 용납 안 되고

제 집 위한 신하만이 조정에 늘어섰네
악폐 하나 고치려면 뭇 비방이 모여들고
사람들은 옛 버릇 그대로를 지키려는데
어찌 다시 태평한 세상을 회복하여
어진 정사 우선하고 친척 이웃 없이 해 볼까

세상이 잘 되자면
어진 이 등용되고 못난 것들 엎드리는데
세상이 어지러우려면
착한 이를 원수같이 질투하나니
동문에 관(冠) 걸어 놓고 대궐을 하직함만 못하리니

위에서 인용한 설거주는 춘추 시대 송나라 사람으로 공자가
착한 선비로 인정하여 왕의 처소에 있게 했지만 맹자는 이를 비
판하여 "왕의 처소에 있는 모든 이들이 설거주와 같다면 왕이 누
구와 더불어 일을 하며 반면 모든 이들이 설거주와 다르다면 왕
이 누구와 더불어 착한 일을 하겠는가? 설거주 한 사람이 송나라
임금을 어찌할 수 있겠는가?" 하였다.

이 글로 보아 둘째 형인 이번 역시 이이와 같이 시폐를 경장
해야 한다는 시국관은 같았지만 이이 혼자서는 감당하기 어려운
일임을 일깨우고 물러날 것을 권하고 있다. 사람들은 구습에 익
숙하여 인순하려는데 이이 혼자 애쓰는 모습이 안타까웠던 것이

다. 이이를 외로운 신하(孤臣)로 표현하면서 공자·맹자도 못했을 일을 그에 못 미치는 이이가 하려 한다고 만류한다. '나라를 위하는 신하는 쫓겨나고 제 집만 위하는 신하들만 조정에 늘어섰다'는 표현이 당시의 정국을 잘 요약하고 있다.

맏형인 이선이 「지낭부」라는 글에서 전한 경제 때의 충신인 조조(晁錯)가 자신을 돌보지 않고 나라에 충성만 하다가 결국 죽음을 당한 역사를 들어 이이에게 넌지시 충고했듯이 둘째 형 이번은 춘추 시대 송나라의 설거주(薛居州)라는 인물을 들어 아무리 착한 선비요, 훌륭한 인물이라도 저 혼자서는 세상을 어찌해 볼 수 없다 말한다. 그러면서 이이에게 산림으로 물러나 정신을 수양할 것을 권고하고 있는 것이다.

이들 사임당의 자녀들은 기본적으로 이이와 같은 뜻을 가진 동지들이요, 이이의 후원자들임을 알 수 있다. 다만 형들은 이이의 열정과 능력에도 불구하고 주변의 시기가 심하고 임금의 경장 의지가 약하다는 한계점을 동생에게 알리려고 노력했다.

이 글로 보아 이번도 상당한 학식과 지혜를 갖추고 있었던 것으로 짐작된다. 이 글을 지은 해는 1573년(선조 6년)으로 이이가 38세였으니 이이보다 다섯 살 위였던 이번은 43세였다. 이해 7월 이이는 홍문관 직제학에 임명되었지만 병으로 사퇴하고 8월 파주 율곡리로 물러났다. 그곳에서 이이는 감군은가(感君恩歌) 4장을 지었고 9월에 다시 홍문관 직제학에 임명되어 상경하였는데 이 글은 그즈음 이이의 동정을 보고 지은 것이다.

그의 무덤은 충북 괴산군 사리면 화산리 오룡동(五龍洞) 상서당곡(上書堂谷)에 있고 경승(景昇)과 경정(景井) 두 아들이 있어서 그 후손들이 그곳에 퍼졌다고 한다.(「덕수이씨가승」) 이이의 누이 매창의 후손들까지 자운산 선영에 묻힌 것과 비교해 특이한 경우이니 혹시 괴산 쪽에 처가가 있지 않았나 싶다. 아니면 막내인 옥산 이우가 괴산 군수를 역임한 일과 관계가 있는지도 모르겠다.

둘째 딸

사임당의 넷째 자녀이자 둘째 딸은 1533년에 출생하였다. 아버지 이원수가 33세이고 어머니 사임당은 30세였다. 윤섭(尹涉)과 결혼하였다. 윤섭의 본관은 파평이고 고려 시대 태사공이던 윤신달(尹薪達)의 20대손인데 첨사(僉使) 벼슬을 했고 황주에 살았다. 이이가 누님의 집을 방문하기 위하여 황주에 갔다는 기록이 있다. 윤섭의 무덤은 파주 자운산에 있지만 부인의 묘소는 황주군 삼전면(三田面) 외송리(外松里)에 있다. 아마도 윤섭은 이이가 살아 있을 때 사망하여 그의 주선으로 파주 자운산에 묻혔지만 누님은 이이 사후에 별세했을 가능성이 높으므로 주선하여 자운산으로 모실 사람이 없지 않았나 싶다.

흑룡 꿈을 꾸고 낳은 아이, 이이

사임당의 4남 3녀 가운데 최고의 인물은 자녀로는 다섯째이자 셋째 아들인 율곡 이이임은 자타가 공인하는 바이다. 이이가 있어서 사임당이지 만약 이이가 없었다면 사임당도 없었을 것이라는 말이 있을 정도이다. 이이가 조선 시대 최고의 학자이자 경세가임은 의문의 여지가 없다.

이이는 1536년(중종 31년) 12월 26일 아버지 이원수는 36세, 어머니 사임당은 33세 때 태어났다. 사임당의 꿈에 흑룡이 나타나 방으로 들어오는 꿈을 꾸고 낳았다고 해서 방 이름은 몽룡실로, 아명은 현룡(見龍)이라 하였다. 자는 숙헌(叔獻), 호는 본가가 있는 파주 율곡리에서 따서 율곡(栗谷)이다. 그의 친가는 그의 아버지 대쯤엔 한미한 집안이었고, 외가는 강릉에서 행세하던 집안으로서 외조부 신명화(申命和)는 기묘사림(己卯士林) 중 한 사람이었다.

사임당이 이이를 회임한 곳은 평창 봉평의 백옥포리에 있던 별서였다고 알려져 있다. 사임당은 평생을 친정과 시집을 오가며 살았는데 이곳은 사임당에게 가장 안락한 삶을 허락한 곳이었다. 친정에서 마련한 백옥포리 별서는 서울과 강릉 사이 대관령을 넘기 직전에 위치하고 사방이 아름다운 산수로 둘러싸인 산자수명한 경관을 자랑하고 있었다.

1541년 율곡이 6세 되던 해 사임당은 드디어 친정살이를 끝내고 서울 시댁으로 상경하여 이후 10여 년간 서울살이를 한다. 따라서 이이의 강릉 유년기는 강릉에서 나서 상경하기까지 6년으로 압축된다. 10세에 강릉의 경관 경포대를 주제로 「경포대부」를 지은 것을 보면 서울에 살면서도 사임당을 따라 수시로 외가에 갔던 것으로 보인다. 이이는 어려서는 어머니 사임당과 외가의 보살핌 속에 강릉에서 행복한 유년기를 보냈지만 16세 때 맞은 어머니 사임당의 죽음은 그를 혹독한 시련에 들게 하였다. 그는 따로 선생이 없이 어머니에게서 배워 10여 세에 이미 경전 공부를 마쳤다고 한다. 그에게 어머니는 스승이기도 했던 것이다.

율곡 이이는 퇴계 이황과 함께 16세기를 대표하는 사림이다. 흔히 이황을 영남학파, 이이를 기호학파의 대표라 하여 경쟁 관계로 여기는데, 이는 이황의 영남학파가 동인 정파로, 이이의 기호학파가 서인 정파로 전환되어 정쟁을 한 데서 생긴 오해이다. 이들은 35년의 나이 차이가 있었지만 성리학에 대한 열정과 공감대 때문에 만나자마자 의기 상통했고, 학문적으로 보완하는 관계였다. 이황이 새로운 시대 사상 성리학을 완벽하게 이해했다면, 이이는 이황이 이룩한 학문적 토대 위에서 성리학을 조선에 토착화했다고 볼 수 있다.

이황은 끊임없이 사직소를 올림으로써 훈구 세력에게 저항했다. 그에 비하여 이이는 개국 200여 년이 경과하면서 여러 가지 폐단이 나타난 조선의 사회 체제를 전면적으로 개혁하려 했다. 그가 적극적으로 활동할 수 있었던 배경에는 이황을 비롯한 선학의 학문적 성취와 선조(宣祖)의 후원이 있었다. 선학의 학문적 성취는 성리학의 이념을 현실 사회에 구현할 수 있다는 자신감을 주었고, 사가(私家)에서 성장하면서 사림 출신의 선생 한윤명(韓胤明)에게서 배운 선조는 사림에 대한 이해가 깊었다.

이이의 일생을 시기에 따라 구분하면 태어나서 29세까지를 성장기, 30세부터 49세로 사망할 때까지를 사환기(仕宦期)로 파악할 수 있다.

어머니 사임당은 그의 성장기에 가장 큰 영향을 끼친 인물이다. 경전(經傳)에 통하고 시문·서화에 뛰어난 사임당은 그의 초기 교육에 지대한 영향을 미쳤다. 그는 6세 때까지 친정을 떠날 수 없었던 어머니와 함께 외가에서 살다가 서울 본집으로 올라왔다. 그는 8~9세 때는 신동으로 소문이 났으며, 13세에는 진사(進士) 초시(初試)에 합격했다.

16세에 어머니가 별세하자 삼년상을 치른 이이는 19세가 되는 그 이듬해에 금강산에 입산하여 불교에 귀의했다. 어머니 사임당의 죽음은 이이의 생애에 하나의 전기가 되었던 것이다. 이이는 금강산에서 불교의 선학(禪學)을 수행하면서 학문의 시야를 넓혔는데, 성리학의 심오한 형이상학 체계가 원래 불교의 교리에서 자극받은 것이기 때문이었다. 그러나 이이는 학문적 입지를 오로지 성리학에 두기 위해 1년 만에 하산했고, 1557년 22세에는 성주 목사 노경린(盧慶麟, 1516~1568년)의 딸과 결혼했다.

다음 해(1558년) 23세의 이이는 장인이 목사로 있던 성주의 처가에 갔다가 돌아오는 길에 이황을 방문하였다. 이황과 이이의 처음이자 마지막인 단 한 번의 만남이었다. 이황은 그를 찾아온 35세 연하의 이이와 기꺼이 학문을 토론했고, 성리학으로 시대의 병폐를 고쳐야 한다는 데 의기가 통했다. 이 자리에서 이이는 이황을 스승으로 모실 것을 다짐했고 이황은 이이를 높이 평가했다. 그리고 이황은 제자 조목(趙穆)에게 보내는 편지에서 "후생이 두렵다.(後生可畏)"라는 표현으로 이이를 촉망했다. 이황 자신의 한계를 극복할 후배로 본 것이다. 이 일은 조선의 성리학 발전사에 있어 하나의 사건으로 기록될 만한 일이었다.

이이가 벼슬길에 나아간 것은 29세 때인 1564년(명종 19년) 문과(대과)에 장원 급제하면서였다. 그는 이때 '천도책(天道策)'이라는 시제(試題)를 받고 그 논문에서 '천인합일설(天人合一說)'을 주장했다. 여기서 하늘은 자연을 말한다. 자연과 사람이 하나라는 천인합일의 사상은 예전부터 있었지만 이이가 더 분명하게 설명한 것이다.

이때까지 그는 각종 과거에서 아홉 번이나 장원을 하여 '구도장원공(九度壯元公)'이라고 불렸다. 호조 좌랑으로 시작한 그의 벼슬살이는 명종 대에 사간원 정언(30세)·사헌부 지평(33세)·홍문관 교리(34세) 등 청요직(淸要職)인 삼사(三司)의 언관직을 두루 거쳤다.

1567년 명종이 승하하고 선조가 등극했다. 문정 왕후의 아들인 명종이 후사 없이 승하하자, 중종의 후궁 창빈 안씨의 손자인

하성군(河城君)을 왕위에 앉힌 것이다. 사가에서 성리학을 배운 선조는 할아버지인 중종 대의 기묘사화 때 숙청된 사림의 죄를 풀어 정계에 복귀시키고, 즉위 이듬해에는 조광조를 신원(伸寃)하여 영의정을 추증(追贈)했다. 정계를 사림 세력으로 개편한 것이다.

이이는 선조 즉위 원년(1568년)에 천추사의 서장관(書狀官)으로 명나라를 다녀왔고, 그 이듬해(1569년) 34세에 홍문관 교리로서 독서당(讀書堂)에서 사가독서(賜暇讀書)하면서 『동호문답(東湖問答)』을 저술했다. 『동호문답』은 왕도 정치의 구현을 위한 철인 정치 사상과 당대의 현실 문제를 문답식으로 쓴 조선의 군주론이다. 이이의 시대 인식은 자신의 시대가 중쇠기(中衰期, 왕조의 중간 쇠미기)라는 것이었고, 그의 주장은 한결같이 대개혁의 경장(更張)이 필요하다는 것이었다.

홍문관 직제학·사간원 대사간을 거치면서 이이는 39세 때인 1574년(선조 7년)에 「만언봉사(萬言封事)」를 저술했다. 왕에 올린 「만언봉사」에서 이이는 이렇게 주장했다.

"정치는 시세를 아는 것이 중요하고, 일은 실제로 그 일에 힘쓰는 것이 중요합니다. 정치를 하면서 시의(時宜)를 알지 못하면 정치의 효과를 거둘 수 없습니다. 시의란 때에 맞춰서 법을 만들고 백성을 구하는 것입니다."

시대 상황에 적합한 제도와 법을 만들어 백성의 삶을 돌보라고 역설한 시의론과 변통론이 「만언봉사」의 핵심이었다.

이이는 40세 때인 1575년(선조 8년)에 『성학집요(聖學輯要)』를 저술하였다. 이이는 경전 가운데 『대학』을 가장 중요하게 여겼는데 간명한 가운데 다른 경전의 기본적인 메시지가 다 포함되어 있다고 여겼기 때문이다. 그런데 이 책의 성리학적 버전인 송나라 진덕수가 쓴 『대학연의』가 분량이 많고 방만한 구성으로 읽기 어려운 폐단이 있다 생각하여 그 대안으로 조선 현실에 맞추어 간단명료하게 서술한 것이다. 그 서문에 보면 사서 육경의 경전은 물론이고 선현(先賢, 송 대 성리학자들은 물론 조선의 선학들)의 학설과 역대의 역사서들을 깊이 탐색하고 널리 찾아 『대학』의 구성에 맞추어 2년에 걸쳐 다섯 편으로 저술했다고 설명하면서, 따라서 이 책이 사서와 육경으로 가는 계단이 될 수 있다고 하였다.

이 『성학집요』는 6년 전에 쓴 『동호문답』을 확대 발전시킨 것으로 조선 중기 제왕학의 집대성이자 조선 성리학적 정치사상의 전범이 되었다. 다시 말하면 기묘사화 이후 사림이 제시한 성리학적 경세론인 군사론(君師論, 왕은 임금이자 스승이어야 함)과 군신공치론(君臣共治論, 임금과 신하가 함께 다스림) 등을 종합한 결실이라 할 수 있다.

42세 때인 1577년(선조 10년)에는 『격몽요결(擊蒙要訣)』을 저술했다. 『성학집요』가 수기치인(修己治人)을 근간으로 하는 제왕학의 조선적 이론서라면, 『격몽요결』은 『소학(小學)』을 보다 심화하고 조선화한 교과서라고 할 수 있다. 책 이름 그대로 보통 사람의 어리석음을 깨뜨리기 위하여 쓴 책이므로 꼭 어린아이의 수신 교과서라고 한정 지을 것은 아니다.

『격몽요결』의 서문에서 이이는 이렇게 기록했다. "내가 오래도록 인순(因循)하게 됨을 걱정하며 스스로 경계하고 반성하기 위하여 이 책을 쓴다." 인순이란 게으름, 혹은 매너리즘을 뜻하는 것으로서 42세의 이이가 자신을 겸손하게 채찍질하는 모습을 확인할 수 있다. 이 책 「접인장(接人章)」에서는 처세의 요령을 말하고 있는데, '나쁜 사람을 어떻게 대할 것인가' 하는 문제의 처방을 다음과 같이 제시한다. "그 사람의 잘못을 들춰내지 말고 범연하게 대하되 왕래하지 말라. 만약 전부터 알던 사람일 경우 서로 만나면 한훤(寒暄, 날씨)에 대해서만 이야기하고 다른 말은 하지 말라. 그렇게 하면 점점 멀어지고 원망하거나 노여워하지는 않게 될 것이다."

어찌 보면 이이가 『동호문답』에서 시작하여 『성학집요』로 이어지는 군주학을 쓰고 나서 보통 사람들에게 삶의 지침을 알기 쉽게 전달한 책이 바로 이 『격몽요결』이라고 할 수 있겠다. 그의 학문이 난삽한 소화 과정과 이론화 과정을 거쳐서 간결하고 쉬운 대중을 위한 지침서를 쓸 수 있는 단계로 나아갔던 것으로 이해된다.

이이가 양관대제학(兩官大提學)인 문형(文衡)의 자리에 오른 것은 1581년(선조 14년) 46세 때의 일이다. 문형은 글을 저울에 단다는 의미로서 당대 제일의 문장가가 맡는 직책이었다. 그 후 별세하기 전해인 1583년에 사직하기까지 이조·형조·병조의 판서와 의정부 우찬성(정1품)을 역임했다. 47세 때인 1582년 「인심도심설(人

心道心說)」을 저술했고, 48세 때인 1583년 「시무육조계(時務六條啓)」를 올렸다. 이 「시무육조계」에서 이이는 양병론(養兵論)을 주장했지만 받아들여지지 않았다. 1584년 49세의 아까운 나이로 졸거하기 직전의 벼슬은 판돈령부사(判敦寧府事)였다.

사림의 중앙 정계 진입은 성종 대부터였고 중앙 정계에서 사화라는 이름으로 부침한 주류 세력은 영남사림이었다. 중종 대에 와서 조광조를 중심으로 한 기묘사림이 등장하여 판세가 조금 바뀌기는 했지만 그 후에도 대세였다. 그러나 선조 대 이이의 시대에 이르면 기호 지방 출신의 기호사림까지 진출하게 되어 영남사림은 영남학파, 기호사림은 기호학파, 그리고 다시 영남학파는 동인 정파, 기호학파는 서인 정파를 형성하게 된다. 이이의 시대에 이르러 사림은 전국적으로 분포하게 되고, 이 의식화된 사림이 저마다 이념 집단으로서 중앙 정계에 진입했다.

학자 이이가 경세가(經世家) 이이로 변모한 것은 말년의 일이었다. 41세(선조 9년) 때 이이는 관직에서 물러나 해주에서 잠시 머물렀다. 이때 이이는 계모와 사망한 맏형 선(璿)의 유가족, 아우의 가족을 모두 해주로 불러 한 집에 모여 살도록 조처했는데, 9세 때 읽은 『이륜행실(二倫行實)』「구세동거(九世同居)」조의 감동을 잊지 못했기 때문이다.

이때 이이는 은병정사(隱屛精舍)를 짓고 제자를 키우면서 학문에 열중했다. 이이가 주자의 무이구곡(武夷九曲)을 본받아 해주 석담 부근에 고산구곡을 경영하였는데, 아홉 구비로 돌아서 바다로 흘러가는 고산구곡 가운데 다섯째 물굽이에 지은 학사(學舍)가 은병정사였다. 그러나 그의 경륜과 능력이 은병정사에서 은거하는 것을 허락하지 않았고 다시 조정의 부름을 받아 벼슬길에 나아갔다. 당시의 정치 상황은 그를 학자로서보다 경세가로서 살아가게 했다.

이이가 그린 이상 사회는 경쟁하고 투쟁하는 사회가 아니라 더불어 사는 대동사회(大同社會)였다. 나와 남이 공존의 삶을 추구하는 유교적 이상 사회였다. 힘으로 다스리는 폭압적인 패도 정치나 법으로 규제를 일삼는 강제적인 사회가 아니라, 명분으로 국민을 설득하고 위정자가 먼저 의리(義理)를 지키는 도덕 국가였다. 통치자가 모범을 보이면 백성이 스스로 따라서 실천하는 왕도 정치가 궁극적인 목표였다. 대동법 시행으로 백성의 경제적 부담을 덜어 주자는 주장도 그러한 사회를 위한 경제 정책이었다.

공납의 폐단을 개혁하고자 내놓은 대안이 대동법이라면 군정의 문제점을 개혁하고자 내놓은 대안이 균역법인데 이 두 가지 모두 이이의 제자 내지는 재전제자, 또는 후생들에 의하여 조선 후기 사회에서 실행되었다. 향촌 사회에 상부상조하는 삶의 지침인 향약을 권장한 것 역시 대동사회의 지향성을 보여 준다.

이이는 당대 기라성같이 포진한 많은 학자와 친교를 맺었다. 우계 성혼, 송강 정철, 사암 박순, 구봉 송익필 등이 그의 지기이자 동학(同學)이었다. 그는 어머니 사임당 외에 선생 없이 한 시대의 학문을 집대성하여 일가를 이루었고, 문하에 많은 제자를 배출함으로써 조선 후기의 정치 주도 세력인 서인의 원조가 되었다.

그의 문도(門徒)로서 대표적인 학자는 김장생(金長生)·조헌(趙憲)·정엽(鄭曄)·이귀(李貴)·황신(黃愼)·박여룡(朴汝龍)·김진강(金振綱)·안민학(安敏學) 등이 있다. 특히 김장생은 이이의 수제자였다. 이이를 이은 김장생의 학통은 아들 신독재(愼獨齋) 김집(金集)을 거쳐 우암(尤庵) 송시열(宋時烈)로 이어졌고, 그것은 바로 조선 후기 사회를 이끈 정치적 학문적 계보였다. 이들이 서인 정파로서 이끌어 간 조선 후기 사회는 성리학에 기초한 도덕적 문화 국가를 지향했으니, 이이의 포부와 이상이 그의 제자들에 의해 실현되었다고 할 수 있다.

이황이 학자로서의 일생을 살아갔음에 비해 이이는 사(士)로서 대부(大夫)가 되어 전형적인 사대부(士大夫)의 삶을 살았다. 대부분의 조선 학인이 학자로 대성하거나, 벼슬길에서 탁월한 업적을 남겨 관료로 성공하거나, 그도 아니면 제자를 키우는 일 등 한 면에서 성취를 이루는 데 비추어 볼 때, 이이는 이 세 가지 모두를 일구어 낸 큰 인물이었다.

이이는 수신의 덕목으로 성(誠)을 중요시하여 항상 성심(誠心, 정성스러운 마음)으로 사람을 대했다. 가정적으로 힘든 상황이었음에도 화기 띤 얼굴빛과 명랑함을 유지하여 주변 사람에게 큰 위안을 주었고, 제자 양성도 게을리 하지 않았다. 그의 치열한 개혁 의지는 기득권 세력에 의하여 좌절되었지만, 이상 사회에 대한 꿈은 제자들에 의하여 조선 후기 사회에서 실현되었다.

이이는 촌음도 아껴 쓰는 치열한 삶 속에서 황해도 고산군 석담리에 구곡을 경영하였으니 그의 유일한 오아시스였다. 이이는 22세에 해주 야두촌에 은거하던 전 숙천 부사 노경린의 딸과 결혼하면서 황해도와 인연을 맺었다. 그 후 자주 해주를 왕래하다가 1569년 34세에 교리에서 물러난 직후 석담을 찾았고 2년 뒤인 1571년 36세에 학인들과 고산을 둘러보고 구곡의 이름을 지었으며 이곳에 은거할 뜻을 밝혔다. 1568년 장인인 노경린이 별세하면서 처가에서 물려받은 이곳에 구곡을 경영하기 시작한 것이다. 1576년 41세에는 청계당(聽溪堂)을 지었고 1578년 43세에 은병정사를 세웠다.

주자 성리학을 국학으로 한 조선 사회 지식인들은 주희가 은거하며 학문을 집대성한 중국 복건성의 무이구곡의 빼어난 경치를 그린 「무이구곡도」를 애호하는 경향이 있었다. 16세기 사림의 시대가 되어서는 주자학의 본산으로, 성리학적 이상향으로 동경하던 「무이구곡」을 조선의 산천경개 속에 설정하려는 움직임이 나타나기 시작했다. 자신의 거처 주변에 구곡을 설정하고 이를 스스로 경영하면서 그 경치를 그림으로 묘사하여 남겼던 것이다. 말하자면 「무이구곡도」의 조선적 변용이었다.

그 가운데 시기적으로 빠르고 대표적인 사례가 이이의 고산구곡을 그린 「고산구곡도」이다. 이이가 평생의 은거를 꿈꾸며 도학자로 살고자 스스로 설정하고 경영했던 은거지이다. 이는 실제의 경치를 그린 산수화로서 조선 후기에 주류가 된 '내 강산 그리기 화풍(진경산수)'의 선구자라 할 수 있다. 특히 이이가 지은 「고산구곡가」의 의경을 적극 반영하여 그린 이 「고산구곡도」는 그림과 시가의 접맥 현상을 보여 주는 점에서 특이하다. 「무이구곡도」의 수용과 전개 과정 속에 구곡도의 조선화라는 점에서 이이의 선구자로서의 위상이 돋보인다.

천성적으로 산수를 좋아했던 이이는 명산(名山)·가경(佳景)이라면 가 보지 않은 곳이 없을 정도였다. 이는 사임당이 연하고질을 갖고 있었던 것과 친연성이 있다고 하겠다. 아니면 이이 자신이 잉태되고 출생한 곳이 산수가 수려한 강원도 지방이었던 점과도 상통한다 하겠다. 이에 더하여 이이는 자연 속에서 관조를 통하여 자연의 이치(天理)를 얻고 인간의 욕망(人欲)을 제거하여 호연자득(浩然自得)할 수 있다는 학문적 실천의 문제, 나아가 자연의 질서를 통한 이치의 탐구라는 철학적 명제를 해결하기 위함이었다.

이이에게서 비롯된 구곡의 경영은 조선 후기에 더욱 확산되어 유명한 학자가 살던 경치 좋은 곳에는 구곡이 경영되는 것이 당연할 정도가 되었다. 이는 주자 성리학이 조선에 수용된 뒤 이이에 이르러 깊은 이해와 독자적 해석으로 조선 성리학으로 성립되는 학문적 성숙과 맞물려 있다. 주자 성리학이 외래 학문의 틀에서 벗어나 조선에 토착화되어 조선 성리학으로 거듭나는 것과 동궤를 그리며 그 성리학의 이상향 무이구곡을 모델로 한 구곡이 조선에서 경영되기에 이른 것이다. 이이의 고산구곡은 초기 구곡으로서의 독창성과 그 후의 구곡 경영의 역할 모델로서의 의미가 크다.

특히 「고산구곡도」는 그림의 여백에 이이가 지은 「고산구곡가」를 써 넣어 시와 그림이 상보적인 작용을 하게 하였다. 시의의 형상화라는 측면과 실경의 특징을 절충하여 새로운 경지를 보여 주었다. 또한 이이의 「고산구곡가」는 주희의 「무이도가」를 차운하지 않고 한글로 지었다는 점에서 더욱 돋보인다. 이 시가는 고산구곡의 산수 자연미를 찬미하는 서경(敍景)과 그곳에서 체득하는 도학적 정서에 대하여 순수한 우리말로 노래했기에 더욱 영향력과 파급력이 컸을 것으로 생각된다.

이이는 진정한 사대부로서의 사명을 서둘러 다하고 1584년 49세로 고단한 생을 마감했다. 서울 대사동 우사에서 별세한 그는 파주 자운산 선영에 안장되었고, 문성(文成)이라는 시호(諡號)를 받았다. 문묘(文廟)와 선조의 묘정(廟廷)에 배향(配享)되었고 파주의 자운서원, 강릉의 송담서원, 풍덕의 귀암서원, 서흥의 화곡서원 등 전국 20여 개 서원에 제향(祭享)되었다.

율곡 이이의 졸기(卒記)에는 이렇게 기록하고 있다.

이(珥)는 성품이 매우 탁월하고 수양이 매우 깊어서 명랑하고 화기에 찼으며 평탄하면서도 영단이 있었다. 대인(對人) 접물(接物)에서 오직 성신(誠信)으로 일관하였고, 은혐(恩嫌)·애오(愛惡)에 개의치 않았다. 우자(愚者)나 지자(智者)나 그를 존경하지 않는 사람이 없었다. 물러갔다가도 시국을 수습하기 위하여 도로 나와 사류(士類)를 보합(保合)하였고, 사의(私意) 없이 말을 하여 대화(大禍)를 면치 못할 뻔하였다. …… 그가 죽은 후에 그의 예언이 모두 들어맞았고, 그가 건의한 정책은 후에 모두 채택되었다.

이이는 49세에 별세하여 지천명도 못 채웠지만 그의 정치사상과 개혁 정신은 그의 제자와 후생들에 의하여 조선 후기 사회의 시대정신이 되었다. 정도전이 조선 왕조의 최초 설계자라면 이이는 조선 후기의 새로운 설계자라고 할 수 있다. 사후 그의 설계도는 그와 뜻을 같이한 학우, 제자, 후학들에 의하여 조선 후기 사회에 실현되었다.

그 가운데 여러 사람이 문묘에 제향되었으니 조헌·김인후(金麟厚)·김장생·김집·송시열·송준길(宋浚吉)·박세채(朴世采) 등이다. 이 사실은 학자로서, 경세가로서 이이의 위상을 가늠할 만한 징표이며 조선 후기 사회는 이이의 시대가 되었다고 하여도 과언이 아니다.

셋째 딸 이씨

사임당의 여섯째 자녀이자 셋째 딸은 1538년(중종 33년)에 출생하였다. 아버지 이원수는 38세이고 어머니 사임당은 35세였다.

홍천우(洪天祐)에게 출가하였다. 홍천우는 남양 홍씨이며 고려 때 태사공 홍은열(洪殷悅)의 19대손으로 아들인 석윤(錫胤)은 진사로서 문명이 있었다. 무덤은 황해도 해주의 구곡(九曲, 고산구곡)에 있다.

1566년(명종 21년)에 사임당 동복 자녀들 7남매가 모두 모여 분재(分財, 재산을 나눔)하는 모임이 있었다. 이해는 사임당이 별세한 지 15년, 이원수가 별세한 지 5년이 된 해였다.

이때 만든 분재기는 맏아들인 죽곡 이선이 집필하고 이번, 이이, 이우 등 아들 넷과 맏사위 조대남, 둘째 사위 윤섭이 서명하였는데 셋째 사위 홍천우는 이미 죽고 없었으므로 셋째 딸 본인이 '이씨'로 서명하였다. 이때 맏아들 죽곡 선은 43세, 둘째 아들 정재 번은 36세, 셋째 아들 율곡 이는 31세이고 막내아들 옥산 우는 25세였다. 이씨 부인은 29세였으니 홍천우는 그 전에 사망했을 것이므로 20대에 요절한 것으로 보인다. 그래서 이이의 연고지인 해주 고산구곡에 묻히게 된 것이 아닌가 싶다.

금시서화(琴詩書畵)에 재능을 보인 막내 이우

사임당의 넷째 아들이자 7남매 중 막내인 이우는 초명이 위(瑋)인데 우(瑀)로 개명하였다. 자는 계헌(季獻)이고 호는 옥산(玉山)이다. 별호는 죽와(竹窩) 또는 기와(寄窩)이다. 이원수 42세, 사임당 39세 때 서울에서 출생하여 경상도 선산에서 68세로 별세하였다.

선산에 그의 처가가 있었다.

이우에 관한 기록으로 대표적인 것은 우암 송시열이 쓴 「군자감정 이우 묘표(軍資監正李瑀墓表)」이다. 이에 의거하여 이우의 생애를 대충 가늠할 수 있다.

26세에 생원 시험에 합격하고 전주의 경기전 참봉에 임명되었지만 사양했다. 빙고 별좌, 사복시 주부, 비안 현감, 사헌부 감찰, 상의원 판관 등을 역임하고 외직으로 괴산 군수와 고부 군수를 지냈다. 군자감 감정으로 벼슬을 마감하였다. 비안 현감 때는 만기가 되자 고을 관리와 백성들의 청원으로 연임되어 7년이나 그곳에 재직하였다.

20세에 아버지 이원수 공이 사망하자 무덤에 묘막을 치고 효성을 다했고 못된 서모를 잘 모시면서 이이와 함께 가정의 평화를 위하여 최선을 다했다. 일찍이 이이가 해주 석담에 집을 지어 함께 살면서 틈만 있으면 술상을 차려 놓고 아우 이우에게 거문고를 타게 하고 시도 지으며 함께 즐기면서 지기(知己)라고 하였다 한다. 이이가 별세한 후에는 그 유족을 진심으로 보살폈다. 1592년 51세 때는 괴산 군수로 재직 중이었는데 임진왜란으로 장정을 모아 항전하면서도 전황을 살펴 백성들로 하여금 틈틈이 농사를 짓게 하여 기근을 면하게 하였다. 뒤에 전쟁 공로자로서 선무원종공신(宣武原從功臣)으로 표창되었다.

이우의 벼슬살이는 이이와 마찬가지로 가족 부양의 방편이었을 가능성이 크다. 이이는 경세가로서의 타고난 그릇이 있었지만 이우의 진면목은 예술가였다. 큰형 이선은 일찍 세상을 떠나고 형제이자 지기로서 믿고 의지하던 이이마저 별세하자 자신의 가족과 이이의 가족은 물론이고 이이가 아우르고 살던 일가 친족을 부양해야 하는 것이 그의 급선무였을 것이다. 그래도 그의 예술가로서의 재능은 금서시화 사절(琴書詩畵 四絶, 거문고·글씨·시·그림에 뛰어남)로 널리 알려졌다.

또한 뒤에 외재(畏齋) 이단하(李端夏, 1625~1689년)는 「옥산전(玉山傳)」을 지어 "상고해 보니 금보(琴譜)에 올려 세상에서 옛 곡조라고 타는 것들은 모두 공이 선정한 것이다."라고 하여 그가 거문고 악보 정리에 기여했다는 음악사상의 공로를 기록하였다. 「옥산전」은 1675년 선산 군수였던 최현(崔晛)이 선산의 군지인 『일선지(一善志)』를 편찬하면서 선산의 명인으로 이우의 전기를 넣고자 하여 이단하에게 부탁하여 짓게 된 것이라 한다. 다음은 그 내용이다.

옥산 공의 휘는 우(瑀), 자는 계헌(季獻)으로 율곡 선생의 아우이다. 임인년(1542년) 태어나 10세 때 모친상을 당했는데 상을 치르는 것이 어른과 같았다. 신유년(1561년) 부친상을 당해서는 3년 동안 최질(衰絰, 상복을 입을 때 머리에 두르는 수질(首絰)과 허리에 두르는 요질(腰絰))을 벗지 않고 손수 제사 음식을 준비했는데 겨울에는 손이 얼어 갈라질 정도였다. 정묘년(1567년) 진사에 합격하고 기묘년(1579년) 경기전 참봉에 제수되었으나 나가지 않았다. 계미년(1584년) 빙고 별검에 제수되었는데 당시

흠경각을 처음 수리할 때 공이 성학(星學)에 밝아 특별히 교수를 겸하게 되었다. 갑신년(1584년) 사복시 주부가 되었고 사헌부 감찰에 전임되었다. 비안 현감에 임명되어 임기가 만료되자 백성들이 구순(寇恂, 후한의 관료인데 지방관으로 선정을 베풀고 기한이 되어 떠나려 하자 백성들이 길을 막고 "구군이 1년만 더 있기를 바란다." 하며 섭섭해했다고 함)의 고사를 들어 연임을 청하여 1년 더 머물렀다. 기축년(1589년) 사헌부 감찰에 제수되고 상의원 판관으로 옮겼다. 임진년(1592년) 괴산 군수에 제수되었는데 언관들이 너무 빨리 4품으로 올라갔다고 문제를 삼았으나 상께서는 "재주와 덕행이 있는 사람을 상례에 얽매이게 할 수는 없다." 하여 끝내 윤허하지 않았다. 을미년(1595년) 병으로 체직되었고 경자년(1600년) 고부 군수에 제수되었으나 임인년(1602년) 감사를 싫어하여 체직되어 귀향하였다. 을사년(1605년) 군자감 정에 제수되었으나 병으로 나아가지 않았다. 5월 생을 마치니 68세를 누렸다.

공은 타고난 자질이 어질고 후덕하고 재주가 뛰어나며 문사가 고고하고 서화도 잘하였다. 천문·지리·성명(星命)·복서(卜筮)의 법에도 정통하지 않은 것이 없었다. 일찍이 정시에 재차 합격한 적이 있었는데 모두 글자가 틀렸다고 (합격자에서) 빼 버리자 이에 탄식하기를 "이것은 천명이다. 다시는 과거에 응시하지 않겠다."라고 하였다. 일찍이 율곡 선생을 따라 경향을 오갔는데 반드시 함께 있었고 잠시도 떠난 적이 없었다. 율곡이 말하길 "내 막내 아우의 재질과 기량은 나보다 낫지만 학문에 공을 들이지 않아 터득하는 것이 나보다 못함이 한스럽다." 하였다.

공은 거문고를 잘 탔는데 율곡은 한가로이 머물 때마다 반드시 술을 준비하라 하고 그가 타는 거문고 소리를 들었다. 공이 옛 법에 의거하여 금보(琴譜)를 지었는데 옛 가락으로 세상에 나도는 것은 모두 공이 정한 것이라고 한다. 장인 황고산은 "이 군의 서법이 씩씩함(壯)에서는 나보다 낫지만 아름다움(麗)에는 미치지 못하는데 조금 공정을 더한다면 내가 미칠 바가 아닐 것이다." 하였다. 선조께서 그의 서화를 아끼며 크게 칭찬하셨고 어필 서화를 자주 내려 그를 총애하셨다.

세 고을 원을 역임했는데 향리와 백성들이 그를 친애하고 추대하지 않음이 없었다. 괴산을 지킬 때 왜란을 만났는데 공은 향리와 백성들을 이끌고 군 북쪽의 산골짜기에 들어가 지키면서 장정을 뽑아 적의 침로를 막았으며 적의 왕래를 탐정하여 병기를 설치하고 매복하여 포획한 적이 많았다. 노약자와 여자로 하여금 농사를 짓게 하여 온 지경이 이를 의지하였더니 다른 고을에서 적을 피해 사람들이 모두 몰려왔다. 부하에게 공을 돌려 심지어 높이 발탁되었지만 공은 거기에 참여하지 않았다. 단지 선무원종공신의 녹훈에 그쳤다.

만년에 일선(一善, 선산의 옛 이름)에 있는 부인 집안의 농막으로 돌아가 고산(孤山)의 매학정(梅鶴亭)을 수리하고 물고기를

잡으며 자오(自娛)하였다. 호는 옥산주인(玉山主人)이며 유고 2
권이 집안에 간직되어 있다. 감사 최현(崔晛)이 『일선지(一善志)』
를 지었는데 공에 대하여 특별히 전기를 짓고 공이 지은 시편
을 기록하여 제하기를 「일선삼절(一善三絶)」이라 하였다. 배위
는 덕산 황씨 고산처사 기로(耆老)의 따님이다. 향당들이 그녀
의 현덕을 추모했다. 1남 2녀를 두었는데 아들은 경절(景節)이
다. 측실에 4녀를 두었다.

숭정기원 후 을묘(1675년) 어느 달 어느 날

가선대부 이조 참판 겸 홍문관 대제학 이단하 전함[6]

이 글에 있듯이 서예사에서 초성(草聖)으로 불릴 정도로 조
선 시대 초서의 제일인자였던 고산(孤山) 황기로(黃耆老)는 이우의
글씨에 대해 "곱게 쓰기는 나만 못하지만 웅건하기는 나보다 낫
다."라고 평가하였다. 황기로는 옥산의 장인이자 서예 스승이었다.
또한 우암 송시열은 "옥산의 글씨는 정묘하고 웅건하여 용과 뱀
이 날아 올라가는 것 같아 그 글씨를 얻는 자는 저 값진 보석보
다 더 귀중히 여기는 것이다."라고도 하였다.

이우는 세필에도 능하여 깨알 한 알에 '귀(龜)' 자를 쓸 수 있
었고 팥을 두 쪽으로 쪼개서 그 한쪽에다 오언절구 시 한 수를
쓸 정도였다. 그럼에도 점과 획이 제대로 갖추어져 체법에 어긋남
이 없어 정교하기 그지없었다는 평가다.

이우는 1589년 2월 19일 48세에 글씨를 논하는 「논서법(論書

法)」이라는 글을 지었다. 그는 이 글에서 중국과 우리나라 역대 명필의 글씨를 옛 문헌을 이끌어 논하고 진(晉)이나 당의 필법으로 돌아갈 것을 주장했다. 지천명을 눈앞에 둔 이 나이쯤에는 그의 서예에 대한 경험과 인식이 충분히 성숙되었을 터이므로 이 책이야말로 그의 서예관을 진술하게 보여 주었을 것으로 생각한다.

나는 옛사람의 글씨를 보기 좋아하니 조적(鳥跡, 새 발자국을 모방한 글씨)이나 운종(雲蹤, 구름의 자취를 모방한 글씨) 등 매우 넓어 끝이 없었다. 그중에서 세상이 다 아는 사람을 논하면 우군(右軍, 왕희지)의 글씨는 용이 천문으로 뛰어오르듯 호랑이가 봉각에 누워 있는 듯(龍跳天門 虎臥鳳閣)하여 천고에 제일 뛰어나 더 이상 더할 수가 없다. 종요(鍾繇)의 글씨는 구름 위를 나는 학이 하늘에서 노는 듯(雲鶴遊天)하며, 자경(子敬, 왕헌지)의 글씨는 서리 맞은 송골매가 공중을 비껴 나는 듯(霜鶻橫空)하며, 당 태종의 글씨는 하삭의 의사(義士)처럼 강개하여 살기를 잊은 듯, 긴 창과 큰 칼이 전진에 횡행하는 듯(河朔義士 慷慨忘生 長槍大劍 戰陣橫行)하고, 안 태사(顔太師, 안진경)의 글씨는 붉은 산호와 푸른 나무처럼 겉과 속이 모두 뼈대인 듯(珊瑚碧水 表裡皆骨)하며, 장욱(張旭)의 글씨는 하늘 꽃이 흩어져 떨어지는 듯 변화를 헤아리기 어렵고(天花散落 變化不測) 회소(懷素)의 글씨는 여름 구름이 바다에서 피어나고 기이한 봉우리가 우뚝 솟은 듯하며 바람에 따라 펼쳐지고 말려 신기한 기운이 곳곳에서 피어나는 듯(夏雲出海 奇峰聳秀 因風舒卷 神氣橫發)하니, 이 것은 진실로 눈에 잘 뜨여 칭송할 만한 사람들이다.

그리고 어떤 것은 늙은 규룡이 돌을 후벼 내는 듯, 목마른 천마가 냇가로 치달리는 듯(老虯扶石 渴驥奔川)하고 놀란 뱀이 풀숲에 들어가는 듯, 나는 새가 숲에서 뛰어나오는 듯(驚蛇入草 飛鳥出林)한 것도 있으니 어찌 필법의 묘함이 다 전해지지 않았겠는가?

만약 우리 동쪽 나라로 말한다면 김생(金生)은 금 갈고리 옥줄(金鉤玉索)과 같고 고운(孤雲, 최치원)은 오랜 솥 돌북(古鐘石鼓)과 같으며, 영업(靈業)은 우아하면서 건실(雅健)하고 안평(安平, 안평대군 이용(李瑢))은 호방하고 일취(豪逸)가 있어 짝할 만한 사람이 없으니 누가 그들 사이에 끼어들겠는가?

만약 근대를 논한다면 어떤 것은 아름다운 난초가 바람에 춤추는 것처럼 은은한 자태가 흘러 움직이는 듯(猗蘭舞風 逸態流動)하고 어떤 것은 늙은 소나무에 눈이 덮인 듯 예스러운 기운이 속세를 끊은 듯(老松冒雪 古氣絶俗)하니 이것들이 발췌한 것인가? 또한 영초(永初)의 유자같이 겉으로만 장보(章甫, 유학자의 관)처럼 꾸미거나 장평(張平)의 장군이 장황하게 의기를 뽐내듯 하고 혹은 여자 종이 귀부인인 척 모양을 내고 교묘한 화장을 하지만 끝내 진짜와 비슷하지 않다. 그러나 어찌 일단이라도 채택할 만한 것이 없겠는가?

어떤 사람이 "자네는 어디에 머물려고 하는가?"라고 물으니 "능하고자 하는 것이 아니고 배우기를 원합니다."라고 하였다. 곧 그 소원은 진(晉)과 당의 여러 군자들이다.[7]

「논서법」은 글자 그대로 글씨를 논하는 법이다. 중국에서도 위진(魏晉) 남북조 시대와 당의 서예가들을 뽑아 중국 서예사에서 품평한 것을 그대로 인용하고 있다. 진나라 왕희지·왕헌지와 위나라 종요, 그리고 당나라 태종·안진경·장욱·회소 등을 거론하고 있다. '늙은 규룡이 돌을 후비는 듯하고 목마른 천마가 냇가로 치달리는 듯하다'는 품평은 당나라 서호(徐浩)의 글씨에 대한 것이고 '놀란 뱀이 풀숲에 들어가는 듯하고 나는 새가 숲에서 뛰쳐나온 듯하다'는 품평은 당나라 스님 아서(亞栖)의 글씨에 대한 것인데 역시 모두 중국 역대 서평에서 인용한 것이다. 우리나라 역대 명필들의 글씨도 논하고 있지만 자신의 시대의 인물에 대해서는 이름을 거론하지 않고 여러 종류의 글씨 쓰는 풍조만 논하고 있다. 신라의 김생을 비롯하여 최치원, 고려 시대 스님 명필인 영업, 조선 시대 조맹부의 송설체를 잘 쓰던 안평대군 등을 거론하였다.

결론적으로 말하자면 이우는 누구나 인정하는 명필은 말할 나위 없고 설령 흉내 낸 글씨라도 취할 만한 좋은 점은 있다고 하여 열린 마음을 보이고 있다. 특히 맨 마지막에 자신의 목적은 능하고자 하는 게 아니고 배우고자 하는 데 있는데 그 배움의 대상은 진·당의 군자들이라고 하면서 근대 명필이나 고법을 흉내 낸 글씨까지 장점을 널리 수용하는 포용적 태도와 겸손함을 드러냈다.

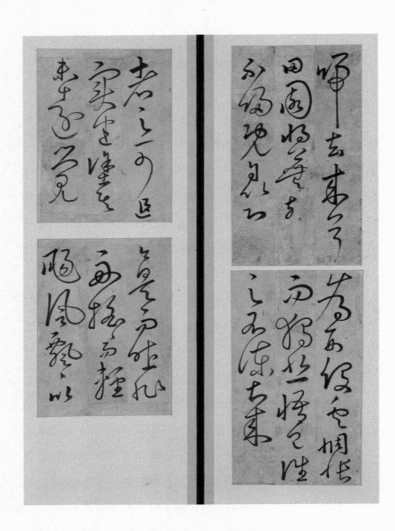

옥산 이우 | 초서 「귀거래사」 병풍 중 제1~2폭 | 오죽헌·강릉시립박물관 소장

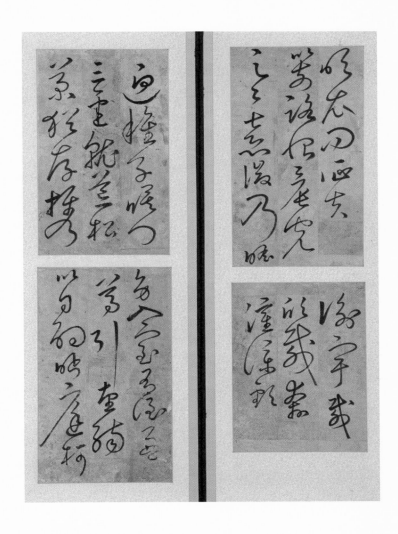

옥산 이우 | 초서 「귀거래사」 병풍 중 제3~4폭 | 오죽헌·강릉시립박물관 소장

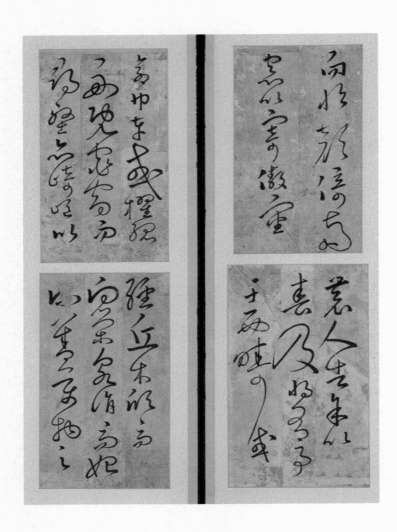

옥산 이우 | 초서 「귀거래사」 병풍 중 제5~6폭 | 오죽헌·강릉시립박물관 소장

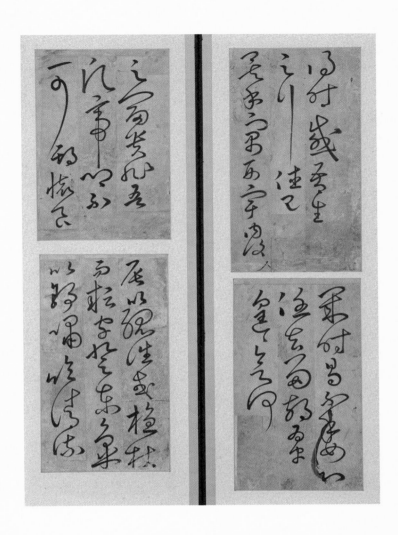

옥산 이우 | 초서 「귀거래사」 병풍 중 제7~8폭 | 오죽헌·강릉시립박물관 소장

옥산 이우 | 초서 「귀거래사」 병풍 중 제9~10폭 | 오죽헌·강릉시립박물관 소장

이우가 역대 명필들의 서법에 들어가기 전 처음 글씨를 배울 때 과연 누가 붓을 쥐어 주고 글씨 쓰기를 가르쳤을까? 말할 것도 없이 어머니 사임당이었을 것이다. 이우가 10세에 사임당이 돌아갔으므로 유년기의 이우에게 있어 어머니의 영향력은 절대적이었을 것이다. 이이가 10여 세에 이미 대부분의 경전을 읽었다는 기록으로 보아 이우도 4~5세에 천자문을 배우면서 글씨도 쓰기 시작했을 것이다.

이우가 어머니 신사임당의 서풍을 따랐으리라고 상정할 때 우선적으로 보아야 할 작품이 초서 「귀거래사」 병풍이다. 도연명의 「귀거래사」를 초서로 쓴 작품인데 「귀거래사」 전체를 아우르지는 못하고 중간에 결락된 부분이 있지만 대부분이 보존되어 열 폭 병풍으로 꾸며져 있으며 현재 강릉 오죽헌에 소장되어 있다. 그 끝에 "병진년 늦은 봄에 옥산이 서사하다(丙辰暮春 玉山書似)"라 쓰여 있다. 이로 보아 1556년 3월 이우가 15세에 이 글씨를 썼음을 알 수 있다. 여기서 서사(書似)라는 용어로 보아 어떤 모범이 되는 글씨를 따라 썼다는 것을 알 수 있는데 그 형사(形似)의 범본이 사임당의 글씨가 아닐까 싶다. 사임당의 초서로 알려진 초서 당시 오절과 비교해 볼 때 자형이나 획법, 운필에서 유사성이 뚜렷하므로 더욱 그 가능성이 높다.

성장하여서는 장인인 황기로의 영향도 무시할 수 없을 것이다. 이우는 당대 최고의 초서 명필인 황기로의 외동딸과 결혼하여 만년에는 처가가 있는 선산에 은거하였고 장인의 유산과 유업

고산 황기로 | 「초서가행」 원석 | 오죽헌·강릉시립박물관 소장

을 모두 물려받았다.

황기로의 본관은 덕산, 자는 태수(鮐叟), 호는 고산(孤山)이다. 선산의 낙동강 서쪽 보천탄 언덕 위에 매학정(梅鶴亭)이라는 정자를 짓고 세속의 명성이나 이욕을 탐하지 않으며 초연하게 처사로 유유자적하였다. 그는 송나라 전당(錢塘) 출신 은일 화정공(和靖公) 임포(林逋)가 서호의 고산에서 홀로 은거하며 매화를 심고 학을 키우며 살던 삶을 본보기로 삼았다.

황기로의 초서는 당나라 회소의 초서에 바탕을 두고 명나라 장필의 서풍을 가미하여 방일(放逸)한 서풍을 구사하였다. 그의 작품으로 널리 알려진 「초서가행(草書歌行)」은 이백이 회소를 찬미

한 칠언장시 「초서가행」을 쓴 것으로 그 끝에 "가정기유하 고산인 서(嘉靖己酉夏 孤山人書)"라 적혀 있어서 1549년(명종 4년) 29세에 썼음을 알 수 있다. 이 작품은 그의 기년작 가운데 가장 빠른 것으로 둥근 필세의 분방한 운필은 시 내용과 함께 회소의 광초(狂草)를 연상시킨다. 또 획의 굵기를 더욱 변화롭게 하고 세로획을 파도처럼 구부리면서 길게 빼는 등 장필의 서풍을 적극 가미했다.

이 「초서가행」을 새긴 원석이 이우의 후손인 이창용 씨에게 전해지다 오죽헌에 기증되었다. 이것으로 찍어 낸 탑본이 여러 명가에 수장되어 있다 하므로 후대에 미친 그의 영향력을 알 만하다. 이와 같은 해에 쓴 「귀거래사」가 목판으로 전한다. 모두 10폭으로 마지막 폭 끝에 "고산 황기로 인 기유춘고산서(孤山黃耆老印 己酉春孤山書)"라 새겨 있고 또 "신사칠월 월성부중인(辛巳七月 月城府重印)"이라고도 새겨져 있다. 따라서 이 글씨는 황기로가 「초서가행」을 쓴 1549년 29세 때 써서 신사년(판각 상태로 보아 1761년이나 1821년) 7월 경주에서 중간했음을 알 수 있다. 이 역시 쾌속하고 분방한 운필, 굵기의 변화를 강조한 점획의 처리, 사선으로 그은 강렬한 붓놀림, 세로로 길게 뻗치고 좌우로 떠는 획법 등에서 역시 장필 서풍을 적극 수용했음이 드러난다.

이들 작품 이전의 기년작이 없으므로 그 전의 서풍은 확인할 길이 없고 이후는 기본적으로 이 서풍이 보다 원숙해지고 있는 것이다. 이처럼 황기로의 초서풍은 회소나 장필의 방일한 특징을 보다 순정한 풍격으로 소화해 낸 것으로 보이며 사위 옥산을

통하여 사임당의 초서풍에 접하면서 그의 글씨에도 일말의 변화
가 일지 않았나 싶다.

근대의 서화가이자 감식안인 위창 오세창은 황기로를 '고산
초성(孤山草聖)'이라 부르며 그 글씨가 변화무쌍하고 방일·호쾌하
다고 평하였다. 또한 그러한 서풍은 양사언과 백광훈에 앞서 명성
을 날리면서 한 시대의 풍격을 이루었다고 하였다.

그의 서풍은 그의 고고한 삶의 모습과 어울려 많은 사람들의
경외를 받으며 한 시대를 풍미했으니 동시대의 양사언은 물론 아
우 황영노(黃英老), 사위 이우, 유몽인(柳夢寅), 이지정(李志定), 이하
진(李夏鎭) 등이 따라 배웠다. 그의 서풍은 16~17세기 조선 중기
초서풍에 큰 영향을 미쳤고 18세기까지 이어졌다.

옥산 이우는 황기로의 사위가 된 뒤 장인의 서풍을 적극 수
용하였다. 초서 「귀거래사」를 제외한 대부분의 작품이 장인의 초
서풍에 가까우며 변화가 많은 점에서 황기로와 유사하지만 이우
특유의 느긋하고 여유로운 필치가 엿보인다. 세로로 좀 길쭉한 글
자 모양과 간략하게 줄인 점획, 쾌속한 운필에서 황기로의 영향을
확인할 수 있다. 그러나 황기로의 간명한 짜임과 정갈한 획법에
비하여 이우는 조금 거칠고 골기가 약하다는 평가이다.

이우는 68세까지 당시로서는 장수한 편이다. 사임당이 48세,
맏형 죽곡이 47세, 중형 율곡이 49세로 세상을 떠난 사실을 상기
해 볼 때 일흔 가까이 살았으니 말이다. 그리하여 그의 서풍에서
변화가 있었으리라 싶은데 초서 「귀거래사」 외에 기년작이 없다.

다만 이우가 어려서 어머니 사임당에서 배워 15세에 쓴 초서 「귀거래사」는 사임당의 초서풍의 영향을 받았음이 확실하다.

당대의 초성이라 불리던 고산 황기로의 무남독녀와 결혼한 후 이우의 서풍은 황기로의 영향을 받기 시작하였을 것으로 미루어 추측할 수 있다. 다만 벼슬살이에 바쁘던 중년에는 글씨에 전념할 여가가 없었으리라 생각되고 만년에 처가가 있는 선산에 은거하면서 글씨나 삶의 방식이나 장인에게서 많은 영향을 받은 것으로 짐작된다. 매학정 주인 자리를 물려받으며 처가의 유산까지 받았을 터이니 이이가 세상을 떠난 뒤 대신 짊어졌던 일가 친족의 부양 의무에서 벗어나 좀 여유로운 은자적 삶을 살 수 있었을 것이다.

그의 노년작으로 보이는 작품들은 황기로의 서풍을 자기화하여 사임당의 서풍은 물론이고 황기로의 영향에서도 벗어나 고졸하고도 노숙한 필치를 보여 주며 자기만의 개성을 엿보게 한다. 이우는 노년에 이르러서야 어머니 사임당과 장인 황기로의 서풍을 기반으로 자신만의 서풍을 확립시켰으니 비로소 옥산 이우의 자가풍, 다시 말하면 옥산서풍을 이루게 된 것이다.

오죽헌에 소장된 사임당의 당시 오절 초서 6폭과 이우가 15세에 쓴 초서 「귀거래사」를 비교하면 글자 모양은 물론이고 점획과 짜임, 운필 등 전반에 걸쳐 유사하다. 특히 붓을 트는 전필(轉筆)에서 동그란 원필세(圓筆勢)가 뚜렷하고 붓을 꺾는 절필에서 마치 해서를 쓰는 듯 명료한 필법이 똑같이 나타나고 있다. 또 점획에서 한 글자가 시작되는 첫 획을 마치 해서처럼 곧게 긋거나 중간이나 마지막 어느 한 획은 곧고 명료하게 처리함으로서 안정되고 단정한 뼈대를 구축하는 독특한 짜임을 보여 주는 데 공통점을 보인다.

16세기 전반 이래 서단의 흐름은 명 대 초서풍의 영향을 받아 분방한 운필과 변화로운 점획으로 행간을 넘나들며 파격적 자형을 사용하는 서풍이 유행하고 있었다. 당나라 장욱과 회소 계통의 서풍에 바탕을 둔 대자광초(大字狂草)가 그것이다. 이러한 서풍은 김구(金絿)·김인후(金麟厚)·황기로 등에 의하여 수용되어 전파되고 있었으니 이우의 장인이 바로 그런 흐름을 주도하던 중심 인물이었다.

이에 비하여 사임당의 서풍은 당시 유행하던 분방한 초서풍과는 달리 간정(簡淨)한 점획, 단정한 짜임, 원필(圓筆)과 방필(方筆)의 조화로움으로 요약된다. 아들 이우와 백광훈·백진남 부자, 그리고 한호에 의하여 계승된 사임당 서풍은 사임당서파로 분류되기도 한다.

17세기에 이르러서도 사임당의 서풍은 여전히 영향력을 발휘하여 조경(趙絅)·조속(趙涑)과 이우의 증손인 학정(鶴汀) 이동명(李東溟)에게서 사임당 서풍을 확인할 수 있다. 이우는 초년에 사임당의 영향을 받았고 결혼 후 중년에는 장인 고산 황기로의 서풍을 수용했으며 노년에 이르러서 두 사람의 서풍을 기반으로 자기만의 서풍을 이루어 내었다.

그는 거문고나 글씨와 그림에 힘쓰는 만큼 시나 학문에는 힘쓰지 않았다고 하는데 그럼에도 증손인 이동명이 시 몇 편을 모아 『옥산시고』를 편찬할 때 우암 송시열에게 서문을 부탁하자 "부스러기 글이요 조각보옥이라 작을수록 더욱 기이하다.(零金片玉愈小愈奇也)"라 하였다. 이이는 평소 "내 아우로 하여금 학문에 종사하게 했다면 내가 따르지 못했을 것이다."라고 하여 이우의 학문적 능력을 높이 평가하였다.

이우의 그림은 그의 재능 가운데 가장 빛나며 현재 남아 있는 작품도 많이 있다. 어머니 사임당을 계승하여 포도·초충·어해·묵매·묵란·묵국·묵죽 등 다양한 화목을 넘나든다. 더욱이 그에게 와서 매·란·국·죽 사군자의 구성 요소를 모두 갖추었다. 묵국인 「국화도」는 오죽헌 소장으로 강원도 유형문화재 12호로 지정되어 있고 「가지」·「게」·「매화」·「묵죽」·「묵포도1」·「묵포도2」도 오죽헌(이창용 기증)에 소장되어 있다.

「국화도」는 종이에 수묵으로 그렸고 크기는 가로 25.2센티미터, 세로 36센티미터이다. 아무런 뒷 배경이나 지표의 표현 없이 국화 절지를 먹으로 그린 것인데 꽃은 구륵법(鉤勒法, 윤곽선을 선묘로 그리는 법)으로 묘사하고 잎은 부드러운 필치의 몰골법으로 묘사하였다. 옥산의 작품 가운데 이른 시기의 것으로 추정되어 그의 그림 수련 과정을 이해하는 데 좋은 자료로 평가받는 작품이다.

오죽헌 소장의 「묵죽」은 종이에 먹으로 그렸고 크기는 가로 22.4센티미터, 세로 36.9센티미터이다. 대나무 줄기를 비백(飛白)이

옥산 이우 | 「국화도」
오죽헌·강릉시립박물관 소장

옥산 이우 | 「묵죽」
오죽헌·강릉시립박물관 소장

옥산 이우 | 「묵포도 1」
오죽헌·강릉시립박물관 소장

옥산 이우 | 「묵포도 2」
오죽헌·강릉시립박물관 소장

드문드문 나게 갈필로 거칠게 그렸으며 마디를 표현한 갈고리 모양의 필획이 약간 불안정하게 보인다. 왼쪽에는 같은 필치로 키가 큰 죽순을 묘사하였고 오른쪽 비스듬히 그린 대나무의 죽엽만이 약간의 윤필을 보이고 있다.

오죽헌 소장의 「묵포도 1」은 종이에 먹으로 그렸고 크기는 가로 21.8센티미터, 세로 36.8센티미터이다. 간송미술관 소장의 사임당 전칭 「묵포도」 그림의 간결한 구도와 덩굴손이 감기는 모습, 포도 잎의 엽맥 묘사 등에서 유사점이 보인다. 또 장봉으로 그린 포도 가지의 표현도 입체적인 느낌으로 공통점이다.

오죽헌 소장의 또 하나의 포도 그림인 「묵포도 2」는 역시 종이에 먹으로 그렸으나 크기는 가로 62.7센티미터, 세로 86센티미터의 장폭이다. 전반적으로 산만한 구도에 포도 가지도 편필(偏筆)을 사용하여 입체감이 적으며 덩굴손이 감기는 모양이 자연스럽지 않다. 복잡한 구도가 간결함을 선호하던 사임당이나 이우의 포도 그림과는 이질적이다.

사임당의 화목에는 없는 그림이 이우의 「게」 그림이다. 종이에 수묵으로 그렸고 크기는 가로 25.6센티미터, 세로 36.8센티미터이다. 배를 드러낸 커다란 게를 화면의 가운데 조금 위쪽에 배치하고 위와 아래에서 게를 감싸듯 갈대 가지를 하나씩 배치한 특이한 구도이다. 가느다란 필선의 구륵법으로 단단하게 보이지만 생기 있게 살아 움직이는 게의 동작을 사생을 통하여 포착하였다. 대개 게는 등딱지를 위로 하여 몰골법으로 처리하는 것이

옥산 이우 | 「게」
오죽헌·강릉시립박물관 소장

옥산 이우 | 「가지」
오죽헌·강릉시립박물관 소장

옥산 이우 | 「매화도」
오죽헌·강릉시립박물관 소장

옥산 이우 | 「수과초충도」
서울대학교 박물관 소장

상례인데 이 게 그림은 특이하게도 배를 위로 드러낸 모습이다.

오죽헌에 소장되어 있는 옥산 이우의 「가지」 그림은 종이에 수묵으로 그렸고 크기는 가로 25.6센티미터, 세로 36.9센티미터이다. 상태가 좋지 않아서 그림이 생생하지 못한 단점이 있다. 사임당의 자수 병풍에서 보이듯이 가지에 꽃이 드문드문 달린 것이나 완전한 몰골법을 구사하고 있는 점이 사임당과 같지만 전반적으로 힘이 없다. 희미하지만 토파를 그려 땅을 표현하고 서너 군데에 바랭이풀들을 무리지어 그려 넣었다. 사임당은 공중에 나비들을 배치했는데 옥산은 땅에 여치를 배치했다.

오죽헌 소장 옥산 이우의 「매화도」는 종이에 수묵으로 그렸고 크기는 가로 22.2센티미터, 세로 36.8센티미터이다. 사임당 전칭 고매첩(이화대 박물관 소장)처럼 부드러운 먹으로 그린 굵은 고목 등치가 가로로 배치되어 있고 거기서 나온 마들가리들이 수직으로 뻗어 올라가며 매화꽃과 꽃봉오리들을 송이송이 피워 내고 있는 점이 사임당 작품과 공통점을 보인다. 빠른 붓놀림으로 윤곽선을 하나씩 그려 낸 솜씨가 청초함과 순진한 맛을 더해 주고 있다.

순천대학교 박물관 소장 옥산 이우의 「화조도」는 종이에 수묵으로 그렸고 크기는 가로 16센티미터, 세로 23센티미터이다. 왼쪽 아래 화면에서 사선 방향으로 괴석을 배치하고 그 위에 참새 한 마리가 고개를 바위 밑으로 틀고 앉아 있다. 바위 뒤로는 사임당이 즐겨 그린 석죽화(패랭이꽃) 두 송이가 활짝 피어 있고 또 한

옥산 이우 | 「화조도」 | 순천대학교 박물관 소장

송이는 활짝 핀 채로 참새에게 3분의 2쯤 가려져 있다. 바위 위에 여기저기 난초 잎처럼 돋아난 풀들은 바위 밑에 피어난 이삭으로 보아 방동사니가 아닌가 싶다.

석죽화는 사임당이 즐겨 그린 소재이고 참새는 누님 매창이 즐겨 그린 소재이니 옥산은 자신이 사랑하던 두 여인, 즉 어머님과 누님의 소재들을 한 화면 속에 어우러지게 그리고 싶었던 것이 아닐까 싶다. 옥산이 10세에 어머니 사임당이 돌아가자 매창은 23세로 어린 막냇동생 이우를 어머니를 대신하여 돌보았을 것이다. 바위 위에는 여기저기 태점을 찍어 이끼들을 표현한 것이 보인다. 석죽화나 참새나 말끔하게 그려져 세련미가 돋보이지만 사임당의 천진미는 사라지고 없는 점이 아쉽다.

선문대학교 박물관 소장의 「산수도」는 종이에 담채로 그렸는데 크기는 30.1센티미터, 세로 35.7센티미터이다. 강물이 펼쳐진 왼쪽에 가파른 바위 언덕을 배치하고 그 위에 활엽수 세 그루를 그려 넣었다. 그 가운데 한 그루는 운치 있게 강 쪽으로 쏠려 거꾸로 매달려 있다. 나뭇잎들이 갈색인 것으로 보아 가을 풍경인 것 같다. 원경의 산들은 마치 군신 관계를 형상화한 듯 가운데 주산이 큰 봉우리로 솟아 있고 양옆에 작은 봉우리들이 호위하듯 늘어서 있다.

원경의 산봉우리들과 왼쪽 근경의 바위산을 묘사하는 먹의 농도가 같아서 원근법을 무시한 결과가 되었다. 두 산 모두 산 모양을 윤곽선으로 그리고 같은 모양을 점차 축소하여 반복적으로 그려 입체감을 표현하였다. 거칠게 표현한 산봉우리들과는 대조적으로 강 위에 떠 있는 배와 인물들은 섬세하게 표현하여 산수와 인물이 따로 노는 느낌이다. 중국의 화보에 있는 산수화를 모사한 듯도 싶은데 진위 여부가 아직 분명하지 않다. 만약 진품이 확실하다면 이우가 어머니의 화목이던 산수화에까지 손을 댄 증빙이 될 것이다.

다음으로, 남아 있는 이우의 시 작품을 살펴보자.

감천에서 비를 만나 고산에 이르러 짓다(甘川値雨到孤山作)[8]

낙동강 나룻가에 날리는 빗발	洛東飛雨度長沙
어깨 위에 흩뿌려 옷 적시더니	亂撲吟肩濕短簑
저물녘 회오리바람에 눈이 되어	向晚回風吹作雪
고산 온갖 나무 모두 매화 피었네	孤山千樹摠梅花

어느 날 이우가 외출했다가 낙동강을 건널 즈음엔 비가 내렸지만 저녁이 되어 찬바람이 불자 비가 눈으로 변하더니 고산의 온갖 나무에 눈꽃이 피어 매화가 핀 것 같이 보이던 풍경을 고산 집에 돌아와 읊은 시이다.

누가 내 집을 묻기에 시로써 답하다(甘文有客問我所住以詩答之)[9]

| 내 집이 어느 곳에 있냐고요 | 君問吾家何處住 |
| 저 산 밑 물가에 사립문 닫은 집 | 依山臨水掩松門 |

| 이따금 모랫길에 구름이 덮여 | 有時雲鎖沙汀路 |
| 사립문은 안 보이고 구름만 보이지요 | 不見松門只見雲 |

이 시는 어떤 사람이 어디 사느냐고 묻자 시로써 대답한 작품인데 '산을 의지하여 물가에 있는 사립문 닫은 집'이라 하고 때로는 구름에 가려 잘 보이지 않는다고 하여 은자적 삶을 묘사하고 있다. 두 시 모두 고산으로 은퇴한 후의 작품으로 보인다.

이우의 8대손인 세심제(洗心齋) 이서(李曙, 1752~1809년)가 「집안에 내려오는 시화첩 발문(家傳詩畵帖跋)」에서,

그리고 또 재주가 넘쳐 다른 기예까지 능하여 거문고 가락이 세상에 뛰어났고, 그림의 품격이 조화를 빼앗아 일찍 묵화로 풀벌레를 그려 내어 길에다 던지자 뭇 닭이 한꺼번에 쪼았으니, 이것이 바로 세 가지 뛰어난 재주(글씨·거문고·그림)이거니와…….

라고 하였다. '그림의 품격이 조화를 얻어 일찍이 묵화로 풀벌레를 그려 내어 길가에 던지자 뭇 닭이 한꺼번에 쪼았다'는 일화는 사임당의 일화이기도 하다. 그만큼 정교하다는 뜻의 비유일 터이다.

이우는 맏딸 매창과 함께 사임당의 예술적 재능을 가장 많이 물려받은 자식이었다. 글씨에 있어 어려서는 어머니 사임당에게서 배우고 성장해서는 당대 최고의 초서대가인 고산 황기로의

무남독녀의 사위가 되어 초서 서법을 물려받았을 뿐만 아니라 뒤에 처가인 선산으로 옮겨가서 장인의 모든 유업을 물려받았다. 낙동강 위 고산의 매학정(梅鶴亭) 주인이 되었을 뿐 아니라 죽어서도 선산면 북산동에 있는 무래산(舞來山)의 응봉 아래 묻혔고 부인 황씨도 합장되었다.

자녀는 1남 6녀인데 외아들 경절(景節)이 사의(司議) 벼슬을 하였고 그 역시 가법을 이어 서(書)·화(畵)·금(琴)에 능하여 삼절(三絶)로 이름을 알렸다. 딸은 여섯인데 정유성(鄭惟城)·권상정(權尙正)·이시발(李時發)·권진(權縉)·권태일(權泰一)·김치(金緻)에게 출가하였다. 경절은 집·교·균·구·호의 5형제를 두었는데 장손인 집이 동야(東野)·동명(東溟)·동유(東維)·동주(東柱)·동로(東魯)의 5형제를 낳았다. 그 가운데 둘째인 동명이 증조부인 옥산 이우와 고조모인 사임당의 작품들을 수집하여 서화첩으로 만들어 보관하는 데 정성을 다하여 오늘날에까지 그 족적을 남기는 데 크게 기여하였다.(「송시열찬 이공묘갈문(宋時烈撰 李公墓碣文)」)

이우에 대한 만사는 이이의 친구이자 선조 대의 대표적 문장가인 간이당(簡易堂) 최립(崔岦)이 쓴 글이 있다.

내게 있어 율곡 공은	余於栗谷公
교의가 실제 형제와 같았는데	交義實弟兄
계헌은 그 막냇동생이니	季獻其少弟
어려서부터 쓰다듬으며 보았지	撫視自孩嬰

눈썹과 눈이 빛나 마음에 들더니	眉眼瑩可念
유예하여 글씨로 이름이 났네	游藝以書鳴
매학 옹의 사위가 되더니	作贅梅鶴翁
초성과 이름을 거의 나란히 했네	草聖幾齊名[10]

    최립의 이 만사야말로 옥산을 어려서부터 보아 온 사람의 증언일 터이다.

    이우는 사대부 화가로서 문인 화가들이 다루는 화목들을 두루 섭렵했다. 이우의 후손들은 조상에 대한 경모가 남달라서, 위에서 살펴보았듯이 증손인 이동명은 이우의 글을 모아 『옥산시고』를 편찬하였고 8대손 이서는 집안에 남은 이우의 작품은 물론이고 사임당과 매창의 작품까지 모아 『가전서화첩』을 만들고 그 발문을 써서 유래를 밝혀 놓았다. 현대까지 자손들이 유품을 고이 간직하고 수집도 병행하였으니 옥산 이우의 14대손인 고 이장희 선생은 현재의 오죽헌이 처음 세워질 당시 율곡 이이의 유물 3점을 기증했다. 그리고 그 손자인 이창용 씨는 2007년 사임당을 비롯한 매창, 이이, 이우 등 사임당 가족의 유품 380여 점을 강릉시에 기증했다.

사임당에 대한 기록

앞서 말했듯 사임당의 삶과 예술에 관한 총체적인 자료는 아들 율곡 이이가 남긴 「선비행장」이 있을 뿐이다. 그러나 초충도를 비롯한 많은 작품들이 조선 후기까지 많이 전해지면서 후세에도 그녀에 관한 글, 주로 작품을 평하는 글들이 여럿 쓰였다. 지금은 전하지 않는 그림까지 칭송되어 있어 사임당의 높은 예술적 경지를 엿볼 수 있다.

자료의 나열 순서는 인물의 생년 순서에 따랐으며, 앞서 제시된 자료가 이 장에서 다시 언급될 경우 주 처리를 하지 않고 그대로 다시 인용하였다. 실전(失傳)이란 현재 전해지지 않는다는 뜻이다.

이이의 『율곡전서』 「선비행장」

사임당에 관한 최초의 기록은 아들인 율곡 이이가 쓴 「선비행장」이다. 이 기록은 이이가 학자로 대성하기 훨씬 전 16살 때 쓴 글이다. 1551년(명종 6년) 사임당이 별세하자 이이는 어머니를 추모하기 위하여 이 행장을 지었다. 사임당이 사망한 직후여서 어머니에 대한 이이의 기억은 더욱 생생했을 것이다.

뒤에 이이가 대성하자 "율곡이 없었으면 사임당도 없었을 것이다."라는 평을 들을 정도로 사임당은 이이의 어머니로서 높이 칭송되었다. 사실 이이가 쓴 「선비행장」이 없었다면 사임당은 세상에 알려지기 어려웠을 것이다. 더구나 이 「선비행장」은 추모의 글임에도 불구하고 객관성과 사실성, 그리고 실용성을 구비하고 있다는 것이 학계의 정평이다.

다시 말하면 평소의 생활 태도나 덕행을 추상화하거나 형식화하여 추앙하지 않고 일상을 장면화하여 구체적으로 기술함으로써 개인의 정서적 측면까지 포함시키고 있다. 함께 생활한 아들이 아니고는 그렇게 세밀하게 서술하기 어렵고 또 이이의 탁월한 문학적 감수성이 없었다면 불가능한 일이다. 그러므로 이 책의 사임당에 대한 모든 논의는 이 「선비행장」에서 출발하였다.

어숙권의 『패관잡기(稗官雜記)』

동양(東陽) 신씨는 어려서부터 그림을 공부했는데 그의 포
도와 산수는 절묘하여 평하는 이들이 안견에 다음간다고 한
다. 어찌 부녀자의 그림이라 하여 경홀히 여길 것이며 또 어찌
부녀자에게 합당한 일이 아니라고 나무랄 수 있으랴![2]

어숙권(魚叔權, 16세기 중엽)의 호는 야족당(也足堂)이고 본관은
함종이다. 좌의정 어세겸(魚世謙)의 서손으로 중종 대에 이문학관
이 되었다. 한때 이이를 가르쳤다고 한다.

이이를 가르쳤다면 사임당하고도 안면이 있었을 것이다. 어
숙권은 사임당이 어려서부터 그림을 공부했다고 하고 특히 포도
그림과 산수화에 절묘하였다고 평하였다. 아마도 산수화가 안견
에 버금간다는 것이 당대의 정평이 아니었나 싶다. 특히 이 기록
에서 결론처럼 "어찌 부녀자의 그림이라 하여 경홀히 여길 것이
며 또 어찌 부녀자에게 합당한 일이 아니라고 나무랄 수 있으랴!"
하는 부분을 주목할 필요가 있다. 여자의 그림이라고 가볍게 여
길 일이 아니라는 것은 사임당의 그림이 상당한 수준이라는 이야
기이고 다른 한편으로 여자가 그림을 그리는 일을 탐탁하게 여기
지 않는 세상 풍조에 대한 경고인 셈이다. 이 기록은 사임당이 당
대에 이미 그림으로 상당한 평가를 받고 있었다는 사실을 증명하
고 있다.

이경석이 산수화(실전)에 붙인 발문(1661년)

상고하건대 우리 인간으로 천지의 기운을 모아 출생한 이는 남녀를 물론하고 하나의 큰 이치를 투철히 알면 온갖 것을 다 알게 되어 가슴속이 환하여 조화가 그 손에 있어 붓을 들고 먹을 뿌림에 있어서도 어느 것이나 신묘한 데 이르게 되는 것이라 애초부터 정신을 괴롭히고 생각을 허비함이 아니요, 그저 자연으로 그렇게 되는 것이다.

삼가 신 부인의 산수 그림을 열람해 보니 구름과 모래 아득하고 숲에는 연기가 자욱하며 멀리 첩첩한 산봉들과 굽은 물, 긴 모래톱이 솟고 둘린 채 감돌고 휘돌며 굽어 기이하고 날카롭지는 않으며 담박한 채 남은 맛이 있다.

그리고 암자며 초가며 끊어진 벼랑과 위태로운 다리 등이 있는 듯 없는 듯 보일 듯 말 듯한 형상이 털끝을 가려낼 만큼 섬세하여 모두 붓 밖의 뜻이 있어 그 그윽하고 조용하고 단단하고 깊은 덕이 역시 저절로 그 사이에 나타나 있으므로 이것이 어찌 배워서 될 수 있는 일이겠는가? 거의 하늘이 주어 얻은 것이리라.

그 율곡 선생을 나으심도 역시 하늘이 준 것이라 천지의 기운이 쌓여 어진 이를 밴 것도 바로 그 이치 속이거니 어찌 특히 조화가 손 속에만 있다 할 것이랴! 과연 기이하다. 아름답다.

남으로서 이것을 얻어 보는 자도 모두 공경히 감상하겠는데 그 자손된 자에게 있어서야 보배로이 간직하여 오래 전할 것을 꾀하는 것이 과연 어떠하겠는가?

퇴휴(退休) 소 공(소세양)은 일대의 종장으로 이미 긴 시를 읊은 것이라 길이 전하기에 족한 것이로되 나같이 초라한 사람이야 어찌 감히 잔말을 붙일 수 있으랴만 간절히 청함을 받고 보니 감히 그 뜻을 버릴 수도 없다. 청하는 자가 누구인가? 납언 이동명이니 바로 율곡 선생의 종손이다.

숭정기원 후 신축(현종 2년, 1661년) 완산 이경석 삼가 씀[3]

이경석(李景奭, 1595~1671년)의 자는 상보(尙輔), 호는 백헌(白軒)이고 본관은 전주이니 종실 덕천군(德泉君) 이후생(李厚生)의 6대손이다. 시호는 문충(文忠)이다. 학문과 글씨와 문장으로 이름이 났는데 바로 이 능력과 종실 후손이라는 이유 때문에 병자호란 당시 인조의 명으로 항복문인 삼전도 비문을 지었다. 이 치욕적인 일로 그는 평생 고통 받았다.

이 글은 사임당의 넷째 아들인 옥산 이우의 증손이자 율곡 이이의 종손인 이동명의 요청으로 이동명이 소장하고 있던 산수화에 붙인 발문이다. 이 산수화에는 그로부터 113년 전 소세양(蘇世讓, 1486~1562년)이 쓴 시가 붙어 있었다.[4] 소세양의 시는 다음과 같다. 제목은 「동양 신씨의 산수화 족자(東陽申氏山水畫簇)」이다.

시냇물 굽이굽이 산은 첩첩 둘러 있고	百折溪流千疊山
바위 곁에 늙은 나무 감돌아 길이 났네	巖廻木老路紆盤
숲에는 아지랑이 자욱이 끼었는데	樹林霧靄空濛裏
돛대는 구름 밖에 보일락 말락 하는구나	帆影煙雲滅沒間
해 질 녘에 선객 하나 나무다리 지나가고	落日板橋仙子過
소나무 집 속 늙은 중 한가로이 바둑 두네	圍棋松屋野僧閑
꽃다운 그 마음은 신과 언약 맺었는지	芳心自與神爲契
묘한 생각 기이한 자취 따라잡기 어려워라	妙思奇蹤未易攀[5]

　해 질 녘 첩첩산중 울창하게 우거진 숲엔 아지랑이 감돌고 굽이굽이 흐르는 시냇물 위 나무다리로 선객(仙客) 한 사람 지나가며 저쪽 시내엔 보일락 말락 돛단배 하나 떠 있다. 숲 속 소나무로 지은 집엔 스님 한 사람이 한가로이 바둑을 두고 있다. 시만 보아도 사임당이 그린 산수화의 모습이 눈앞에 그대로 펼쳐져 보인다. 마지막 연의 '꽃다운 그 마음 신과 언약 맺었는지 묘한 생각 신기한 자취 따라잡기 어렵다'는 표현은 사임당의 비범한 그림 솜씨를 시인다운 표현으로 극찬한 것이다.

　소세양은 사임당보다 18년 연상이고 사임당이 사망한 후에도 11년을 더 살아 77세까지 장수하였다. 이 시를 지은 해는 1548년 (명종 3년)으로 소세양이 63세이고 사임당은 45세 때이니 사임당이 사망하기 3년 전이다. 당대의 저명인사인 소세양이 사임당의 산수화에 이런 시를 남겼다면 사임당은 살아생전에 예원에 이름을 알리고 높은 평가를 받고 있었다는 사실이 분명해진다.

송시열이 쓴 난초 그림(실전) 발문(1659년)

1659년 송시열이 53세 때 이동명이 간직한 난초 그림을 보고
쓴 발문이다.

이것은 고 증찬성 이 공 원수 부인 신씨의 작품이다.

그 손가락 밑에서 표현된 것으로도 오히려 능히 혼연히
자연을 이루어 사람의 힘을 빌려 된 것은 아닌 것 같음이 이렇
거늘 하물며 오행(금·목·수·화·토 다섯 가지 원기)의 정수를 얻고
또 천지의 근본이 되는 기운의 융화를 모아 참조화(인간의 출생
하는 것)를 이룸이겠느냐?

과연 그 율곡 선생을 낳으심이 당연하다.

…… 일찍 듣건대 율곡 선생이 말을 할 만하던 때 「자식
이 어버이를 섬기는 그림」과 「장공예(중국 당나라 고종 때 사람)
의 아홉 대 가족이 한 집에 모여 산 그림」을 자기 손으로 그려
놓고 단정히 앉아 묵묵히 바라보았다 한다.(율곡 9세 때 일이다.)
…… 백종은 소홀히 하지 말라.

숭정기원 후 기해(1659년) 납(臘) 은진 송시열 경서(敬書)[6]

이 그림은 현재 전하지 않는다.[7] 그 난초 그림이 '혼연히 자연을 이루어 사람의 힘을 빌려 된 것은 아닌 것 같음'이라고 표현하였으니 사임당의 난초 묘사가 너무 자연스러워 사람이 그린 경지를 뛰어넘었다고 높은 평가를 하고 있다. 그리고 "과연 그 율곡 선생을 낳으심이 당연하다."라고 하여 그 어머니에 그 아들이라는 표현을 통해 율곡 선생 어머니로서의 사임당을 경모하고 있다.

잘 알려진 바와 같이 송시열은 율곡학파에 연원을 둔 서인 내지 노론의 영수이다. 따라서 율곡 이이를 낳은 사임당에 대한 경모는 당연한 것이고 소장자도 그러한 연고로 송시열에게 글을 부탁하였을 것이다.

권상하가 쓴 「화초어죽도」 4폭 발문(1718년)

방일영 소장으로 알려져 있는 수박·대·오이·쏘가리 그림 4폭에 쓴 발문이다.

이것은 사임당의 진적이다. 필력이 살아 움직이고 모양을 그린 것이 똑같아 줄기와 잎사귀는 마치 이슬을 머금은 것 같고 풀벌레는 날아 움직이는 것 같으며 오이와 수박은 보다 말고 저도 모르게 침이 고이니 참으로 천하에 제일가는 보배다.

이 두 폭은 옥산 공의 집안에서 외손자들에게 전한 것인데 그 6대손인 권중려(權重呂)가 하루는 소매 속에서 끌어내어 보이므로 나는 손을 씻고 받들어 완상하며 싫증 남을 몰랐다.

어허! 율곡 선생은 과연 백대의 스승이라 내 일찍 저 태산과 북두성처럼 우러러 받들었는데 이제 또 그 어머님 필적을 보고 나니 그 경모하는 바가 어떻겠는가? 삼가 두어 줄 그림 아래 적는다.

무술(1718년) 봄날 안동 권상하 경제(敬題)

권상하(權尙夏, 1641~1721년)의 자는 치도(致道), 호는 수암(遂菴), 본관은 안동이다. 우암 송시열의 수제자로 노론의 핵심 인물이다. 당연히 그 연원이 되는 인물인 이이에 대해서는 '백대의 스승'이라고 경모하는 표현을 했다. 그림에 대해서는 "필력이 살아 움직이고 모양을 그린 것이 똑같아 줄기와 잎사귀는 마치 이슬을 머금은 것 같고 풀벌레는 날아 움직이는 것 같으며 오이와 수박은 보다 말고 저도 모르게 침이 고이니 참으로 천하에 제일가는 보배다."라 하여 생동감 있고 선명한 묘사를 강조하고 있다.

정호가 쓴 정필동 소장 초충도 7폭 병풍(실전) 발문(1715년)

이 그림은 사임당 신 부인의 수적(手蹟)이다. 세상에서 이르되 부인은 훌륭한 덕과 지극한 행실로 대현(大賢, 율곡 이이)을

낳아 기르셨으니 진실로 후씨 부인(候氏夫人, 송나라 때 대학자 정
호·정이 형제의 어머니)에 뒤지지 않는데 이제 이 화첩을 보니 그
탁이(卓異)한 천재성과 누구도 미치지 못하는 묘예(妙藝)는 후
씨 부인 같은 이에게서 들어보지 못하였다.

　　이와 같으니 어찌 이른바 덕을 갖추지 않고는 나머지 일
을 많이 할 수 있는 자는 없다고 하지 않으랴!

　　정종지(鄭宗之)가 지난번 고을원이 되어 우연히 이 첩을
임영(臨瀛, 강릉)의 사인 모씨 집에서 얻었는데 원본이 여덟 첩
이었지만 하나가 빠졌다니 아까운 일이다.

　　드디어 나로 하여금 그 발문을 짓게 하니, 아! 나의 어리
석음으로 어찌 감히 참역(僭易)하겠는가.

　　그 청이 그치지 않음을 돌아보아 이에 재발(齋拔)하여 별
폭에 삼가 써서 경탄하는 마음을 부치려 한다.[8]

　　정호의 자는 중순(仲淳), 호는 장암(丈巖), 본관은 연일이며 정
철의 현손이다. 송시열 제자로서 노론의 맹장으로 활동하였고 벼
슬은 영의정까지 올랐다. 이 글은 1715년 정필동(鄭必東)이 소장한
초충도에 붙인 발문이다. 당시에 이미 한 폭이 없어져 7폭이었다
하고 지금은 전하지 않는다. 사임당이 훌륭한 덕과 지극한 행실
로 대현을 낳아 기른 사실 자체만으로도 송나라 성리학자 정호·
정이 형제의 어머니 후씨 부인에 비교하여 손색이 없는데 화첩을
보니 "그 탁이한 천재성과 누구도 미치지 못하는 묘예는 후씨 부

인 같은 이에게서 들어보지 못하였다.” 하여 후씨 부인에게 없는 탁월한 그림 재능까지 갖추고 있는 점을 높이 평가하였다.

이 그림의 소장자 정필동(鄭必東, 1653~1718년)의 자는 종지(宗之)이고 본관은 동래이다. 의주 부윤 정경업(鄭慶業)의 증손이고 민정중의 문인이다. 1684년 32세에 정시 문과 병과에 급제하여 승지·정언·장령 등과 지방관을 역임하였다. 양양 부사로 가서 이 그림을 얻어 당대의 저명인사들에게 발문을 받았던 것으로 보인다. 위 글에서 정필동이 ‘임영(강릉)의 사인’에게서 얻었다 함은 양양 부사로 가서 이웃인 강릉의 사인과 연결되어 그림을 입수한 것인지, 양양을 강릉으로 잘못 표기한 것인지는 알 수 없다.

송상기가 쓴 정필동 소장 초충도(실전) 발문(1713년)

내게 일가 한 분이 있어 일찍이 말하기를 “집에 율곡 선생 어머님이 그린 풀벌레 그림 한 폭이 있는데 여름철이 되어 마당 가운데 내어다 볕을 쬐자니 닭이 와서 쪼아 종이가 뚫어졌다.”라는 것이었다.

내가 그 말을 듣고 기이하게 여기면서도 정작 그림은 보지 못한 것이 한스럽더니 이제 정종지가 가진 이 그림을 보니 꽃 오이 곤충 등 여러 가지가 정묘한데 곤충과 나비 따위가 더욱 신묘한 솜씨요, 그 모양이 살아 움직이는 듯하여 그림 속에 있는 것 같지 않으므로 비로소 내 일가 집에 간직한 것도 이런 것이려니 내가 들은 말이 빈 말이 아니었던 걸 알았다.

그러나 예부터 그림 잘 그리는 이야 어찌 한정이 있으랴마는 다만 그 사람 자신이 후세에 전할 만한 인품을 가진 연후에라야 그 그림이 더욱 귀한 것이요, 그렇지 못하면 '그림은 그림대로 사람은 사람대로'인 것이라 어찌 족히 경중을 말할 것 있겠는가?

부인의 정숙한 덕과 아름다운 행실은 지금껏 이야기하는 이들이 부녀 중의 으뜸이라고 일컫기도 하거니와 더구나 율곡 선생을 아들로 삼은 것이라 선생은 백세의 사표인 만큼 세상이 어찌 그분을 앙모하면서 그 스승의 어버이를 공경하지 않겠는가? 그러므로 부인이 뒷세상에 전해진 까닭은 본래 그럴 수 있는데 그 위에 또 이 그림첩이 있어 그것을 도운 것이다.

뒷사람이 반드시 이르되 '이것은 율곡 선생 어머님의 그림이다.' 하여 선생 때문에 부인에게까지 미쳐 그것을 사랑스럽게 완상하고 보배처럼 아끼기를 값진 구슬같이 할 뿐만이 아닐 것이니 이 그림첩은 후세에 전하여 저 역사에 실린 옛 부녀자들과 더불어 무궁토록 빛날 것임을 나는 알고 있다.

그런데 내가 들으니 그림 생명이 오백 년 간다는데 부인의 시대부터 지금이 그 반은 되었다.

종지는 삼가 간직하여 대대로 지키다가 다시 삼백 년 뒤에 또 이 그림을 끌어내어 어떻게 되었는지 펴 보되 닭이 쪼아 더럽히지 않도록 하여라.

계사(1713년) 정월 초순 은진 송상기 삼가 씀⁹

송상기(宋相琦, 1657~1723년)의 자는 옥여(玉汝), 호는 옥오재(玉吾齋)이고 본관은 은진이다. 예조 판서 송규렴(宋奎濂)의 아들로 벼슬은 판돈령부사에 이르렀다. 송시열의 문인이며 노론 중신으로 활동하였다. 경종 때 신임사화(辛壬士禍, 신축(辛丑, 1721년)·임인(壬寅, 1722년) 두 해에 걸쳐 일어난 사화)로 강진에 유배되었다가 67세로 병사하였다. 시호는 문정(文貞)이다.

이 글은 정필동이 소장하던 초충도에 부친 발문이다. 현재는 전하지 않는다. 앞서 정호가 본 그림과 같은 그림이 아닌가 싶다. 그림의 주제가 꽃·오이·곤충·나비라고 쓴 점으로 보아 사임당이 즐겨 그린 소재가 분명하다. 그림도 그 그림을 그린 사람의 인품에 따라 가치가 달라지는 것이니 '그림은 그림대로 사람은 사람대로'가 아니라는 인식을 보여 주고 있다.

김진규가 쓴 정필동 소장 초충도 7폭 병풍(실전) 발문(1709년)

이것은 율곡 선생 어머님이 그린 풀벌레 일곱 폭이다. 정언 정종지가 양양에 원이 되어 갔을 때 그 고을 사람에게서 이것을 얻었다. 그런데 부인은 일찍 강릉에서 살았고 종지에게 이것을 준 이는 부인의 친척이었다. 그림은 본래 여덟 폭이었는데 하나를 잃어 버렸기 때문에 종지가 병풍을 만들려 하며 발문을 청해 그 수를 채우려는 것이다.

나는 그것을 받아 가지고 돌아와 그림을 살펴보매 다만 채색만을 쓰고 먹으로 그린 것은 아니니 저 옛날 이른바 무골법과 같은 것이라 벌레, 나비, 꽃, 오이 따위는 그 모양이 꼭 같을 뿐만 아니라 그 빼어나고 맑은 기운이 산뜻하여 산 것만 같아 저 붓이나 핥고 먹이나 빠는 저속한 화가 따위가 능히 미칠 바 아니니, 아! 기묘하도다.

그런데 옛날의 전기를 보니 여자의 할 일은 베 짜고 길쌈하는 것에 그칠 따름이요, 그림 그리는 일 따위는 포함되어 있지 않았다. 그러나 부인의 이러한 것으로 말하면 어찌 보모(保姆, 여자 스승)의 교훈을 번거롭게 한 것이랴. 실로 그 천재가 민첩한 때문에 곁길에까지 미친 것이리라.

옛사람이 이르대 "그림과 시는 서로 통하는 것이라." 하였으니 시도 여자의 할 일은 아니었지만 저 『시경』의 「갈담(葛覃)」「권이(卷耳)」 같은 것은 저 거룩한 부인(문왕의 어머님 태임)이 지은 것이요, 다시 그 덕화를 입은 공후의 부인들도 「부이(芣苢)」「채번(采蘩)」「채빈(采蘋)」 같은 시를 지었으며 더구나 여자가 지은 것으로 「초충(草蟲)」 편도 있어서 이제 이 그림이 바로 그것을 그려 낸 것이므로 어찌 베 짜고 길쌈하는 이외의 일이라고 업신여길 수 있으랴!

또 내가 들으니 부인은 시에도 밝고 예법에도 익어 율곡 선생의 어진 덕도 실상은 그 어머님의 태교로 된 것이니 율곡이 어렸을 때 형제들이 부모를 모시고 같이 사는 그림을 그렸는데 그것도 역시 붓과 벼루를 들고 어머님을 모시고 노는 속에서 얻어진 것이다.

아! 성현의 학문은 반드시 타고난 천품이 고상하고 명철한 데서 나오는 것인데 그렇게 고상하고 명철한 이는 본래 재예도 많은 법이다.

그러므로 이것이 비록 두어 폭 작은 그림이로되 진실로 흐르는 물을 거슬러 근원을 더듬고 가지를 거쳐 뿌리를 찾는 것이니 그것으로써 스스로 선생의 학문이 높고 깊음을 상상하여 선생을 우러러 사모하는 마음이 더욱더 간절해질 것이다.

내가 알기로 종지가 이것을 간직하고 있는 것도 그 뜻이 거기에 있는 것이리라.

기축(1709년) 4월 하순 광산 김진규 삼가 씀[10]

김진규(金鎭圭, 1658~1716년)의 자는 달부(達夫), 호는 죽천(竹泉)이고 본관은 광산이다. 사계 김장생의 현손이고 숙종의 장인 김만기의 아들이다. 25세에 진사, 29세에 문과에 장원 급제하였고 벼슬은 예조 판서에 이르렀다. 시호는 문청(文淸)이다. 이 글은 앞서 정호·송상기가 본 정필동의 초충도에 쓴 발문이다. 한 폭이 실전되고 일곱 폭만 남아 있어 발문을 받아 한 폭을 채우려는 의도라고 소장자의 뜻도 헤아렸다.

"채색만을 쓰고 먹으로 그린 것은 아니니 저 옛날 이른바 무골법과 같은 것이라 벌레, 나비, 꽃, 오이 따위는 그 모양이 꼭 같을 뿐만 아니라 그 빼어나고 맑은 기운이 산뜻하여 산 것만 같아 저 붓이나 핥고 먹이나 빠는 저속한 화가 따위가 능히 미칠 바 아니다."라고 한 데서 사임당이 즐겨 그리던 소재에 무골법을 써서 채색으로 그렸음을 알 수 있다. 더불어 작품의 생생한 묘사를 높이 평가하며 여느 화가에 비할 수 없다고 단언하고 있다.

숙종이 김주신 소장 초충도(실전)에 부친 시(1715년)

풀이여 벌레여 그 모양 너무 닮아	惟草惟虫 狀貌酷似
부인이 그려 낸 것 어찌 그리 교묘할꼬	婦人所描 何其妙矣
그 그림 모사하여 대전 안에 병풍 쳤네	于以摸之 作屛殿裡
아깝도다 빠진 한 폭 모사 한 장 더하였네	惜乎闕一 疊摸可已
채색만을 쓴 것이라 한결 더 아름다워	只以采施 此尤爲美
그 무슨 법인가 무골법이 이것이네	其法維何 無骨是耳

을미(숙종 41년, 1715년) 8월 상순에 적음[11]

숙종(肅宗, 1661~1720년)이 장인인 김주신(金柱臣)이 소장한 사임당 초충도 7폭 병풍에 부친 시이다. 숙종 41년(1715년)에 썼는데 내용 가운데 모사하여 대전에 병풍으로 썼다는 사실을 확인할 수 있다. 채색으로 무골법을 썼다고 하고 한 폭이 빠져 있다고 하며 현재 전하지 않고 있는 점으로 미루어 보아 앞서 정호·송상기·김진규가 본 정필동 소장의 그 초충도가 아닌가 추측된다. 이때는 정필동이 죽기 3년 전으로 경은부원군 김주신은 숙종의 장인이 된 지 12년이 되어 세력이 막강하던 시점이므로 정필동이 죽기 전에 그에게 기증했을 가능성도 있다.

이병연이 쓴 포도도(삼성박물관 리움 소장) 발문

사임당 포도 차운(師任堂葡萄次韻)

아버지 교훈 아래 자라난 부인	父師嚴訓不髭鬚
우리 동방 어진 인물 낳으셨으니	成就吾東亞聖流
사람들은 포도 그림만 좋다 하면서	馬乳數叢人獨愛
부녀 중의 이영구라 일컫는구나	女中還道李營丘

이영구는 송나라 때 화가 이성(李成)으로 산수화에 능했다. 존경의 뜻으로 이름을 부르지 않고 그가 살던 지명 영구를 따 이영구라 불렀다. 마유(馬乳)는 포도의 별칭이다. 이병연(李秉淵, 1671~1751년)은 18세기 저명한 시인으로 겸재 정선의 평생 지기였다. 두 사람은 시화상간(詩畵相看, 시와 그림을 서로 바꾸어 감상함)하는

사이로 이병연은 그림을 보는 탁월한 눈을 갖고 있었다. 사임당을 부녀 중의 이영구라 일컫는다고 했으니 18세기에 사임당은 포도 그림과 산수화로 이름을 날리고 있었음을 알 수 있다.

신정하가 정필동 소장 초충도 7폭 병풍(실전)에 부친 시
(1711년)

첫째 폭은 오이 넝쿨 밭두둑 타고 감겼는데　　一幅瓜蔓緣斷塍

밑에선 두꺼비가 더위잡고 올라가네　　下有蝦蟆來攀登

둘째 폭은 참외들이 온 밭에 깔렸는데　　二幅甜瓜欲滿圃

단내 맡은 사마귀 흙 속에서 나오누나　　聞香蒼螂方出土

셋째 폭은 수박 위에 찬비 흩든는데　　三幅西瓜逗寒雨

쓰르라미 스르렁스르렁 날개 떨기 시작하고　　莎雞索索初振羽

넷째 폭은 서리 맞은 원추리 잎 푸른색이 변하는데

　　　　　　　　　　　　　　四幅霜萱葉變靑

그 밑에 귀뚜라미 쉬지 않고 우는구나　　葉底促織吟不停

다섯 째 폭 여섯째 폭 붓 솜씨 더욱 교묘하여　五幅六幅筆益工

새빨갛게 활짝 핀 맨드라미 꽃 붉어라　　渥丹瀾漫雞冠紅

일곱 째 폭 붉은 여뀌 다시금 쓸쓸한 채　　七幅紅蓼更草草

꽃은 무겁고 줄기는 약하여 산들산들 드리웠네

　　　　　　　　　　　　　　花重莖弱垂嫋嫋

또 산벌과 들 나비도 있네 復有山蜂與野蝶

꽃을 스쳐 잎을 뚫고 서로 와서 감도누나 縈花穿葉來相繞

봄바람 가만히 붓 아래 불어와 春風暗入筆下吹

찍어 놓은 한 점 한 점 하늘 조화 뺏었구나 點綴眞奪天功奇

그린 이는 석담 이 선생의 어머니요 畫者石潭母夫人

얻은 이는 동래 정종지라 得者萊山鄭宗之

내 선생 공경함이 부인께 미쳐 我敬先生及夫人

그림을 만지다가 나도 몰래 탄식하네 摩挲不覺興歎噫

생각건대 고이 앉아 붓 던질 제 想得從容落筆時

그림이나 그리자는 마음 아니었네 用意不在丹靑爲

옛 문왕 어머님이 읊은 시를 當年葛覃卷耳詠

그대로 그려 내니 소리 없는 시로세 彷彿寫出無聲詩

지금까지 유전되기 이백 년에 至今流傳二百載

먹빛은 바랬건만 정신은 그대로네 墨色欲落神不移

정 공에게 이르노니 이를 잘 간직하여 我謂鄭公善藏此

보통 그림 보듯 하지 마오 莫作尋常繪事視

진나라 위 부인과 원나라 관 부인이 衛夫人管夫人

예부터 글씨와 그림으로 이름을 날렸다네 古來書畫名其身

아, 본래 스스로 포부를 가진 것은 아니지만 嗟爾本自無所挾

뛰어난 재주 그들과 함께 서기 어렵구나 縱有絶藝難並立

신묘(1711년) 중하(仲夏) 상한(上澣)

동양 신정하 근고(謹稿)[12]

신정하(申靖夏, 1681~1716년)의 자는 정보(正甫), 호는 서암(恕菴)이고 본관은 평산이다. 신립(申砬) 장군의 5대손이고 영의정 신완(申琓)의 아들이다. 김창협의 문인으로 25세에 문과에 급제하고 검열·설서·부교리에 임명되었다. 헌납으로 재직 시에 당론에 휘말려 파직되어 36세의 아까운 나이로 세상을 마쳤다. 그림은 정필동이 소장했던 7폭 초충도이니 지금은 전하지 않는, 정호를 비롯하여 여러 사람들이 발문을 쓴 바로 그 작품이다. 이 시는 칠언고시로 신정하가 31세 때 썼고 김진규는 2년 전에 여기에 발문을 썼다.

시의 내용으로 보아 제1폭은 오이와 두꺼비, 제2폭은 참외와 사마귀, 제3폭은 수박과 매미, 제4폭은 원추리와 귀뚜라미, 제5폭은 계관화 즉 맨드라미, 제7폭은 여뀌였고 사이사이에 벌·나비가 곁들여 그려져 있었던 듯싶다. 오이·두꺼비·참외·사마귀·수박·매미·원추리·귀뚜라미·맨드라미·여뀌 등은 우리 산하에 흔한 식물과 꽃과 열매, 동물과 곤충이고 사임당이 즐겨 그린 소재들이다.

이 글에서 자료의 편집 차례를 인물의 생년으로 하였으므로 그림을 본 순서와 다르다. 이 사임당 초충도 7폭 병풍을 본 순서대로 정리하면 다음과 같다. 1709년(숙종 35년)에 김진규가 발문을 쓰고, 1711년(숙종 37년)에 신정하가 칠언고시를 쓰고, 1713년(숙종 39년)에 송상기가 발문을, 1715년(숙종 41년)에 정호가 발문을 썼다. 같은 해 8월에 숙종이 친견하고 글을 쓴 이후 더 이상 돌아다니지 않다가 실전된 것으로 보인다.

조구명이 조의진 소장 초충도 8폭 병풍(실전)에 붙인 발문(1737년)

　　정사년(영조 13년, 1737년) 4월에 의진이 간직한 율곡 선생 어머님 신씨의 그림 화초 여덟 폭을 얻어 얼굴을 정숙히 하고 손을 씻고서 감상해 보니 아! 이것이야말로 신 부인의 그림에 의심할 것이 없다.

　　필의(筆意, 붓 솜씨)가 유연(幽妍, 그윽하고 고움)하고 초랑(超朗, 고상하고 명랑함)하니 유연한 것은 여성인 까닭이고 초랑한 것은 율곡 선생의 어머니인 까닭이다.

　　더구나 그것이 김연홍(金延興, 인목 대비의 아버지인 연홍 부원군 김제남(金悌男)) 집 안방에서 나왔으니 그는 율곡 선생과 같은 세대라 반드시 가짜를 진장(珍藏, 보배로 간직함)하지 않았을 것이다.

　　이 그림의 체태(體態, 체법과 화태)가 저절로 당나라 때 법도와 가깝고 설색(設色, 채색을 칠함)도 분별하지 못할 바가 없으니 이 어찌 화법(畵法)에 맞추려고 애쓴 것이랴! 역시 천재성이 높은 것이다.

　　우계 성혼과 율곡 이이가 유림에 함께 우뚝했는데 청송(聽松, 성혼의 아버지인 성수침(成守琛))의 글씨와 신 부인의 그림이 모두 세상에 이름난 예술품이니 역시 하나의 기적이다.[13]

조구명(趙龜命, 1693~1737년)의 자는 석여(錫汝), 호는 동계(東溪)이고 본관은 풍양이다. 1711년 19세에 생원시에 합격했지만 1744년 34세 때 문과 시험에서 시험관인 정익형(鄭益亨)에게 수모를 당한 후 다시는 과거 시험을 보지 않았다. 그 후 이런 저런 벼슬을 제수받았지만 사양하고 세자 익위사의 벼슬을 잠깐씩 하다 물러나 생을 마쳤으니 향년 45세이다. 성리학에 밝고 문장에 뛰어났지만 기본적으로 노자·장자 등 도가에 깊이 침잠하였다. 조구명은 당대의 감식안으로 이름이 있었고 이 그림을 보고 제사를 써 준 시점은 그가 죽는 해인 1737년(영조 13년) 4월이다. 조구명은 그해 가을 9월 27일 사망하였다.

　　조구명이 본 그림은 그의 7촌 조카 조의진(趙宜鎭)이 소장하던 초충도 8폭 병풍으로 보이는데 '필의가 유연하고 초랑(고상하고 명랑함)하다'고 품평하고 사임당의 천재성을 높이 샀다. 이 작품의 출처를 김제남의 안방이라고 한 점이 눈에 띄는 대목이다. 이 그림 역시 실전되어 현존하지 않는 것으로 파악된다.

　　다만 위의 글 가운데 "우계 성혼과 율곡 이이가 유림에 함께 우뚝했는데 청송의 글씨와 신 부인의 그림이 모두 세상에 이름난 예술품이니 역시 하나의 기적이다.(牛栗竝峙儒林 而聽松書 申夫人畵 又皆名世絶藝 亦一奇也)"라는 부분이 간송미술관 소장 포도 그림에도 들어가 있다. 이는 간송미술관의 포도 그림이 이 초충도 8폭 병풍에서 잘려져 나온 것이 아닐까 짐작하는 단서가 된다.

신경이 쓴 초충도 8폭 병풍_(국립중앙박물관 소장)의 발문

사임당 신 부인은 내 선조 문희공(文僖公, 사임당의 고조부인 신개(申槩))의 후손이요, 율곡 이 선생의 어머니시다. 선생이 찬한 부인의 행장에 그 덕행과 재예를 아주 소상하게 서술하였다.

덕행은 행장에서 상고할 수 있거니와 율곡 선생의 선생됨을 보면 '단 샘도 근원이 있고 지초도 뿌리가 있다'는 말을 징험해 알 수 있다. 그리고 재주와 예술로 말하면 행장 가운데 일렀으되 "경전에 통하고 글씨를 잘 썼으며 바느질과 수예에 솜씨가 있었고 산수와 풀벌레를 그리되 모두 극히 정묘하여 병풍과 족자가 세상에 많이 전한다." 하였다.

이제 이 풀벌레 그림 여덟 폭은 바로 부인의 손으로 그린 것인데 이양원(李陽元) 공의 집안에서 보배로이 간직해 왔던 것이다. 이 공은 선생과 같은 때에 나서(율곡보다 10세 위다.) 그를 사모하던 사람이라 그가 이것을 얻어 간직했다는 것은 사실이 그럴 만하다.

이제 그 후손이 잔약하여 멀리 가는 노자를 마련하려 하므로 내가 진사 이민수에게 듣고 그것을 구하여 돈을 주고 사게 된 것이다.

나는 실로 부인의 방손이요, 또 내 자손들은 또한 부인의 먼 생질 손자뻘이 되어 이 그림이 내게 들어왔다는 사실이 우연치 않은 일이라 어찌 귀중히 여기며 사랑하지 않으랴!

기억하건대 옛날에 정필동이 강릉(양양이 맞음) 부사가 되어 부인의 풀벌레 그림을 얻어 가지고 널리 여러 명사에게 서문 발문을 구했는데 내 숙부 교리공(신정하)이 홀로 칠언고시를 써서 찬양하는 말을 더했다.

이제 이 그림첩과 정 공의 화본이 비록 크기에 차이는 있을망정 그 화법과 명물(名物)이 똑같은 규모고 조금도 다르지 않으므로 분명 이것이 부인의 손에서 나온 것임을 의심할 것이 없다.

그 품격의 고상한 것으로 말하면 선생이 이른바 '구극정묘(俱極精妙, 모두 지극히 정묘함)' 넉 자로써 다 말했으며 또 숙부의 시 가운데,

봄바람 가만히 붓 아래 불어와	春風暗入筆下吹
찍어 놓은 한 점 한 점 하늘 조화 뺏었구나	點綴眞奪天功奇
생각건대 고이 앉아 종이 위에 붓 던질 제	想得從容落筆時
그림이나 그리자는 마음 아니었네	用意不在丹靑爲
옛 문왕 어머님이 읊은 시를	當年葛覃卷耳詠
그대로 그려 내니 소리 없는 시로세	彷彿寫出無聲詩
지금까지 유전되기 이백 년에	至今流傳二百載
먹빛은 바랬건만 정신은 그대로네	墨色欲落神不移

라는 말이 잘 형용한 평가이므로 감히 무슨 말을 더할까?

내가 얼마 전에 부인의 무덤과 율곡 선생의 무덤을 찾아 뵙고 추모의 느낌을 이기지 못했는데 이제 문득 부인의 그림 폭을 얻어 가진 위에 또 율곡 선생이 친히 쓰신 시의 초고까지 얻어 가지게 되니 내가 무슨 복으로 남이 못 얻어 가지는 것을 가질 수 있게 되었는가? 그래서 기록해 두지 않을 수 없어 손으로 어루만지며 감탄한 나머지 경의하고 감복하는 뜻을 대강 적어 자손들에게 전하노니 천금을 가져 온대도 이것을 가질 만한 사람이 아닌 자에게는 전하지 말도록 하라.

평산 후손 신경이 두 번 절하며 삼가 씀[14]

신경(申暻, 1696~1766년)의 자는 명윤(明允), 호는 직암(直菴)이고 본관은 평산이다. 신립(申砬) 장군의 6대손으로 평운군(平雲君) 신성하(申聖夏)의 둘째 아들이며 영의정 신완(申琓)의 손자이자 박세채의 외손자이다. 1739년 학행으로 송인명(宋寅明)의 천거를 받아 벼슬길에 올랐다. 1756년 호조 참의가 되어 외조부인 박세채의 문묘 종사를 주장하다 파직되었으나 1763년 찬선(贊善)에 이르렀다. 신경은 이 글에서 자신이 사임당과 같은 신개(申槩)의 후손으로 사임당의 방손이라고 스스로 밝히고 있다.

이 글은 현재 국립중앙박물관에 소장되어 있는 초충도 8폭 병풍에 부친 발문이다. 그 내용을 보면 원래 이양원이 소장하다가 후손이 가난하여 파는 것을 자신이 구입한 것이라고 밝혀 놓았다. 또 숙부인 신정하가 본 초충도 병풍이나 다름이 없다고 하

면서 숙부의 칠언고시 중 일부를 인용하여 찬양하고 있다. 신정
하는 정필동 소장 초충도 7폭 병풍을 감상하고 시를 지은 것인데
신경은 "이 그림첩과 정공의 화본이 비록 크기에 차이는 있을망
정 그 화법과 명물이 똑같은 규모고 조금도 다르지 않으므로 분
명 이것이 부인의 손에서 나온 것임을 의심할 것이 없다."라고 단
정하였다.

　　이 초충도에 대해서는 근대의 감식안인 위창 오세창의 발문
도 있으니 국립중앙박물관에 기증되기 전 이용희가 소장하며 오
세창에게 받은 글이다.

송환기가 쓴 사임당의 수주머니 발문 (1805년)

　　　일찍이 나의 선조이신 문정공(송시열)께서 사임당의 난초
그림에 제한 발문을 가만히 보니 "그 손가락 밑에서 표현된 것
으로도 오히려 능히 혼연히 자연을 이루었다." 하셨는데 지금
이 수주머니를 보니 수중선(手中線, 손안의 침선)에서 나왔음에
도 역시 자연을 이루었으매 여홍(女紅=女工, 여자의 일)에서 나온
공교로움으로 논할 수만은 없다. 그 직임(織紝, 짜임새)과 조훈
(組纁, 끈을 꼬고 짬)의 규도를 얻은 것이 구태여 바를 수만은 없
는데 그 정묘함이 어찌 이와 같을까?

　　　또 듣건대 석담 선생(이이) 형제의 신혼 때에 차례로 돌아

가며 찬 것이라 하고 그 손안의 침선선에 있어서 진실로 애호를 지극히 했으니 지금 수백 년을 뛰어넘어 운잉(雲仍, 먼 후손)의 진보(珍葆, 보배) 됨이 마땅히 다시 어떻겠는가?

어느 날 부인의 맏아들 죽곡 공(竹谷公, 이선)의 8세손 노원보(魯元甫)가 조카인 안신(安信)을 시켜 이 주머니를 받들어 가지고 멀리서 와서 나에게 보이며 말하기를 "원컨대 화란발(畫蘭跋, 송시열이 사임당의 난초 그림에 쓴 발문)의 예처럼 한마디 해 달라."하였다.

아! 부인이 손으로 그린 그림은 사람들이 많이 보았으나 이 주머니를 아는 사람은 드물 것이다. 내가 이제 얻어 보니 어찌 큰 다행이 아니겠는가? 삼가 이에 지(識)를 써서 지금과 훗날에 심려하려 한다.

숭정후 삼을축(崇禎後 三乙丑, 1805년) 여름

덕은 송환기 경서(敬書)[15]

송환기(宋煥箕, 1728~1807년)의 자는 자동(子東), 호는 심재(心齋)·성담(性潭)이고 본관은 은진이다. 송시열의 5대손이고 송인상(宋寅相)의 아들이며 종숙되는 송능상(宋能相)의 문인이다. 정조 대 산림으로 출사하여 장령·좨주 등 산림 출신이 특배되는 자리를 거쳐 예조 판서·이조 판서를 역임하고 우찬성에 이르렀다. 호락논쟁에서 호론(湖論)을 지지하였고 시호는 문경(文敬)이다.

1805년 송환기가 이이의 형제들이 신혼 때 돌아가며 찼다는 수주머니를 보고 지은 발문이다. 사임당의 맏아들인 죽곡 이선의 8세손 노원보가 조카인 안신을 시켜 멀리 가져다 보인 것이라고 밝히고 있다. 아마도 외손 쪽으로 전승된 것으로 보인다. 자신의 조상 송시열이 사임당의 난초 그림에 발문을 쓴 선례에 따라 자신은 사임당이 만든 수주머니에 발문을 쓰게 되었다는 것이다.

'그 짜임새와 끈을 꼬고 짠 규도를 얻은 것이 구태여 바를 수만은 없는데 그 정묘함이 어찌 이와 같을까?' 하여 정교함에 감탄하고 '그 손안의 침선선에 있어서 진실로 애호를 지극히 했으니 지금 수백 년을 뛰어넘어 먼 후손의 진보 됨이 마땅히 다시 어떻겠는가?' 하여 후손들의 보배라고 칭송하고 있다. 사임당의 그림은 많은 사람들이 보았지만 수 작품은 드문데 자신이 보게 되어 영광이라는 말로 끝을 맺었다.

이긍익이 기록한 산수화 잘 그리는 사임당 기사

근래 그림을 잘 그리는 자가 매우 많았다. 산수화에는 별좌 김장과 사인 이난수(李蘭秀, 이원수의 본명)의 아내 신씨와 학생 안찬이 있고……[16]

이긍익(李肯翊, 1736~1806년)의 자는 자는 장경(長卿), 호는 연려실(燃藜室)이고 본관은 전주이다. 덕천군 이후생(李厚生)의 후손으로 동국진체로 유명한 이광사(李匡師)의 아들이다. 어려서부터 아버지에게 수학하여 학문과 글씨가 뛰어났다. 소론의 맹장으로 활약하며 여러 번 유배 생활을 하여 남아 있는 저서는 『연려실기술』뿐이다. 이 책은 기사본말체로 쓰인 역사서로 원집 20권, 속집 8권, 별집 19권으로 구성되어 있다. 별집은 사전(祀典)·정교(政敎) 등 여러 사실을 백과사전식으로 서술하고 있는데 별집 14권 문예 전고 화가조에 이 기사가 적혀 있다. 이난수(이원수의 초명)의 처 사임당이 산수화를 잘 그렸다는 내용이니 18세기까지 사임당의 특기는 산수화로 알려져 있었다는 사실을 확인할 수 있다.

이서가 쓴 「집안에 내려오는 서화첩 발문(家傳書畵帖跋)」

······(인멸) 세상의 모범이 되었다. 선생(이이)이 일찍 말하되 "내 아우 우(瑀)가 학문에 종사했더라면 내가 따르지 못했을 것이다." 하였고 황고산(黃耆老, 이우의 장인)은 그 초서 쓰는 법을 칭찬하여 "곱게 쓰기는 나만 못하지만 웅건하기는 나보다 낫다."라고 하였다.

그리고 재주가 넘쳐 다른 기예에까지 능하여 거문고 가락이 세상에 뛰어났고 그림의 품격이 조화를 뺏어 일찍 묵화로 풀벌레를 그려 내어 길에다 던지자 뭇 닭이 한꺼번에 쪼았으니 이것이 바로 세상에서 일컫는 바 세 가지 뛰어난 재주인 글씨, 거문고, 그림이거니와 그것이 공에게 있어서는 본래 작은 일이요, 남은 재주일 뿐이니 자손 된 자로서 감격스럽게 사모하고 보배로이 완상하는 정성을 다함이 마땅히 어떠해야 하겠는가?

그 서화를 돌아보니 이미 모두 장첩이 되었고 다만 작은 그림 한 폭이 광주리 속에 끼어 있기에 이제 매창(梅窓, 사임당의 맏딸)의 시와 그림과 함께 조그마한 화첩을 만들려고 한다.

매창은 부녀자 중의 군자이다. 일찍 어머님의 교훈을 받들어 여자의 규범을 좇았고 또 그 재주와 학식이 보통 사람보다 지나쳐 깊은 지혜와 원려를 가졌던 이라 세상이 전하되 선생이 매양 의심나는 일이 있으면 나아가 물었으며 또 저 오랑캐 난리(니탕개의 난)가 있을 것을 예견하여 …… 그녀의 말을 많이 좇았다 하니 본래 천품도 훌륭했으려니와 교훈 받은 힘도 역시 큰 바 있었음을 숨길 수 없다.

요즘 우연히 선조의 옛 문적을 뒤지다가 수백 년 뒤에 문득 그 끼친 필적을 보매 시의 운치는 청신하고 그림 솜씨는 정교하여 그야말로 "이 어머님에 이 딸이 있다."라는 말 그대로다. 누구를 사랑하면 그 지붕 위에 앉은 까마귀조차 사랑한다는 말과 같이 그 끼친 필적을 아끼는 생각이 일어나 그림을 옥산의 조그마한 그림 오른편에 붙이고 시는 어머님 사임당의 시 구절 아래에 이어 두거니와 그림은 무릇 여섯 폭이요, 시는 겨우 두어 편이지만 한 점 고기로서 온 솥의 국 맛을 알 수 있는 격이라 구태여 많아야만 할까 보냐.

슬프다! 사임당이 남긴 시들은 흩어져 전하지 않고 다만 절구 몇 편이 있을 뿐이요, 그림으로 말하면 혹은 종이에, 혹은 비단에, 혹은 채색으로, 혹은 묵화로 된 것들이 그 수가 많은데 두 번이나 난리(왜란과 호란)를 겪고도 오히려 보존이 된 것은 후손들의 다행이 아니겠는가.

기억하건대 5대조 학정공(鶴汀公, 이우의 증손인 이동명)이 뒷날 일을 걱정하여 몇 가지 집안에 간직해 두어야 할 것 이외에는 강릉 오대산 궁벽한 절간에 실어다 두어 오래 전할 계획을 세웠던 것이라 선조의 주도하고 상밀함을 깊이 우러르는 바지만 도리어 의외의 걱정이 있으니 만일 버릇없는 놈들이 잔약한 중을 달래고 협박하여 도둑질해 간다면 애써 멀리 가져다 맡긴 뜻을 잃어버릴지도 모른다는 두려움이 있다.

옛날 소동파가 사보살각(四菩薩閣)에 쓰기를 "만일 이 그림을 훔쳐가는 자는 아비 없는 놈이다."라고 하여 그 말이 준열하였고 절의 중도 "눈을 빼가도 굳게 키겠다." 맹세하였건만 3대를 보관하기 어려웠다고 하니 그 일이 어렵고도 어려운 일임을 추측해 알 수 있다.

그림을 부탁할 당시 과연 이러한 문자가 있었는지 여부는 알지 못하지만 이제 그림첩을 만들면서 전말을 간단히 적어 우러러 경모하는 뜻을 붙인다.

후손 서는 삼가 씀

이서의 자는 경백(庚伯), 호는 세심재(洗心齋)이고 본관은 덕수이다. 옥산 이우의 8대손이고 학정공 이동명의 5대손이다. 이 글은 이서가 집안에 전하여 오는 사임당과 그 큰딸 매창, 그리고 막내아들이자 자신의 선조인 옥산 이우의 서화들을 모두 정리하여 서화첩을 만들고 붙인 발문이다. 5대조인 이동명이 서화들을 잘 보관하고자 오대산에 있는 궁벽한 절간에 숨긴 사실을 전하고 있다. 사임당과 그 자녀들의 서화 작품이 막내인 옥산 이우의 집에 전해 내려오는 내력을 말해 준다.

윤종섭이 사임당 친필 모사 판각(오죽헌 소장)에 부친 시

팔월 초 길일에 사임당 필첩에 제함(八月初吉題師任堂筆帖)

선생의 받은 태교 어머님 마음 하나　　　　先生胎敎本乎心

당호조차 훌륭할사 지임을 배우나니　　　　堂號驌然學摯任

설악산 정기 명주에 내려 크신 도를 머물렀고　嶽降溟洲留大道

하늘이 예국에 드리워 아름다운 소리 이었네　天垂薉國嗣徽音

신묘한 초서 글씨 오래된 종이로고　　　　草書入妙藤花古

구름같이 체를 변해 붓 솜씨 찬란하네　　　體變如雲筆彩深

저 태수 현명하여 판각에 올려 새겨　　　　太守神明登顯刻

내게 한 벌 보냈기로 공경을 이기지 못하네　寄來經幌不勝欽

윤종섭(尹宗燮, 1791~1870년)의 자는 양백(陽伯), 호는 온유재(溫裕齋)이고 본관은 파평이다. 19세기 전반 쌍벽을 이룬 노주(老洲) 오희상(吳熙常)·매산(梅山) 홍직필(洪直弼) 등 당대의 저명한 학자들에게 사사하였다. 시 가운데 명주나 예국은 모두 강릉의 옛 지명들이다. 칠언율시의 마지막 연에서 "저 태수 현명하여 판각에 올려 새겨 내게 한 벌 보냈기로 공경을 이기지 못하겠네." 하여 윤종의가 강릉 부사로 가서 판각하여 자신에게 한 벌 보냈으므로 공경하는 마음에서 시를 짓는다고 밝혔다.

신석우가 쓴 고매첩(이화대 박물관 소장) **발문**

내가 일찍이 덕수 이씨 족보를 상고해 보니 부인은 천품 자질이 순정하고 효성 있고 지조가 단정 순결하며 말이 적고 행실을 삼가며 어려서부터 경전과 사기에 통하고 문장을 능히 하며 바느질과 자수에 모두 지극히 정묘할 뿐 아니라 그림 또한 신품을 만들었다고 적혀 있었다.

내가 어렸을 때 나의 종가 직암(直菴) 신경(申暻)의 후손 집에서 부인의 그림을 보고 경모 완상한 일이 있어 그 그림 속의 정성이 아직도 눈앞에 삼삼한데 이제 또 이 그림을 보게 되니 참 다행한 일이다.

부인은 선비의 집안에서 생장하고 도덕 있는 가문에 출

가하여 세상에 이름을 떨친 현인을 낳고 키워 그 정통 근원과 옆으로 퍼진 갈래들(자손과 제자)이 늠실늠실 흐르고 통하여 지금껏 모두들 앙모하여 마지않는다.

의석 선생(김응근) 집안의 학문도 본시 율곡 선생에게 근원을 둔 것인데 그 당시 (율곡 선생이) 임금께 충성하고 백성에게 은혜를 입히고자 하던 뜻과 또 나라를 걱정하고 백성을 사랑하던 정성은 또한 그대로 의석 선생의 가슴속에도 새겨져 있는 바이지만, 그 뜻을 펴서 실행하지 못한 것은 그 지위와 시국에 관련된 때문이다. 이 그림이 의석에게 돌아온 것이야말로 어찌 묵계와 명명한 가운데 뒷받침이 없고서야 그리 될 수 있었겠는가?

우리 유학계에서 이 그림을 존경하는 것은 본시부터 두말할 것 없는 일이지만 더구나 부인은 우리 집안 여류 선비라 우러러 경모함에 더욱 특별한 점이 있기도 하므로 의석이 내게 발문을 지으라고 명령함도 또한 당연한 일이 아니겠는가?

옛말에 '그림의 생명은 오백 년'이라 했지만 이는 보통 화가에 대해서 말하는 것이고 이 그림과 같은 것은 율곡 선생의 도학과 함께 천지가 뒤집어질 때까지 영원히 갈 것이니 어찌 저 채색 칠이나 먹물 칠이나 하는 손끝 기술을 가진 자들이 감히 짝할 수 있을 것이랴!

세상에서 율곡 선생의 학문을 논하는 이는 누구나 이 그림을 보배로이 완상함이 도리에 합당한 일이니 나는 이 그림

의 생명으로 율곡 선생의 도학이 전하고 전하지 못할 것을 점
치는 것이다.

신석우 삼가 씀

신석우(申錫愚, 1805~1865년)의 자는 성예(成睿), 호는 해장(海
藏)이고 본관은 평산이다. 교리 신재업(申在業)의 아들로 벼슬은 형
조 판서에 이르렀고 시호는 문정(文貞)이다. 이화대 박물관 소장의
고매첩에 붙어 있는 발문으로 의석 김응근이 소장하고 있었고 그
의 요청으로 이 글을 쓴다고 밝히고 있다. 옛말에 '그림의 생명은
오백 년'이라 했지만 이는 보통 화가에 대해서 말하는 것이고 "이
그림과 같은 것은 율곡 선생의 도학과 함께 천지가 뒤집어질 때까
지 영원히 갈 것이니 어찌 저 채색칠이나 먹물칠이나 하는 손끝
기술을 가진 자들이 감히 짝할 수 있을 것이랴!"라 하여 사임당
의 그림이 이이의 도학과 함께 영원하리라고 기원하고 있다.

윤종의의 사임당 친필 모사 판각(오죽헌 소장) 발문(1869년)

이것은 율곡 선생 어머님인 사임당 신씨의 필적이다. 종의
는 강릉 부사로 와서 병산마을 최씨 집에 이것이 있다고 들었
는데 강릉은 부인의 고향으로 이종 손녀 되는 이의 간청으로
당시(唐詩) 오언절구 여섯 폭을 써 준 것이다.

이제 300여 년이 되었건만 글자 획은 상기도 완연한데 비록 병풍을 만들어 장첩은 했지만 종이가 매우 얇고 좀이 먹어 상하고 연기에 그을려 때가 묻어 오래지 않아 없어질지도 모르므로 삼가 정세하게 모사하여 판각에 새겨 넣어 경모하는 정성을 다하는 바다.

······ 과연 필적에 이르러서는 정성들여 그은 획이 그윽하고 고상하고 정결하고 고요하여 더욱더 부인께서 저 옛날 문왕의 어머님 태임의 덕을 본받은 것임을 우러러볼 수 있다.

그러므로 이제 그 글씨를 올려 새겨 놓은 이 판각은 길이 보배가 될 것이다. 오죽헌 주인 권학수(權學洙)에게 부탁하여 몽룡실 속에 간직하게 하는 바 권학수는 부인의 이종 손녀의 후손이 되기 때문이다.

기사년(1869년, 고종 6년) 11월 후학 윤종의 공경히 씀

윤종의(尹宗儀, 1805~1887년)의 자는 사연(士淵), 호는 연재(淵齋)이고 본관은 파평이다. 충의공 윤임(尹任)의 후손으로 18세에 생원시에 합격하고 여러 고을의 지방관을 거쳐 공조 판서에 이르렀다. 강릉 부사로 재직할 때에 병산마을 최씨 댁에서 사임당의 친필인 당시 오언절구 여섯 폭으로 된 병풍을 보게 되었다. 사임당이 이종 손녀의 간청으로 써 준 것이라고 하는데 300년이 지났지만 "글자 획은 상기도 완연한데 비록 병풍을 만들어 장첩은 했지만 종이가 매우 얇고 좀이 먹어 상하고 연기에 그을려 때가 묻

어 오래지 않아 없어질지도 모르므로 삼가 정세하게 모사하여 판각에 새겨 넣어 경모하는 정성을 다 하는 바'라 하였다.

그 필적을 보니 '정성들여 그은 획이 그윽하고 고상하고 정결하고 고요하다'고 평하고 인멸될까 우려되어 판각을 만들어 사임당의 이종 손녀의 후손이자 오죽헌 주인인 권학수에게 부탁하여 몽룡실에 보관하게 하였다 한다.

신응조가 쓴 고매첩(이화대 박물관 소장) 발문(1861년)

상곡군군 후(候) 부인은 경서와 사기를 많이 읽어 고금의 사적을 널리 알았다. 그렇게 글을 좋아했건만 시나 문장을 짓지 않았고 세상의 부녀자들이 문장이나 글씨로 남에게 전파되는 것을 마땅치 않게 여겼다. 그럼에도 그 아들 정 선생은 어머님이 기러기를 두고 지은 명안시(鳴雁詩) 한 편을 자기 집 전기 속에 올려 적었다.

사임당 신 부인 역시 경전에 통하고 문장에 능하며 글씨를 잘 썼는데 아들 이문성(율곡 이이) 선생이 그것을 자세히 서술했고 또 사친시(思親詩)를 채록하였으며 또 부인이 일곱 살 때부터 안견의 그림을 본떠 산수 그림을 그린 것이 지극히 정묘하다는 것과 또 포도 그림은 세상에 견줄 사람이 없다고 하고 부인이 그린 그림이 족자와 병풍으로 세상에 전하는 것까지 밝혀 적어 두었다.

아! 저 신 부인으로 어머님을 삼아 율곡 이 선생이 있음이 어찌 저 정 선생이 후 부인으로 어머님을 삼은 것과 그리 같은가?

두 부인이 어진 대학자로 아들을 삼은 것이 같고 두 선생이 각기 어머님의 덕과 아름다움을 자세히 적어 놓은 것이 같고 그리고 두 부인의 도덕이 높고 예술이 정묘함도 또한 같으니 어찌 그리도 장하신고!

그런데 옛날 부녀로 역사에 실린 이들로 매운 지조와 아름다운 덕행으로 어쩌다 사람의 이목을 번쩍 뜨이게 하는 이는 있었지만 그림 솜씨에 있어서는 거의 없는 이유는 무엇일까? 그림은 부인이 할 일이 아니라 하여 혹시 있어도 전해지지 않은 것이 아닐까?

저 후 부인은 문장이나 글씨는 구태여 전할 것이 못 된다고 했는데 신 부인은 오히려 화가의 깊은 경지를 깨달아 앞에까지 이르렀으니 후 부인과 다른 점이 있다고도 하겠지만 실상은 후 부인과 다른 것도 아니다.

대개 그 자신은 세상에 전할 뜻이 없었는데 굳이 남들이 그것을 보배로이 완상한 것이므로 저 후 부인의 그림이 없는 것과 신 부인의 그림이 있는 것을 차별해 보지 못할 것이니 그 뜻인즉 조금도 다를 것이 없기 때문이다.

아! (후 부인의) 추안시(秋雁詩, 가을 기러기 시)는 바로 저 「권이(卷耳)」·「초충(草蟲)」의 끼친 소리요, (신 부인의) 사친시는 저 「천수(泉水)」·「죽간(竹竿)」의 남은 가락이라 모두 인륜의 지극한 것인데 정에서 출발하여 예의에서 그친 것이다.

대개 그의 도덕은 모두 부녀자의 사범이 될 수 있어 경전에 이른 훈계와 앉고 서는 모든 동작에 대한 예의에 조금도 부끄러움이 없을 뿐더러 모든 예법을 지키고 제사를 받든 뒤의 남은 힘과 또 음식하고 베 짜는 겨를을 타서 붓을 들고 생물을 본떠 자연에서 출발하여 그 묘한 솜씨를 발하여 본 것이니 저 부녀자의 역사에 실어 다음 세상에 전함으로써 천고에 비칠 만하다.

신 부인의 매화 그림 화첩은 처음에 파주 옛집에 간직되어 있다가 몇 대를 거쳐 그 먼 생질 손자의 집 물건이 되었더니 이제 다시 상서 의석 김 공의 소유가 된 것이다.

왕원미(王元美, 명나라 사람 왕세정)가 "그림의 생명은 오백 년이라 할 만한데 팔백 년이면 그림의 혼이 가 버리고 천 년이면 완전히 끊어진다."라고 했으나 나는 "이 그림이 인간 세상에 있되 지금부터 앞으로 거의 햇수를 헤아릴 수 없을 것이다." 하겠으니 어찌 저 비단 조각에 먹물이나 묻혀 먼저 쉽게 없어져 버린 그림 따위와 비길 수 있겠는가?

아! 참으로 공경할 만하구나!

신유(1861년) 10월 동양 신웅조 삼가 씀

신응조(申應朝, 1804~1899년)의 자는 유안(幼安), 호는 계전(桂田)이고 본관은 평산이며 분애(汾厓) 신정(申晸)의 후손이다. 어려서부터 학문과 문장으로 이름났으나 1858년 55세에야 문과에 급제하고 삼사(三司)를 거쳐 좌의정에 올랐다. 대기만성형 인물이다. 신응조가 1861년에 이 매화첩을 보고 발문을 쓴 것이다.

북송의 대학자 정호·정이 형제의 어머니 후 부인과 사임당을 비교하여 도덕과 예술에서 사임당이 조금도 손색없다고 평가하고 "모든 예법을 지키고 제사를 받든 뒤의 남은 힘과 또 음식하고 베 짜는 겨를을 타서 붓을 들고 생물을 본떠 자연에서 출발하여 그 묘한 솜씨를 발하여 본 것이니 저 부녀자의 역사에 실어 다음 세상에 전함으로써 천고에 비칠 만하다."라고 하였다. 사임당이 봉제사 접빈객(奉祭祀 接賓客)의 기본 의무는 물론, 음식과 베 짜는 집안일도 다 하면서 행유여력(行有餘力)하여 그림까지 잘 그렸다는 것이다.

나아가 매화첩이 전해진 유래까지 밝혔는데 파주 옛집에 보관되었다가 사임당의 생질 손자에게 전해졌고 1861년 당시는 의석(宜石)이 소장하고 있다고 밝혔다. 의석 김응근(金應根, 1793~1863년)의 자는 계경(溪卿), 호는 의석(宜石)이고 본관은 안동이다. 참판 김명순(金明淳)의 아들이고 좌의정 김홍근(金弘根)의 아우이다. 1816년 사마시에 합격하여 여러 지방관을 역임하고 충청도 관찰사를 거쳐 형조 판서에 이르렀다. 시호는 청헌(淸獻)이다. 당대의 세도가 안동 김문 김응근이 소장했던 이 매화첩은 결국 그의 후

손을 거쳐 이화대 박물관으로 넘어 가게 된 것이다.

송병선이 쓴 사임당 매화첩(실전) 발문

오른쪽의 겨울 매화첩은 율곡 선생 어머님의 필묘(筆妙)이
다. 손가락 아래 보이는 것은 거의 하늘의 조화를 뺏은 것이지
사람의 힘으로 된 것이 아니다. 어느 날 강릉의 김연채(金演采)
군이 소매에서 깨내어 말하기를 자신의 선조의 부인이 신사임
당의 이질녀가 되기 때문에 이 열 개의 첩을 얻어 후손에게 남
겼는데 이는 참으로 세상에 드문 최고의 보물이라 하였다.

내가 받들어 보고 모사하려 하니 김 군이 그 뜻을 알고
특별히 두 개의 첩을 허락하였다. 나는 사양하여 말하기를 "숙
부가 옛날 당신에게서 얻었는데 이제 또 이와 같이 하면 불행
히도 문정공(송시열)께서 말씀하신 바 남의 집에 흘러 떨어져
이씨에게 있지 않게 된다고 하신 말과 비슷해진다. 아니면 율
곡의 수묵과 바꾸어 두 집에 보관하게 되면 또한 좋지 않은
가?" 하였다.

무릇 매화의 물건 됨됨이 사랑스럽고 아까운데 하물며 부
인의 얻기 어려운 수법을 겸하고 있음에랴! 한 조각 종이 위에
달빛 아래 눈 같은 청한(淸閒)한 아취와 수묵의 연하고 진한 모
습이 아울러 모두 그 진경을 다했구나. 이에 표구하여 그 연유

를 써서 내 자손에게 보여 주어 무궁토록 전하도록 할지어다.

　내가 이미 이 화첩을 위하여 제(題)를 한 바 있는데 그 후에 김 군이 또 두 첩을 모사해 내었고 당시인의 시 몇 수를 인사(印寫)하여 남기는 데 이르렀다.

　아! 부인의 필법은 볼수록 보배로우니 존경스럽다! 모인(模印, 본떠서 인출함)이 차이가 없을 수 없으나 이와 같이 매우 교묘하니 그 진본의 천연스러움이 스스로 이루어졌음을 알 수 있겠다. 진본이 그렇게 천연스럽지 않다면 어찌 모인이 극묘할 수 있겠는가? 아울러 써서 이로써 지(識)로 한다.[17]

　송병선(宋秉璿, 1836~1905년)의 자는 화옥(華玉), 호는 연재(淵齋)이고 본관은 은진이다. 우암 송시열의 9대손으로 대전 석남(石南)에서 출생하였다. 우암 후손답게 학행으로 천거받아 좨주(祭酒)로 출사한 산림 출신인데 벼슬은 대사헌에 이르렀다. 1905년 을사조약이 체결되자 고종에게 을사오적의 처단과 조약의 무효를 주장하는 상소를 올렸고 여의치 않자 다시 상소하다가 일경에 의하여 강제 귀향당했는데 동지와 제자들에게 항일 투쟁을 부탁하는 유서를 남기고 음독 자결하였다. 때는 70세였다. 시호는 문충(文忠)이고 1962년 대한민국 건국공로훈장 복장을 수여받았다.

　이 발문은 사임당의 매화첩에 부친 글로, 강릉에 사는 김연채라는 사람이 10폭으로 된 매화첩을 가지고 와서 보게 된 것이라고 밝히고 있다. 김연채라는 인물은 사임당의 이질녀의 후손이라고 하였다. 10폭으로 되었다니 이화대 박물관 소장의 8폭 고매 첩과는 다른 작품으로 보인다. "한 조각 종이 위에 달빛 아래 눈 같은 청한(淸閒)한 아취와 수묵의 연하고 진한 모습이 아울러 모두 그 진경을 다했구나."라 품평하였으니 사임당의 매화 그림을 '청한(맑고 한가로움)한 아취'로 요약하였다.

오세창이 쓴 초충도 8폭 병풍(국립중앙박물관 소장) 발문(1946년)

이용희 군이 이 그림첩을 보여 주기로 나는 그것을 들여다보다 그 신묘한 채색이 오히려 반짝반짝 내 눈에 비침을 깨달았다. 또 종이의 바탕이 오랜 세월을 거쳐 우중충한 빛깔이 짙은 것을 보매 참으로 여러 백 년 전 유적인 것이 분명하다.

그 붓 솜씨가 지극히 정묘하긴 하나 웅건한 맛은 없으니 그건 역시 안방에서 수놓던 손을 잠깐 멈추고 붓을 적셔 그려 낸 것이기 때문인가?

늙고 졸한 나는 평소 망령되이 평하는 것을 좋아하지 않으나 이것에 대해서만은 진적(眞蹟)인 것을 단정해 말하는 것이요, 또 내가 눈 복이 있음을 기뻐하는 바다. 더구나 직암(直庵) 신경의 발문에 이 그림의 유래를 아주 자상하고 정확하게 적어 놓은 것까지 있음에랴!

책상머리에 머물러 두고 완상하기 거의 반년이나 되어 그림첩 끝에 몇 마디 적어서 돌려보내노니 그대는 마땅히 보배로이 간직할진저!

병술(1946년) 무궁화 핀 비 오는 창 아래서 83세 늙은이

오세창(吳世昌, 1864~1953년)의 자는 중명(仲銘), 호는 위창(葦滄)이고 본관은 해주이다. 저명한 역관으로 개화파를 선도했던 오경석(吳慶錫)의 아들로 중인 명문 출신이다. 3·1 운동 때 33인의 한 사람으로 활동하였으니 천도교 대표였다. 저명한 서화가로 전자(篆字)의 제일인자였고 당대 최고의 감식안이었다. 우리나라 역대 서화가들에 대한 약전인 『근역서화징(權域書畵徵)』이라는 저술을 남겼다.

이 글은 오세창이 1946년 광복 직후 이용희가 가져온 사임당 초충도 8폭 병풍에 남긴 발문이다. 현재 국립중앙박물관에 소장되어 있는 바로 그 병풍이다. "그 붓 솜씨가 지극히 정묘하긴 하나 웅건한 맛은 없으니 그건 역시 안방에서 수놓던 손을 잠깐 멈추고 붓을 적셔 그려 낸 것이기 때문인가?" 하여 여자의 작품임을 전제하고 자신이 남의 작품을 품평하기 좋아하지 않지만 사임당의 진적이 틀림없다고 단정하였다.

더구나 직암 신경이 자세한 유래를 밝히는 발문을 이미 남겨 놓았으므로 더욱 분명하다는 것이다. 자신에게 작품을 완상할 수 있는 눈 복이 있음을 기뻐하면서 반년이나 책상머리에 두고 즐기고 나서 이 발문을 적어 돌려보낸다고 글을 마무리하고 있다.

이관구가 쓴 고매첩(이화대 박물관 소장) 발문(1954년)

아! 이 여덟 폭 매화 그림은 사임당 신씨가 그린 것이니 그는 바로 이문성 공(율곡 이이)의 어머니시다.

친구 김 군이 와서 내게 말하였다.

"내 선조 의석(宜石)·용암(蓉菴) 두 어른이 병풍을 만들어 몇 대를 전해 왔는데 그 사실은 이미 해장 태사(海藏太史, 신석우)·계전 상공(桂田相公, 신응조)의 서문에 자세히 적혔으므로 여기 구태여 더 덧붙일 필요는 없다.

그런데 양주 고향집이 경인년(1950년) 6·25 동란 때 불타버려 모두가 거칠고 쓸쓸해져 다시는 옛날 모습을 찾을 수가 없는데 다만 이 그림만이 홀로 그 먹 향기를 보전한 것은 신명의 도움이겠으나 앞으로 또 몇 번이나 변하는 세상을 만날지 몰라 나같이 보잘것없는 자손으로서는 보배로이 간직하기가 어렵다."

그러면서 나에게 주인을 바꾸지 말고 잘 보관해 달라는 것이다.

스스로 돌아보니 내가 감히 그것을 받을 수 있으랴! 그러나 김 군의 간절한 뜻에 깊이 느끼는 바니 이 그림은 세상에 이름난 것이라 이 그림을 감상하는 자는 참으로 집 보배를 삼을 것이요, 만금을 주어도 바꾸려 하지 않을 것이다.

어느 날 김윤한 군이 내게 (한마디) 말을 하라 하므로 굳이

사양할 길이 없어 대강 그 전말을 적어 병풍 끝에 붙이고서 뒷
날의 상고에 이바지하는 바이다.

갑오(1954년) 6월

후학 한산 이관구는 손을 씻고 공경히 발문을 적다

이관구(李寬求, 1899~1991년)의 호는 성재(誠齋)이고 본관은 한
산이다. 서울 출생으로 일본 경도제국대학 경제학부를 졸업하였
고 귀국하여 평생 언론인으로 활약하였다. 친구인 김윤한이 그림
을 보여 주며 발문을 부탁하였다는 점을 밝히고 있다. 이 작품은
김윤한의 선조인 의석 김응근과 그 아들 용암(蓉菴) 김병시(金炳始)
가 소장했다가 자신에게 물려주었는데 다행히 6·25 전란을 겪고
도 보전되었으나 더 이상 자신이 보관할 자신이 없다는 뜻을 전
했다는 것이다.

그 유래는 이미 신석우·심응조 등이 밝혀 놓았으므로 더 이
상 언급할 것은 없다고 하였다. 의석 김응근에 대해서는 위에서
설명하였고 김병시의 자는 성초(聖初), 호는 용암이고 본관은 안
동이다. 24세에 문과에 급제하여 우의정에 이르렀다. 시호는 충문
(忠文)이다. 이 고매첩은 이관구를 중간 매개로 하여 김윤한이 이
화대 박물관에 기증한 것으로 추론된다.

박재조가 쓴 이곡산수병_(국립중앙박물관 소장) 발문_(1975년)

이 산수 그림 두 폭은 율곡 선생 어머님 사임당 신씨가 그린 것이다. 이것은 본래 옛날 집의공 평산 신 공 명규(命圭)의 증손 영의정 신만(申晚) 공의 후손 집안에서 간직했던 것으로 집의공의 어머님이 매창의 맏아들 조인 공의 외손녀이므로 이 그림이 신 부인의 솜씨인 것을 의심할 나위 없고 또 부인의 외손 집안에서 간직되고 있었던 것 역시 그럴 만한 일이었다.

율곡 선생이 지은 어머님 행장에 그 덕행과 재예를 자세히 설명하였거니와 덕행은 행장의 내용으로 이미 고증해 알 수 있는 일이요, 재예에 대한 것도 그 행장 중에 "어머님의 평소 그림이 범상치 아니했다."라고 했는데 일곱 살 때부터 안견의 그림을 모방하여 마침내 산수 그림을 묘하게 그렸으며 또 포도 그림도 세상에서 능히 본뜰 수 없는 것들로서 병풍이나 족자로 만들어 세상에 널리 전해 오는 것이다.

신해년(1971년) 봄에 내가 이 그림을 신씨 집안에서 얻어 사임당의 후손 이장희 씨에게 고증을 받아 다시 작은 병풍으로 꾸며 길이 보배로이 간직하며 대강 그 내력을 적어 삼가 병풍 끝에 써 둔다.

을묘(1975년) 가을 밀양 후손 박재조 지음

박재조(朴在祚)는 국립중앙박물관 소장 이곡산수병의 마지막 개인 소장가이다. 이 그림이 사임당의 외손 신명규의 증손인 영의 정 신만의 후손 집에서 나왔다고 유래를 밝히고 있다. 1971년 자신이 이 그림을 신씨 집에서 입수하여 옥산 이우의 후손인 이장희에게 고증을 받았다 하고 1975년에 이 발문을 썼다.

이은상이 쓴 이곡산수병(국립중앙박물관 소장) 발문(1978년)

사임당이 세종 때 화가 안견의 산수화를 본떠 그렸다는 것은 기록에 전해 오지만 그 실물은 확인하기 어렵더니 마침내 사임당의 진품 산수화 두 폭이 나타난 것은 실로 반가운 일이 아닐 수 없다.

이 산수화의 필치가 안견을 본뜬 것으로 볼 수 있고 그보다도 그림 위에 당시(唐詩) 절구로써 화제를 쓴 것이 사임당의 글씨임에 틀림이 없으므로 최순우 국립박물관 관장과 한학자 임창순 씨 등의 고증에 의하여 이 산수화를 진품으로 감정하게 된 것이다.

더욱이 이 그림을 지금까지 보관해 왔던 주인 박재조 씨가 이 같은 보물은 개인이 지닐 것이 아니라 국가에서 보관함이 옳겠다는 의견을 표하자 문화공보부 김성진 장관이 그 뜻을 받아들여 마침내 국립중앙박물관에 보관하게 되었기에 나는 여기에 그 경위를 밝혀 두는 바이다.

1978년 중추절 아침 노산 이은상 짓고 칼물 이철경 씀

이은상(李殷相, 1903~1982년)의 호는 노산(鷺山)이고 본관은 전주이다. 경남 마산 출생으로 시조 작가 내지 역사학자로 활동했다. 박재조가 소장하던 이곡산수병을 국립박물관장이던 최순우와 한학자 임창순이 진품으로 감정하고 박재조가 기증 의사를 밝혀 문화공보부 김성진 장관이 받아들여 국립박물관에 소장하게 됐다는 경위를 밝혀 놓았다. 이해는 1978년으로 박재조가 이 그림에 발문을 쓴 지 3년 후이고 이은상이 사망하기 4년 전이다.

최순우가 쓴 「수박과 석죽화」 발문 (오죽헌 소장)

세상에 전하는 신사임당의 초충도는 그 수가 적지 않다. 그러나 그 가운데 유래가 분명치 못한 것이 섞여 있거나 후세에 너무 가채·보필되어 그분 그림의 참맛을 알아볼 수 없이 망쳐 놓은 것이 적지 않다.

논산 이장희 씨 댁에 세전되어 온 초충첩에서 이 수과도 한 폭을 택한 것은 그 전체가 비교적 분명하고 보존이 잘 되어 후세의 뒷 붓질이 없을 뿐 아니라 사임당 그림의 진면목은 바로 이러한 그림이구나 싶은 심증이 가기 때문이다.

과거에 신사임당을 경모하는 나머지 그분의 그림을 너무 신격화한 폐단이 없지 않아서 일류 직업화가들의 그림과 견주어 생각하는 경향이 적지 않았다. 따라서 엉뚱한 것이 신사임당의 작품으로 변신하는 경우가 있었으므로 오히려 사임당의 예술에 흠을 입혀 준 결과가 되어 왔었다.

말하자면 사임당은 여성으로서는 드물게 보는 재능을 시·서·화에 발휘한 사인(士人) 출신의 지식 여성이었으며 또 뛰어난 현모양처였으므로 그의 그림, 특히 초충도에 나타난 표현은 벌레 한 마리 꽃 한 송이에 이르기까지 양식을 지닌 여성만이 느낄 수 있는 섬세하고도 세련된 애정이 서려 있으며 더구나 그 색감에 있어서는 한국 여성들만이 지닐 성싶은 특유의 순정미가 짙게 깃들여서 독자적인 풍토 감각의 일면을 이루어 왔다고 할 수 있다.

수박을 주제로 한 그분의 이 초충도 한 폭은 바로 그러한 본보기 그림의 하나라고 생각된다.

최순우

최순우(崔淳雨, 1916~1984년)는 개성 출생으로 본명은 희순(熙淳), 호는 혜곡(兮谷), 본관은 양천이다. 순우는 필명이다. 고유섭의 감화로 미술사를 공부하여 평생을 박물관인으로 일관하였다. 1974년부터 1984년 죽을 때까지 국립박물관장으로 있었다. 한국 미술은 자연 그대로일 때 가장 아름답다는 지론을 갖고 있었다.

이장희(오죽헌 기증자 이창용의 부친) 소장의 「수박과 석죽화」에 대하여 "그 전체가 비교적 분명하고 보존이 잘 되어 후세의 뒷 붓질이 없을 뿐 아니라 사임당 그림의 진면목은 바로 이러한 그림이구나 싶은 심증이 가기 때문이다."라고 하였다. 사임당을 직업화가들과 비교하는 폐단을 지적하고 엉뚱한 작품이 사임당의 작품으로 둔갑하는 현실을 개탄하였다.

"사임당은 여성으로서는 드물게 보는 재능을 시·서·화에 발휘한 사인(士人) 출신의 지식 여성이었으며 또 뛰어난 현모양처였으므로 그의 그림, 특히 초충도에 나타난 표현은 벌레 한 마리 꽃한 송이에 이르기까지 양식을 지닌 여성만이 느낄 수 있는 섬세하고도 세련된 애정이 서려 있으며 더구나 그 색감에 있어서는 한국 여성들만이 지닐 성싶은 특유의 순정미가 짙게 깃들여서 독자적인 풍토 감각의 일면을 이루어 왔다고 할 수 있다."라고 품평하였다. 사임당이 시·서·화에 뛰어난 재능을 보인 사인 출신의 '지식 여성'이었고 '현모양처'였다는 대목은 현대적 용어로 된 최초의 사임당에 대한 평가로 볼 수 있다. 초충도에 서려 있는 섬세하고도 세련된 사임당의 애정, 그 색감이 한국 여성들만이 가질 수 있는 특유의 순정미를 보이고 있어 독자적인 풍토 감각의 일면을 이루어 왔다는 지적도 당시까지 사임당에 대한 기록에서 찾아보기 힘든 현대적인 해석이다. 그러한 초충도의 본보기로서 「수박과 석죽화」를 선택했다고 하였다.

나가면서

사임당에 대한 조선 시대의 이해와 평가는 15세기에는 산수
화와 포도 그림, 그리고 대나무 그림을 잘 그리는 화가로, 17세기
중반 이후에는 부덕을 강조한 현모양처 이미지로, 18세기 이후에
와서는 훌륭한 아들을 키워 낸 어머니이자 초충도를 잘 그린 예
술가로 변화되어 왔다는 것이 정설이다. 이러한 평가들의 배경에
는 우암 송시열이 있다고 그동안 지적되어 왔다.

17세기에 이르러 율곡학파를 계승한 서인의 영수(뒤의 노론)
송시열이 사임당을 율곡을 낳은 훌륭한 어머니로 추앙한 것이 하
나의 계기가 되었다 한다. 송시열이 사임당을 현숙한 부인, 부덕
을 잘 실천한 현모양처의 이미지로 평가한 이후 서인-노론계 학
자들은 화가로서의 사임당에 대한 평가는 가능한 한 은폐하거나
왜곡하였고 유교적 덕목을 실천한 훌륭한 여성으로서의 명망을
강조하였다는 것이다. 태교를 잘 실천한 현숙한 부인, 훌륭한 아

들을 키워 낸 어머니, 효녀, 아내로서의 내조 등으로 전통 유교 사회가 강조했던 부덕을 잘 실천한 사임당만이 강조되었다고 본다.

물론 송시열이 17세기 지성계에 미친 영향과 정치적 사회적 역할은 아무리 강조해도 부족하지 않다. 율곡 이이에서 비롯되어 사계 김장생·신독재 김집 부자를 거쳐 송시열에게 전해진 율곡학파 내지 그 학파를 모집단으로 한 정치 집단인 서인 학통의 지도자 송시열이 율곡의 모친인 사임당을 경모하고 현창한 것은 당연한 일이다.

다만 그들 서인 내지 서인에서 분립한 송시열계의 노론이 사임당의 예술가로서의 면모를 가능하면 은폐하거나 왜곡했다는 평가는 지나친 편견이다. 송시열이 양난(왜란과 호란)으로 와해된 조선 사회를 재건하기 위하여 일관된 기치를 들고 도덕 재무장 운동을 한 것은 사실이지만, 그렇다고 하여 사임당의 예술적 재능을 부정할 필요는 없었다. 다만 유교적 가치를 더욱 강조한 것은 시대적 환경과 관련이 깊다.

앞에서 보았듯이 송시열은 사임당의 난초 그림에 대하여 "손가락 밑에서 표현된 것으로도 오히려 능히 혼연히 자연을 이루어 사람의 힘을 빌려 된 것이 아닌 것 같다." 하였다.[1] 만약 송시열이 사임당의 예술적 재능과 화가로서의 사임당을 은폐하거나 왜곡하려 했다면 이런 글을 썼을 리가 만무하다. 송시열 다음 세대의 사임당에 대한 평가는 각자의 안목과 판단에 따른 것이지 노론계가 사임당의 예술적 재능을 은폐하려 했다는 증거는 되지 않는다. 선입견과 고정 관념에 의한 일반화의 오류로 보인다.

결국 사임당이 현모양처였느냐, 훌륭한 예술가였느냐 하는 이분법적 논의는 '사임당의 예술적 성취와 자아실현이 현모양처 역할에 누가 되었는가? 아니면 예술가 사임당의 작품 행위가 경제적으로 풍족한 사대부 가문 출신 여인의 호사 취미였는가? 과연 모성과 여성 주체성은 상호 갈등 관계인가?' 하는 명제와도 관련되어 있다.

더구나 오랜 친정살이는 사임당이 예술혼을 불사르기 위하여 일부러 시집살이를 지연시킨 것이 아니냐는 의심을 불러일으키고 모든 가사 부담과 육아 부담과 경제적 부담에서 벗어난 사임당의 특권적 환경이 사임당의 예술을 키웠다는 추론까지 낳게 하고 있다.

사임당의 오랜 친정살이는 16세기 이전 혼인 풍습과 친정에 남자 형제가 없었다는 사실, 그리고 경제 사정과 무관하지 않다. 사임당은 딸만 다섯인 친정의 둘째 딸이었다. 아버지 신명화가 사임당을 시집보내면서 "이 딸만은 시집보내기 서운하다." 할 정도로 촉망받던 집안의 대들보였다. 더구나 아버지 신명화가 사임당이 결혼하자마자 사망하여 어머니 이씨만 홀로 남게 되었다. 사임당이 차마 발길을 떼기 어려웠던 사정이었다.

1522년 19세에 결혼하여 1541년 38세에 서울 시댁으로 완전히 올라오기까지 상당 기간(20여 년) 사임당은 시댁과 친정을 오가며 살았다. 마지막 상경 시점은 율곡이 여섯 살, 막내딸이 네 살 때로 큰아들 이선과 막내아들 이우 이외의 2남 3녀를 모두 강릉 친정에서 낳아 길렀던 것이다. 큰아들 이선도 사임당이 서울 시댁에 신혼례를 올리기 위해 상경했다가 출산했지만 곧 강릉 친정으로 함께 돌아갔으므로 강릉에서 성장하였다.

결론적으로 말하자면 사임당의 예술은 여유로운 귀족 취미에서 나온 것이 아니다. 물론 타고난 재능에 친정의 인적 경제적 환경이 그 재능을 살리는 온상이 되었던 것은 틀림없다. 그러나 19살에 세 살 연상의 이원수와 결혼한 이후 사임당의 인생살이는 고달팠다. 우선 남편 이원수는 홀어머니 아래 자라면서 어려서부터 학문의 기초를 쌓지 못하였다.

경제적으로도 어려워 사임당의 친정 소유의 집으로 추정되는 서울 수진방 집에서 살 정도였다. 게다가 남편 이원수가 평생 과거에 들지 못하여 변변한 관직을 갖지도 못하였다. 조선 시대 양반 출신이 가질 수 있는 직업은 과거에 합격하여 관직에 진출하는 것뿐이었다. 시집은 홀시어머니 홍씨뿐이고, 별로 가진 재산도 없이 남편 이원수는 초시에도 합격하지 못한 한량이었다. 이원수는 사임당이 사망할 즈음에야 미관말직(수운판관)에 제수되었을 뿐이었다.

결국 사임당이 모든 살림의 부담을 떠안고 고군분투하는 인생을 살았다. 평생 과거에 합격하지 못하고 이렇다 할 생업도 없이 이이의 표현대로 하면 "부친은 척당하여 살림살이를 돌아보지 않았다."라고 하니 집안 살림은 온통 사임당의 몫이었다. 그러나 이원수의 이런 호탕한 면이 사임당의 섬세한 감성을 포용해 줄 수 있는 상호 보완의 장점이 될 수도 있었다고 본다. 아울러 이원수의 대범한 성격이 사임당의 오랜 친정살이를 가능하게 하지 않았나 싶기도 하다. 이런 점에서 사임당의 결혼 생활을 자기희생적이고 억압적인 것으로만 평가하기는 어렵다.

사임당은 4남 3녀의 자녀를 키우면서 홀시어머니에 집안의 총부 노릇까지 해야만 했다. 본격적으로 서울살이를 시작한 38세부터 48세에 사망하기까지 10여 년 시집살이 동안 사임당이 감내했을 고충은 충분히 짐작이 간다. 친정에서 도와준다고 해도 추수철에 곡식을 보내 줄 정도였겠지 그 외의 모든 살림 비용을 대어 줄 수는 없는 노릇이었다. 아이들 학비며 일용 잡물의 생활비를 벌기 위하여 사임당은 바느질과 자수를 할 수밖에 없었을 것이다. 그리고 그 자수의 밑그림으로 초충도를 계속 그렸으리라 추론된다.

결혼 전 사임당이 보여 주었던 예술적 재능은 결혼 후에는 생활의 방편이 되었던 것이다. 사임당의 전칭작으로 남아 있는 작품의 상당수가 초충도인 것은 당시 규중의 아낙네들이 선호하여 안방에 걸어 두던 화목이 초충도였기 때문일 듯도 싶다. 사임당의 작품 제작은 비록 생활비를 벌기 위하여 하는 예술 행위였더라도 고단했던 사임당의 삶에 한 줄기 위안이자 일말의 기쁨이었을 것이다.

어머니란 존재가 자애와 무한한 사랑으로 자녀들을 보살펴고 감싸 주는 행위와 감정으로 정의되고 모성이 보금자리, 안식처, 근원적 고향이라는 이미지로 이해되고 칭송되는 유교적 여성상만으로 사임당을 본다면 사임당의 자기실현이 자칫 그 이상형에서 벗어났다는 섣부른 판단이 가해질 수도 있다. 그 그림자로 자기희생이나 자기소멸 등 일방적 인내를 강요받는 여성상을 떠올리게 되기 때문이다.

이러한 이해 방식은 오늘날의 이분법적 사고와 조선 시대 상류 사회에 대한 오해에서 생겨나기 쉬운 것이다. 조선 시대를 이끌어 간 선비들은 자기 수양과 자기 절제를 실천하였고 그것을 자식에게도 철저하게 교육시켰다. 더구나 사임당의 아버지 신명화는 기묘사림의 한 사람이다. 훈구파의 귀족화를 비판하고 기득권에 안주하려는 타성을 개혁하려고 하던, 과격한 급진개혁파가 기묘사림이다. 그의 딸인 사임당이 아버지의 이러한 개혁 정신을 본받았을 것임은 불문가지이다.

결과적으로 볼 때 사임당은 결혼 생활의 성공과 자아실현을 이룬 여성으로 평가할 수 있다. 여권이 신장된 오늘날에도 어려운 일을 전통적인 유교 사회에서 이루어 낸 것이다. 그 양자 관계는 대립적이라기보다 상호 보완적으로 이루어졌다는 것이 사임당의 특수성이다. 남편 이원수는 비록 과거에 급제하지 못하여 사임당의 기대에는 부응하지 못했지만, 호탕하고 너그러운 성격으로 감성적이고 섬세한 그녀를 포용해 주고 오랜 친정살이도 이해해 주었다. 결혼 후 친정살이로 그녀는 육아 부담을 덜 수 있었고 경제적으로도 쪼들리지 않을 수 있었던 것이다. 또한 그녀의 예술적 재능, 특히 그림 솜씨는 서울 생활의 방편이 되었던 초충도나 자수 놓기의 튼튼한 기초가 되어 주었다.

친정이라는 울타리를 벗어난 10여 년의 서울 시집살이가 사임당의 에너지를 고갈시켜 결국 48세의 나이로 세상을 떠나게 된 것은 어찌 보면 당연한 귀결이다. 그 힘겨운 서울 생활은 경제적인 것만 아니라 심리적인 것이기도 했다. 「사친(思親)」 시에서 보듯이 사임당은 친정, 특히 친정어머니에 대한 그리움과 정서적 유대감을 끝까지 간직하고 살면서 마음은 항상 강릉으로 향했던 것이다.

사임당은 48세의 짧은 인생을 살았지만 그 일생을 시기 구분한다면 3기로 나눌 수 있겠다. 제1기는 출생부터 19세 결혼까지 성장기이고 제2기는 결혼해서 38세까지 강릉 친정과 서울 시댁을 오가며 평창 백옥포리에서 별서 생활을 하기도 하고, 파주의 시댁 본가에도 오가며 산 20여 년 세월이다. 이 시기는 기본적으로는 강릉 친정집에 근거를 두고 산 세월이다. 제3기는 38세에 서울 시댁으로 상경하여 48세 사망 때까지 맏며느리의 역할을 하며 본격적인 시집살이를 한 시기이다.

사임당의 예술 세계는 시·서·화로 나누어 살펴야겠지만 현재 남아 있는 작품 수는 그림이 다수이다. 시는 「유대관령망친정(踰大關嶺望親庭)」과 「사친(思親)」의 두 수와 낙구 하나가 있을 뿐이고, 글씨는 당나라 유명시인들의 오언절구시를 초서로 쓴 당시 오절 초서 6폭 병풍(오죽헌 소장)과 역시 당나라 유명 시인들의 오언절구 시를 초서로 쓴 당시 오절 초서 8폭 병풍(대전시립박물관 소장), 산수화 두 폭(국립중앙박물관 소장)의 시제로 쓴 당시 오언절구 두 편이 남아 있다.

사임당이 남긴 두 편의 시와 한 편의 낙구는 모두 친정과 관련된 것으로 어머니를 그리는 사무치는 그리움을 진솔하게 표현하고 있다. 난해하지 않게 자신의 생각을 진정성 있게 표현하여 읽는 이의 심금을 울리는 감동이 있다. 그녀가 즐겨 인용하여 초서로 쓴 당시들은 대부분 성당 시인들의 시 작품들이다.

성당 시기는 당나라 국운이 최고조에 달해 태평을 구가하던 시기로 당시(唐詩) 또한 가장 난숙한 경지를 이룬 황금기이다. 그 작품들은 청신수려하거나 고원한담, 풍화유미, 명정유탕으로 품평되므로 사임당의 문학적 취향을 그대로 보여 주는 것으로 평가해도 좋을 것이다. 또한 사임당이 살던 그 시대 조선 예원에 당시가 유행하던 시기이므로 그 영향도 무시하기 어렵다고 하겠다.

사임당이 초서로 쓴 당시들이 사임당이 남긴 글씨 작품의 대부분을 차지하고 있다. 국립중앙박물관 소장 산수도 2폭 병풍에 제시로 쓴 초서 글씨도 성당 시인 맹호연과 이백의 시이다. 사임당의 초서는 매우 간략하고 깔끔한 점획, 명료한 짜임, 곧은 획과 휜 획의 조화, 단아한 짜임으로 특징지을 수 있다. 그야말로 필의가 단정(端正)하고 간정(簡淨)한 풍격이다.

운필의 단계는 해서를 쓰는 듯한 기필, 둥글게 돌아가는 송필, 붓끝을 깔끔하게 거두는 수필의 세 단계로 요약되는데 원필과 방필의 조화로움이 돋보인다.

사임당의 그림은 40여 점이 확인되고 있고 아직 더 발굴될 여지도 있다. 사임당의 그림은 산수화 2폭(국립중앙박물관 소장), 초충도 8폭(국립중앙박물관 소장), 또 다른 초충도 8폭(오죽헌 소장), 간송미술관 소장 초충도와 포도 그림 8폭, 후손 이창용 씨가 오죽헌에 기증한 초충도 2점(「수박과 석죽화」, 「꽈리와 잠자리」)과 물새 그림, 방일영 소장으로 알려져 있으나 확인되지 않은 「화초어죽도」 4폭(수박·대나무·오이·쏘가리)이 대표적인 작품이다. 이 외에 포도 그림, 물새 그림, 매화 그림 등이 있다. 또한 초충도 자수 병풍 8폭(동아대 석당 박물관 소장)이 있어 사임당의 자수 능력을 증명하고 있다.

다만 사군자 가운데 매화와 대나무 그림만 남아 있고 난초 그림은 우암 송시열이 1659년에 쓴 발문이 있어서 1659년까지는 후손 이동명의 집에 보존되어 있었다는 사실을 알 수 있다. 위의 기록으로 보나 초충도의 원추리 잎이나 바랭이풀을 난초 치는 법인 삼전법(三轉法)으로 그려 낸 점으로 미루어 보아 사임당이 난초를 친 것은 분명하다.

그런데 사임당이 시를 사랑하여 시 작품을 남겼고 당시를 초서로 써서 여러 점 남긴 점으로 미루어 볼 때, 당나라 시인은 아니지만 막내아들 이우도 초서로 써서 남긴 도연명의 「귀거래사(歸去來辭)」의 첫 구절 "채국동리하(採菊東籬下, 동쪽 울타리 밑에서 국화를 딴다)"라는 시구에서 유래한 울바자를 배경으로 하는 국화를 그린 작품이 없다니 안타까운 일이다. 사임당 당시까지는 조선 화단에서 아직 사군자의 개념이 확립되지 않은 현상과도 관련이 있지 않나 싶다.

사임당의 초충도는 그 구도와 색감, 사생 기법이 탁월하다고 평가받는다. 뛰어난 사생력, 화려한 색감, 완벽한 구도를 보여 준다는 찬사를 받고 있다. 무엇보다 중국 화보를 모사하는 당시 풍조에서 벗어나 자신의 생활 속에서 보고 듣고 만질 수 있는 풀과 꽃, 곤충과 벌레 등을 직접 사생함으로서 박진감 있는 생태 표현을 이루어 내었다. 화보를 베끼는 데서 오는 딱딱함과 생경스러움을 극복하고 천진스러운 조선 여인의 순정미와 색채 감각을 보여 주고 있다는 평가다.

화보에서 보는 정형화되고 때로는 낯선 대상을 베끼는 작업에서 벗어나니 생활 주변의 사물들이 더욱 다양하게 그림의 대상으로 다가왔고 그들에 대한 관찰과 그들의 특징에 대한 각성은 사임당의 토착적 정서와 내면화를 통하여 더욱 선명한 화제로 그녀의 감수성을 자극하였다. 사물을 직접 보고 듣고 만지고 관찰하면서 그 특징을 잡아 내어 화폭에 담았으니 사임당만의 격물치지의 결과물인 것이다. 사임당의 또 하나의 장기이자 생활의 밑천이 되었던 자수를 위한 밑그림도 그런 과정을 거쳐 여물어 갔다.

사임당의 초충도는 대상, 필법, 이미지 등에 있어 조선 후기 초충도의 전범이 되었고 세밀화의 기초를 다졌다고 해도 과언이 아니다. 사임당 자신이 의도했건 아니건 가히 초충도의 토착화를 이룩하였다고 평가할 만하다. 내 것에 대한 자각과 애정 위에 시골의 토착적 정서, 아버지 신명화에게서 받은 개혁적 시대 분위기는 사임당의 타고난 천재성을 일깨우며 예술성을 고양시켰던 것이다. 그녀의 통찰력과 판단력도 한몫 단단히 하였다.

사임당의 살아 있는 존재에 대한 사랑과 존중의 마음이 그림에서, 자수에서 자연 경물의 재현으로 나타났다. 사임당은 자수의 세계에서 가장 중요한 밑그림을 스스로 그리고 색의 대비를 통한 배색의 섬세함은 화가로서 갖고 있는 색채 감각으로 해결하였다. 거기에다 전통적인 자수 기법인 정교한 자련수의 기법을 터득하여 꽃과 풀과 곤충을 살아 움직이듯 수틀 안에 생생하게 살렸다.

자수에서 가장 중요한 도안과 배색과 기법에 있어 그 누구도 따라올 수 없는 경지를 이룩해 내었던 것이다. 그리하여 자신의 작품에 대한 성취감을 느끼고 자신의 솜씨에 대하여 스스로 만족감과 자부심을 느낄 수 있었다. 사임당은 자수를 통하여 정신 수양, 작품을 통한 성취감, 생활의 방편이라는 세 마리 토끼를 잡았다.

사임당으로부터 2세기 후 18세기의 대표적 화조도 화가인 현재(玄齋) 심사정(沈師正)과 비교할 때 생동감이나 정밀도, 색채의 조화와 구도에 있어 사임당의 우수성이 확인된다. 심사정이 서울에서 생활하여 사물을 직접 관찰하고 격물치지할 기회가 별로 없어 화보에 의존한 데 비하여, 사임당은 강릉의 장원같이 넓은 집에 살면서 앞뜰과 뒤뜰, 집 밖 북평 뜰의 온갖 생명체들을 접할 기회가 많았던 것도 하나의 요인이라고 하겠다.

18세기 겸재 정선의 초충, 영모, 화조도(간송미술관 8폭 병풍)에 수박과 오이, 가지와 꽈리, 맨드라미와 석죽화, 도라지와 개미취, 달개비와 바랭이풀, 나비와 벌, 잠자리와 매미, 방아깨비와 쇠똥구리, 개구리 등은 물론이고 징그러워서 잘 그리지 않는 쥐까지, 사임당이 그렸던 풀과 열매와 꽃, 곤충과 동물들이 그대로 소재로 선택되었다.

특히 「서과투서(西瓜偸鼠, 수박과 도둑 쥐)」그림에서 보이는 커다란 수박 덩이와 수박 밑에 구멍을 내고 과육을 파먹는 두 마리의 들쥐는 그 소재 선택에 있어서 사임당 수박 그림(국립중앙박물관 소장 8폭 병풍)의 복사판이라 해도 과언이 아니다. 사임당의 그림에서는 수박이 큰 것 두 덩이와 작은 것 한 덩이 합하여 세 덩이인 데 비하여 겸재의 그림에서는 하나로 생략된 것과 수박 덩이의 표현 기법이 좀 다를 뿐이다. 사임당이 쥐를 몰골법으로 그린 것과 마찬가지로 겸재 역시 몰골법으로 쥐를 처리하여 사임당의 몰골법이 그대로 계승 발전되고 있음을 확인할 수 있다.

사임당이 소재의 성격에 따라 섬세(纖細)와 조방(粗放), 정밀(精密)과 소략(疏略), 화사(華奢)와 창울(蒼鬱)한 대칭적 필법을 자유자재로 구사한 것도 후세 화가들의 전범이 되었다. 사임당은 화가가 그림을 그리는 데 꼭 필요한 여섯 가지 화법이라고 하는 육법(六法)을 체득하여 구사하였다.

기운생동, 골법용필, 응물상형, 수류부채, 경영위치, 전이모사는 어느 화가나 기본으로 해야 할 화법이지만 실제 제대로 그 모두를 다 익혀 능숙하게 구사하기란 어려운 일이어서 이 가운데 서너 가지만 제대로 구사해도 수준급의 작품이 되기 마련이었다. 사임당은 이 가운데 어느 하나라도 놓치지 않으려고 지속적으로 노력한 흔적이 여러 작품에서 확인되고 있다.

사임당은 선비의 전공 필수인 문·사·철은 『논어』와 『사기』 등을 공부하여 이성 훈련을 하고 교양 필수인 시·서·화(詩·書·畵)를 닦아 감성 훈련을 함으로서 이성과 감성이 잘 조화된 지성으로 조선 시대 여성 선비의 전범이 되었다. 나아가 학문과 예술을 잘 조화시켜 학예일치(學藝一致)의 바람직한 경지를 이룩하였다. 10세 전후부터 갈고 닦은 문·사·철의 학문적 토대 위에 타고난 소질과 탁월한 감수성으로 빚어낸 시·서·화의 예술적 성취는 그녀의 예술 세계를 한층 고양시켰다. 조선 시대 최초의 시·서·화 삼절이라는 찬사를 들어도 마땅하다. 인격적으로도 여자 가운데 군자, 즉 여중군자(女中君子)라 하여도 손색이 없다. 사임당은 타고난 천재성에 창의적 환경(인적 공간적 물질적), 거기에 자신의 끊임없는 노력이 포개져 예술가로 대성할 수 있었다.

들어가면서

1   율곡 이이가 쓴 외할아버지 신명화 행장에 보면 중종 때 윤은보(尹
     殷輔)·남효의(南孝義) 등이 현량과에 추천하려 했지만 신명화가 완
     강하게 거절했다는 기록이 나온다. 본문 4장의 「외조고진사신공행
     장(『栗谷先生全集』)」 참고.

1부 사임당의 삶, 그 빛과 그림자

1 아들 이이가 그린 어머니 사임당의 생애

1   『율곡선생전서(栗谷先生全書)』 권33 부록 1 연보 상 "辛亥 三十年
     先生十六歲 五月 丁申 夫人憂 葬坡州斗文里紫雲山…… 撰先
     妣行狀."
2   『율곡선생전서』 권18 행장 「선비행장(先妣行狀)」.
     "慈堂諱某, 進士申公第二女也, 幼時, 通經傳, 能屬文, 善弄翰,

又工於針線, 乃至刺繡, 無不得其精妙. 加以天資溫雅, 志操貞潔, 舉度閒靜, 處事安詳, 寡言愼行, 又自謙遜, 以此申公愛且重之. 性又純孝, 父母有疾, 顏色必戚, 疾已復初. 旣適家君, 進士語家君曰, 吾多女息, 他女則雖辭家適人, 吾不戀也, 若子之妻則不使離我側矣. 新婚未久, 進士卒, 喪畢, 以新婦之禮, 見姑洪氏于漢城. 身不妄動, 言不妄發, 一日宗族會宴, 女客皆談笑, 慈堂默處其中, 洪氏指之曰, 新婦盍言, 乃跪曰, 女子不出門外, 一無所見, 尙何言哉, 一座皆慙. 後慈堂歸寧于臨瀛, 還時, 與慈親泣別, 行至大嶺半程, 望北坪不勝白雲之思, 停驂良久, 悽然下淚, 有詩曰, 慈親鶴髮在臨瀛, 身向長安獨去情, 回首北邨時一望, 白雲飛下暮山靑. 到漢城, 居于壽進坊, 時洪氏年老(時辛丑歲), 不能顧家事, 慈堂乃執冢婦之道. 家君性倜儻, 不事治産, 家頗不給, 慈堂能以節用, 供上養下. 凡事無所自擅, 必告于姑, 於洪氏前, 未嘗叱姬妾(侍婢皆名姬妾), 言必以溫, 色必以和. 家君幸有所失, 則必規諫, 子女有過則戒之, 左右有罪則責之, 臧獲皆敬戴之, 得其歡心. 慈堂平日, 常戀臨瀛, 中夜人靜時, 必涕泣, 或達曙不眠. 一日有戚長沈公侍姬來彈琴, 慈堂聞琴下淚曰, 琴聲感有懷之人, 擧座愀然, 而莫曉其意. 又嘗有思親詩, 其句曰, 夜夜祈向月, 願得見生前, 蓋其孝心出於天也. 慈堂以弘治甲子冬十月二十九日, 生于臨瀛, 嘉靖壬午, 適家君, 甲申, 至漢城, 其後或歸臨瀛, 或居蓬坪(地名). 辛丑, 還漢城, 庚戌夏, 家君拜水運判官, 辛亥春, 遷于三淸洞寓舍. 其夏, 家君以漕運事向關西, 子璿·珥陪行, 是時, 慈堂送簡于水店也, 必涕泣而書, 人皆罔知其意. 五月, 漕運旣畢, 家君乘船向京, 未到而慈堂疾病. 纔二三日, 便語諸息曰, 吾不能起矣, 至夜半, 安寢如常, 諸息慮其差病, 及十七日甲辰曉, 奄然而卒, 享年四十八. 其日家君至西江(珥亦陪至), 行裝中

鏽器皆赤, 人皆怪之, 俄而聞喪. 慈堂平日墨迹異常, 自七歲時, 倣安堅所畵, 遂作山水圖, 極妙, 又畵葡萄, 皆世無能擬者, 所模屛簇, 盛傳于世.”

3 당(唐)나라 적인걸(狄仁傑)이 태항산(太行山)에 올라가 흰 구름(白雲)을 바라보며 “저 구름 아래 우리 아버지가 계신다.”하고 섰다가 구름이 옮겨 간 뒤에야 그곳을 떠났다는 고사(『당서(唐書)』「적인걸전(狄仁傑傳)」)에서 온 말로 어버이를 생각하는 뜻으로 쓰인다.

4 이 작은 글씨의 설명은 문집 편집자가 임의로 써넣은 것이다. 희첩은 비첩과 같은 말일 터이니 이이의 부친 이원수의 첩일 것이나 이원수를 배려하여 이런 설명을 넣은 것 같다. 다음의 주6을 참조할 것.

5 이원수(1501~1561년)의 본관은 덕수로, 고려 중랑장 돈수(敦守)의 12대손이고 이천(李蕆)의 아들이다. 초명은 난수(蘭秀), 뒤에 원수로 개명하였고 자는 덕형(德亨)이다. 6세에 아버지 이천이 사망하여 독자로 자랐다. 22세에 사임당과 결혼하여 4남 3녀를 낳았다. 50세에 음직으로 수운판관에 임명되었다. 이듬해 51세에 사임당이 사망하고 10여 년을 더 살았다. 내섬시·종부시의 주부를 거쳐 사헌부 감찰을 역임하였다. 파주 두문리 자운산 기슭에 있던 사임당 무덤에 합장되었다.

6 성혼(成渾)의 문집인 『우계집(牛溪集)』권4 간독(簡牘) 성혼이 송익필에게 보낸 편지에 “율곡이 평소 상례에 비첩이 부녀의 뒤에 선다는 말을 의심하여 서모를 주부(主婦)의 앞에 놓으려고 하는데 종전부터 소견이 이와 같았으니 어찌 잘못이 아니겠는가?”하였다. 서모 권씨가 비첩이었다는 사실을 간접적으로 말하고 있다.

1   『율곡선생전서』권18 행장 「외고조진사신공행장(外祖考進士申公行
      狀)」.

    "進士申公諱命和, 字季欽, 天質淳愨, 志操有定, 自少讀書時,
便以善惡爲己勸戒, 及長, 篤于學行, 非禮不動, 燕山朝丁父憂,
時短喪法酷, 進士竟不廢禮, 袞絰廬墓, 啜粥毀瘁, 親爨以奠, 盡
哀三年, 以此時論多之, 中廟朝, 尹相公殷輔, 南公孝義等, 欲薦
以賢良, 進士固辭, 遂不能强之也, 進士生于成化丙申, 中進士于
正德丙子, 嘉靖壬午仲冬初七日乙巳卒, 享年四十七, 葬于砥平
赤頭山麓, 其後遷葬于臨瀛助山, 進士娶李氏, 生女五人, 長適
張侯仁友, 次卽師任堂, 次適洪生員浩, 次適權君和, 次適李君靑
男, 進士平日與子姪談笑時, 皆不失度, 動有規範, 一日李氏如廁,
還時, 失足將仆, 諸女趨扶之, 旣而皆莞爾, 進士見而語之曰, 父
母氣弱, 所可憂懼, 反更笑耶, 諸女慙謝, 其觸事嚴誨類此, 故諸
女遵教, 頗有賢行, 進士之接人也, 言必有信, 一日丈岳李侯, 與
友期會, 而因事未往, 將抵簡, 令進士書之曰, 託以微恙, 可也, 進
士正色曰, 過情之語, 不可告人, 終不肯書, 又於正德辛巳, 將醮
次女, 于時朝京人還, 誤以廣選處女之說惑衆, 萬口洶洶, 有女之
家, 不因媒約, 狂趨迎壻, 雖士大夫之家, 莫有具禮者, 進士獨慨
然傷俗, 竟依婚制, 從容納幣, 其固執於善如此."

2   『율곡선생전서』권18 묘지명 「외조비이씨묘지명(外祖妣李氏墓誌
      銘)」.

    "李氏, 龍仁望族也, 有諱有若, 位三水郡守, 生諱益達, 位全羅
道兵馬虞候, 生諱思溫, 以生員不仕, 娶崔參判諱應賢之女, 參
判賢有家法, 崔氏閨範修整, 以成化庚子正月二十四日生李氏, 稟
性和柔, 操心純靜, 幼讀三綱行實, 能曉大義, 旣笄, 適于申氏, 卽

進士府君諱命和也, 申乃平山大姓, 進士曾祖考, 議政府左議政
諱槩, 祖考, 成均館大司成諱自繩, 考, 寧越郡守諱叔權, 妣, 南陽
洪氏, 進士飭躬有守, 不爲非義, 燕山朝短喪之令甚嚴, 進士執
親喪, 哀毁三年, 不以法撓, 己卯年閒, 有欲薦以賢良者, 進士力
辭竟已, 進士是介士, 李氏爲賢婦, 兩美相合, 禮敬備至, 正德辛
巳, 進士遘癘疾濱死, 李氏禱天斷指, 誓以俱死, 進士忽夢神人報
以當瘳, 次女侍側, 亦夢天降靈藥, 是日陰雲晦暝, 雷雨大作, 進
士疾遂瘳, 鄕人異其誠, 事聞于朝, 中宗大王命旌門復戶, 明年壬
午, 進士終于京城, 初葬于砥平, 後遷于江陵助山之原, 李氏仍居
于江陵, 寔崔氏之鄕也, 隆慶己巳冬十月二十二日, 以疾終, 享年
九十, 其年十二月八日, 葬于助山, 進士墓在前, 李氏無男有五女,
長適張仁友, 次適李主簿諱元秀, 次適生員洪浩, 次適習讀權和,
次適李胄男, 諸孫二十餘人, 主簿卽珥先君也, 俾珥主外祖考妣
之祀, 銘曰, 有美閨秀, 窈窕柔儀, 庭闈承訓, 室家孔宜, 謂天有
報, 晝哭無兒, 謂天無報, 壽到期頤, 鬱鬱助山, 合兆於斯, 猗歟
流芳, 百歲無隳."

3 세종 때 설순(偰循) 등이 왕명에 의하여 지은 책. 충신·효자·열녀
   중 각각 35명씩 뽑아 그 행적을 기록하였다.

4 옛날에는 여자가 15세 되면 비녀를 꽂는 의식을 가졌다. 요즘의 성
   년식(成年式)과 같다.

5 『율곡선생전서』권14 잡저 1 「이씨감천기 계축(李氏感天記 癸丑)」.
   "進士申公妻李氏, 成均生員諱思溫之女也, 生長于外祖參判崔
   公諱應賢之第, 天資純淑, 擧度沈靜, 訥於言而敏於行, 愼於事而
   果於善, 粗識學文, 常誦三綱行實, 不以辭章爲學, 旣長, 父生員
   率歸臨瀛居焉, 自適進士之後, 進士之親在漢城, 故歸侍舅姑,
   于時李氏母崔氏疾病, 李氏遂告辭于始洪氏, 東還侍病, 親調寒

煖, 嘗藥以進, 愁容慼顏, 夜不就寢, 竭力致孝, 有女數人, 訓之有方, 以故夙著鄉譽, 進士之來也, 輒欲同歸漢城, 李氏涕泣曰, 女有三從之道, 不可違命也, 雖然, 妾之父母, 今已俱老, 妾是獨女, 一朝無妾, 則父母奚託, 況萱堂久病, 不絶湯藥, 何忍棄別乎, 妾之長慟血泣, 只爲此也, 今欲一言以稟於君, 君往京師, 妾在鄉村, 各侍老親, 於意何如, 進士亦感涕, 遂從其言, 正德辛巳, 李氏母崔氏卒, 是時, 進士自京將向臨瀛, 行到驪州, 聞崔氏捐世, 感愴之極, 食不知味, 氣漸不平, 冷發腦後, 行至橫城, 腦後尤冷, 至雲交驛遂疾病, 耳不聞聲, 熱氣方熾, 至珍富驛, 蒼頭內隱山請留, 進士曰, 留庫苦痛, 不如速歸, 行至橫溪驛, 病勢尤重, 吐血數匙, 臨瀛人金舜孝適來見之, 使通于北坪(李氏所居), 仍到丘山驛, 臥不能起, 強行入助山齋舍, 李氏之外弟崔壽嵸, 與李氏及諸女迎于路畔, 進士不能言, 僅頷而已, 扶入室, 面黑嘔血, 幾至不諱, 李氏初經哀毀, 又遭奇厄, 勞心竭誠, 焚香祈禱, 上下神祇, 無所不至, 連七晝夜, 目不交睫, 乃沐浴剪爪, 潛持小刀, 登外曾祖崔公致雲墓後山上設卓, 燒香拜天, 號泣曰, 天乎天乎, 福善禍淫, 天之理也, 積善累惡, 人之事也, 惟我良人, 志操無邪, 行業無凶, 短喪之際, 身丁父憂, 疏食毀瘠, 不離墓側, 躬執奠饌, 衰經三年, 天若有知, 應察善惡, 今何降禍如是其酷耶, 妾與良人, 各奉其親, 分在京鄉, 十六春秋, 妾之一身, 頃遭門殃, 慈母旣喪, 良人又病, 若不可諱, 則惸惸獨立, 四顧奚託, 伏惟天人一理, 顯微無間, 皇天皇天, 鑑此下情, 仍拔小刀, 斷左手中指二節, 仰天撫膺曰, 我之誠敬不至, 以至此極耶, 身體髮膚, 受之父母, 不敢毀傷, 雖然, 吾之所天, 良人也, 所天若崩, 則如何獨生, 願以妾身代夫之命, 皇天皇天, 鑑我微誠, 禱天旣訖, 又下拜于崔公墓曰, 生爲賢相, 死必英靈, 弼告上帝, 以達我情, 告畢, 還到臥內, 略無

難色, 惟恐進士之知也, 是時久旱, 天氣甚朗, 俄頃之際, 黑雲倏
起, 大雷下雨, 明朝, 次女侍坐, 假寐成夢, 則自天下藥, 大如棗
實, 神人取之, 以服進士, 其日, 進士瞑目, 忽微語曰, 明日, 病愈,
崔壽嶸從旁强問曰, 何以知之, 答曰, 神人來報耳, 及期果愈, 鄕
里驚嘆, 以爲誠感所致也, 時中廟朝也, 事聞旌閭, 嗚呼, 五倫之
中, 三綱最重, 而鼎立其位, 而不可輕重者也, 男子之於君親, 婦
人之於父夫, 其事雖異, 而理則一也, 雖然, 天理人心之最重者,
無過父母而已, 則是無輕重之閒, 亦有輕重矣, 世人之情, 恒重
於仕宦而輕定省, 多重於婚媾而輕骨肉者, 吁可悲也, 然而內親
而外君, 內父而外夫, 亦不可也, 然則若何, 在乎善處其閒而已,
李氏, 珥之外王母也, 其於父子之閒, 夫婦之際, 動以仁禮爲務,
眞所謂善處婦道, 而宜作閨門懿範者也, 伉儷之情, 非不篤厚, 而
乃以侍親之故, 異居十六餘載, 進士之病也, 終運至誠, 以感天
意, 儻非秀人之行, 超古之節, 烏能爲乎, 若使得列於士君子, 而
俾處君父之閒, 則其所以具忠孝而正國家者, 從可知也, 嗚呼, 珥
之錄此者, 豈徒然哉, 後之子孫, 其可目覩而已乎, 男而處朝廷者,
視此爲規, 女而處庭闈者, 體此爲法, 則不患不爲賢人哲婦矣."

　　이 글은 1553년(명종 18년) 이이가 불과 18세 때 지은 것으로 이
씨 부인의 부모에 효도하고 남편에 공경한 지성이 하늘을 감동시
킨 내용을 기록했다.

6　　여자는 자기 독자적으로 일을 처리하지 않으니, 시집가기 전에는
　　아비의 명을 따르고 출가하여서는 남편의 명을 따르고 남편이 죽
　　으면 아들을 따른다는 것을 말한다.(『의례(儀禮) 상복전(喪服傳)』)

7　　훤(萱)은 원추리라는 풀이다. 일명 망우초(忘憂草)라고 한다. 이것
　　을 먹으면 모친의 근심을 잊게 해 드린다 하여 주부의 거실 앞뜰
　　에 훤초를 심은 데서 모친을 일컫는 말로 쓰이게 되었다. 또 훤당

은 남의 어머니를 존칭하는 말로도 쓰인다.

8   정이(程頤)의 『역전(易傳)』 서(序)에 "지극히 은미한 것은 이(理)요
     지극히 현저한 것은 상(象)이니, 체용일원(體用一原)이요 현미무간
     (顯微無間)이라." 하였다.

3 연하고질

1   이 부는 이이가 1545년(명종 즉위년)에 지은 것이다. 이이는 이때
     나이가 겨우 10세로, 어머니인 사임당에게 글을 배웠으며 이 유명
     한 경포대를 오가면서 놀았다. 워낙 재질이 탁월하였던 그는 이때
     벌써 학문이 성숙되어 이 장편의 부를 짓기에 이른 것이다. 경포대
     는 관동팔경의 하나이며 강원도 강릉의 해안에 있는 누대로서, 고
     려 충숙왕(忠肅王) 3년(1326년)에 박숙(朴淑)이 창건하고, 조선 중
     종(中宗) 3년(1508년)에 한급(韓汲)이 이건하였다. 이이가 출생한
     오죽헌이 부근에 있다.

     『율곡선생전서』 습유(拾遺) 권1 부(賦) 「경포대부(鏡浦臺賦)」 10
     세 작(十歲作)」.

     "一氣流化, 爰結爰融, 開慳祕於海外, 鍾淸淑於山東, 分淸派
     於天池, 湛一面之寒鏡, 失左股於蓬島, 列數點之靑峯, 有閣臨
     湖, 如跂斯翼, 引微涼於綺疏, 耀朝日於金碧, 下臨無地, 見城郭
     而纔分, 上出重霄, 捫星辰而可摘, 境是方外, 地入壺中, 波含鶴
     背之月, 軒納鷁頭之風, 行人渡橋, 見長虹之臥水, 仙闕橫雲, 比
     海蜃之浮空, 其春也, 東君弭節, 灝氣流行, 東西兮花卉競秀, 上
     下兮水天同淸, 柳岸金絲, 煙鎖流鶯之幕, 桃源花色, 露濕蝴蝶
     之翔, 浮嵐藹藹, 遠岫茫茫, 灑香雨於漁店, 斝錦浪於沙汀, 於是
     鼓瑟解衣, 抱曾點浴沂之樂, 臨風把酒, 藹希文憂世之情, 其夏
     也, 祝融司權, 長養萬物, 分草木之敷榮, 極流爍之煩熱, 炎炎火

氣, 日比趙孟之嚴, 疊疊奇峯, 雲入淵明之句, 積雨初霽, 衆川爭赴, 山烝烝而霧生, 水溶溶而波闊, 於是蘭臺詠賦, 快哉楚襄之風, 殿角生涼, 愛此唐文之日, 其秋也, 金神按節, 大地淒涼, 列疏篆以征雁, 染紅葉以清霜, 紅蓼岸邊, 鷺窺游魚之出沒, 白蘋洲畔, 鷗驚釣舟之往來, 窓來漁笛, 風堨黃埃, 天悠悠而益遠, 月皎皎而增輝, 於是踵張翰吳州, 飽玉鱠銀蓴之味, 追蘇仙赤壁, 歌明月窈窕之詩, 其冬也, 氣閉窮陰, 凍鎖煙浪, 凋百草其已零, 秀孤松兮幾丈, 霜風振地, 鳴萬馬之刀鎗, 雪花飜空, 散千重之玉屑, 宇宙微茫, 山川索漠, 征帆絕於遠浦, 瘦骨生於疊嶂, 於是帶月尋友, 王子猷興不盡於山陰, 殘梅返魂, 林處士骨未槀於湖上, 有客江山性癖, 朝市心違, 寄笑傲於虛閣, 翫淸漪於苔磯, 黃鶴樓前, 芳草兼晴川共遠, 滕王閣上, 落霞與孤鶩齊飛, 玆以眼高九州, 神遊六合, 塵心靜於水軒, 世情散於風楊, 金雞唱曉, 挹扶桑萬頃之紅波, 玉兔昇昏, 頫龍宮千層之白塔, 快哉騁眺, 悅若登仙, 踏煙沙而散步, 馴白鳥而共眠, 鯨濤起望中, 大鵬擧兮九萬, 鰲岑在何處, 弱水杳兮三千, 遊覽旣周, 喟然歎曰, 前賢已矣, 往事亡羊, 覽竹溪之雄筆, 吟石澗之淸章, 火後經營, 恨失前日之華構, 水中蘭桂, 誰載昔時之紅粧, 噫, 名纏絆人, 利網籠世, 孰囂囂而得閒, 咸役役而自弊, 宦味同於鷄肋, 難恃寰中之榮, 名區類於菟裘, 宜成林下之計, 傍有一人曰, 旣有此地, 便築斯臺, 想英雄之遺賞, 懷隱逸之裵徊, 登臨放情, 縱一時之樂事, 杳茫無迹, 歷千古而成灰, 若夫德積于身, 物被其澤, 效忠惠於君民, 垂德業於竹帛, 攀龍附鳳, 可成身後之名, 惰志忘形, 莫循眼前之樂, 客笑而答曰, 行藏由運, 禍福有期, 求之而不可得, 捨之而不能遺, 已乎終非人力之可取, 命也當聽造化之所爲, 而況形分雖萬, 理合則一, 尙不辨於死生, 矧有分於久促, 周非我蝶非物, 諒無夢而

無眞, 凡未亡楚未存, 竟誰得而誰失, 是故虛心應物, 觸事得宜,
神不虧而內守, 志豈動而外馳, 達莫喜窮莫悲, 庶全出處之道, 仰
不愧俯不怍, 可免天人之譏, 且夫難制者情, 易盪者氣, 苟操養
之失機, 必流佚而喪志, 求名求利, 定有害於性情, 樂水樂山, 竊
多慕於仁智, 雖然士生於世, 不私其身, 倘遇風雲之會, 當成社稷
之臣, 隆中臥龍, 縱非求聞之士, 渭川漁父, 豈是忘世之人, 嗚呼,
風燈百年, 滄海一粟, 哂夏蟲之疑冰, 思達人之見獨, 訪風景而
天地爲家兮, 何必效仲宣之空懷故國也哉."

2　『장자』「소요유(逍遙遊)」편에 "남명(南溟)은 바다이다.(南溟者, 天池
也)"라고 하였다.

3　천지자연을 즐긴다는 뜻이다. 『논어』「선진(先進)」편에서 증점(曾
點)이 그의 스승 공자의 물음에 "모춘에 봄옷이 이루어지면 관자
(冠者) 몇 사람, 동자 몇 사람과 함께 기수(沂水)에서 목욕하고 무우
(舞雩)에서 소풍하면서 시를 읊고 돌아오고 싶습니다."라고 하였다.

4　강호에서 나라를 걱정한다는 뜻으로, 송나라 명신 범희문(范希文)
이 악양루(岳陽樓) 기문에서 "총욕(寵辱)을 다 잊고 술잔 잡고서
바람에 임하면 그 즐거움이 양양하다."라고 하였다.

5　춘추 시대 진(晋)나라 대부(大夫) 조맹(趙孟)이 군사 및 외교에 있어
그 위엄을 제후들에게 떨친 것을 말한다.(『좌전』 양공(襄公) 27년조)

6　진(晋)나라 도연명(陶淵明)의 사시시(四時詩)에 "여름 구름은 기이
한 봉우리가 많다.(夏雲多奇峯)"라고 한 것을 뜻한다.

7　초 양왕(楚襄王)이 난대(蘭臺)의 궁전에서 노닐다가 불어오는 바람
에 옷깃을 헤치면서 말하기를 "상쾌하다, 이 바람이여! 나는 이 바
람을 서민과 함께 즐기고 싶구나." 하였다.(송옥(宋玉), 「풍부(風賦)」)

8　유공권(柳公權)이 당나라 문종과 더불어 지은 「하일장(夏日長)」이
란 연구(聯句)에 "훈훈한 바람이 남쪽에서 불어오니, 전각에 서늘

함이 생기누나.(薰風自南來 殿角生微凉)"하였다.

9 진(晉)의 장한(張翰)이 동조연(東曹掾)의 벼슬을 지내다가 가을바람이 이는 것을 보고 자기 고향 오주의 진미인 미나리 나물과 농어회를 그리워하여 끝내 벼슬을 사직했다는 고사가 있다.(『진서(晉書)』「장한전」)

10 소선(蘇仙)은 곧 소동파(蘇東坡)를 가리키는 말로, 그의 「적벽부(赤壁賦)」에, "명월의 시를 외우고 요조의 장(章)을 노래한다.(誦明月之詩 歌窈窕之章)"라고 하였다.

11 왕자유(王子猷)는 진(晉)나라 왕휘지(王徽之)의 자이다. 그가 산음(山陰)에 있을 때 설야(雪夜)의 흥에 못이겨 친구인 대규(戴逵)의 집에 찾아갔다는 고사가 있다.(『진서(晉書)』「왕휘지전」)

12 임 처사는 송나라 임포(林逋)를 가리키는 말로, 그는 서호(西湖) 고산(孤山)에 은거하며 매화를 아내로, 학을 자식으로 삼아 살았다고 한다.(『송사(宋史)』)

13 황학루(黃鶴樓)는 중국 호북성(湖北省)에 위치한 누각으로, 당나라 최호(崔顥)의 시 「등황학루(登黃鶴樓)」에 "맑은 냇물은 한양의 나무에 아른거리고, 꽃다운 풀은 앵무의 물가에 쓸쓸하다.(晴川歷歷漢陽樹 芳草淒淒鸚鵡洲)"라고 하였다.

14 등왕각(滕王閣)은 호북성에 위치한 누각의 이름으로, 당나라 왕발(王勃)의 「등왕각서(滕王閣序)」에 "저녁노을은 외따오기와 함께 나네.(落霞與孤鶩齊飛)"라고 하였다.

15 계륵(鷄肋)은 본래 닭의 갈비뼈라는 말이다. 이것은 먹을 만한 고기는 없지만 그냥 버리기는 아깝다는 뜻으로, 무엇을 취해 봐야 별 이익이 없으면서 버리기는 아까움을 비유한다.(『후한서(後漢書)』「양수전(楊修傳)」)

16 토구(菟裘)는 은거하는 곳을 가리키는데, 노(魯)나라 은공(隱公)이

은거하던 곳에서 유래했다.(『좌전(左傳)』 은공 11년조)

17 행장(行藏)은 세상에 나가서 도를 행하는 것과 물러 나와서 은거
    하는 것을 말한다. 『논어(論語)』 「술이(述而)」편에 "용지즉행 사지
    즉장(用之則行 舍之則藏)"이라고 하였다.

18 융중(隆中)은 중국 호북성에 위치한 땅으로 제갈량이 은거하던 곳
    이며, 와룡(臥龍)은 곧 제갈량을 가리켜 하는 말이다.(『독사방여기
    요(讀史方輿紀要)』)

19 주나라의 여상(呂尙) 곧 태공망을 가리킨다. 그가 위수의 물가에서
    낚시하고 있을 때 주 문왕이 만나보고서 등용하였다.(『사기(史記)』
    「제세가(齊世家)」)

20 조그마한 지혜로는 대도(大道)를 알지 못함을 비유한 말이다. 『문
    선(文選)』의 「손작유천태산부(孫綽遊天台山賦)」에 "여름벌레가 얼
    음을 의심하는 것이 가소롭다.(哂夏蟲之疑氷)"라고 하였는데, 그 주
    에 "여름벌레가 겨울에 한빙(寒氷)이 있는 줄을 모르는 것이, 조그
    마한 지혜로는 높은 도를 모르는 것과 같다."라고 하였다. 본래 여
    름 벌레가 얼음을 의심한다는 이야기는 『장자』 「추수(秋水)」편에
    나오는 대목이다.

21 중선(仲宣)은 삼국 시대 위(魏)나라 왕찬(王粲)의 자이다. 그가 형
    주(荊州)에 피난해 있으면서 고국을 그리워하여 「등루부(登樓賦)」
    를 지은 일이 있다.

22 조선 초기 대문장가 서거정(徐居正, 1420~1488년)은 화석정을 시
    제로 다음과 같은 시를 남겼다.(서거정, 『사가시집(四佳詩集)』 권45)

          화석정 위의 구름은 천년의 옛 구름이요   花石亭上雲千秋
          화석정 아래 강물은 절로 흐르는데   花石亭下江自流
          화석정 주인은 적선(謫仙)의 후예라   花石主人謫仙後

풍류와 시주가 가업을 이을 만했도다 　　風流詩酒能箕裘

주인은 어느 해 이곳에 살 터 잡았나 　　主人何年此卜築

어쩌면 대대로 전해 온 옛 별업 아니었는지 　　無奈靑氈舊別業

이곳은 이원이 살던 반곡(盤谷) 안이 아니라 　　不是李愿盤之中

바로 이곳은 덕유(德裕)의 평천댁이로다 　　定是德裕平泉宅

주인은 일찍 청운의 길에 들어섰건만 　　主人早策靑雲勳

급류에 용퇴하여 전원으로 돌아가 　　急流勇退歸田園

강산풍월을 지기(知己)로 삼고 　　江山風月作知己

눈 깜작할 새 지나가는 벼슬을 뜬구름처럼 여겼네

　　　　　　　　　　　　　　　　　過眼簪紱如浮雲

(하략)

　　서거정은 화석정을 이명신의 별업(별장)으로 묘사하고 그곳에 은
퇴하여 살고 있는 이명신의 풍류를 당나라 재상 이덕유가 관직에
서 물러나 자연 속에서 유유자적하던 고사에 비유하였다.

23　　『율곡선생전서』 권 35 부록 「행장」 "雅好山水 凡勝地無不佳觀."

4 아버지에게 이어받은 학문과 인격 수양

1　　위항문학운동은 위항(委巷, 가난한 달동네)에 살던 중인 이하 계층
의 사람들이 문학 운동을 하며 신분 상승을 꾀하던 18세기 지성
계의 한 흐름을 말한다. 졸고 『조선 후기 중인 문화 연구』(일지사,
2003년) 참조.

5 고단한 결혼 생활

1　　『명종실록』 권32 명종 21년 3월 24일 을묘에 "그 아비의 첩이 그
를 사랑하지 않았고 또 그 아비 이원수가 일찍이 불경을 좋아했는

데……."라는 기사가 있다.

2   1장의 주6 참조.

3   이원수는 1550년 음직으로 종5품 수운판관의 벼슬을 받았으니 고
     관을 지낸 고조 이명신의 후손이라는 명분인지 당대의 권신인 당
     숙 이기(李芑)의 배경이 작용했는지 분명치 않다. 그 후 이원수는
     내섬시와 종부시의 주부(종6품)를 거쳐 사헌부 감찰(정6품)에 이르
     렀다.

2부 사임당의 예술혼

7 사임당의 그림과 자수

1   이용희는 3·1 운동 33인의 한 사람인 이갑성의 아들로 오세창에게
     서 그림 감식법을 배웠다. 외교학이 전공이지만 취미로 미술사를
     연구하여 이동주(李東洲)라는 필명으로 『한국 회화소사』를 썼다.

2   신석우의 자는 성예(成睿), 호는 해장(海藏)이다. 교리 신재업(申在
     業)의 아들로 온유한 성격에 효심과 우애로 이름이 났고 경상도 관
     찰사를 거쳐 형조 판서를 지냈다. 시호는 문정(文貞)이다.

3   신응조의 자는 유안(幼安), 호는 계전(桂田)이고 분애(溫厓) 신정(申
     晸)의 후손이다. 어려서부터 학문과 문장으로 이름을 날렸으나 55
     세인 1858년(철종 9년)에야 문과에 오르고 벼슬이 좌의정에 이르렀
     다. 대기만성형으로 96세까지 장수하였다.

3부 길이 보배가 되리라

8 사임당의 자녀 이야기

1   『율곡선생전서』권14 제문(祭文)「제백씨문(祭伯氏文)」경오(庚午, 1570년).

2   죽곡(竹谷) 이선(李璿)「지낭부(智囊賦)」.

"貯布帛於篋笥兮 製以衣則垂弊 備餱糧於囊橐兮 散以食則難繼 維藏之而爲囊 包無盡之寄術 體雖迷於一軀 用可彌於六合 納乾坤於範圍 擧宇宙而囊括 豈穀帛之爲比 信用度之無極 羌富贍而廣博 紛出納之叵測 內具心術之運用 外備耳目之伺察 窺人意於不言之際 算物情於未覩之隙 探事理之巧拙 審禍福之利害 卽計之於吾事 謀一身之㨀養 又盡之於天下 期萬世之亨利 然至工者反拙 鮮不敗於無智 徒務術而務詐 豈患謀之不備 諱遠背於正道 宜速禍而招殃 想得失於前史 哀晁錯之中傷 當君臣之際會 輸忠悃而獻可 竭智謀於所事 知有國而不知有我 旣錫號兮智囊 尤篤志於效忠 憂吾思之不深 慮吾謀之不工 不避嫌而揆策 奮果斷而圖終 挑七國而搆禍 竟受戮於讒鋒 嗟夫子之愚昧 昧大道之攸宗 徒知智之可尙 罔以正而飭躬 計未行而蒙戮 奚智囊之可恃 故君子之通達 貴居正而循理 秪居易而俟命 豈行險而僥倖 遵大道而修行 勉措心於安靜 不尙智而尙德 信保身而明哲 重爲箴曰 智詐者敗 智正者福 因詐因正 有失有得 盍觀於斯 以爲儀則 明乎取捨 自强不息."(이은상,『완성 사임당의 생애와 예술』(성문각, 1994), 282쪽에서 전재)

3   『율곡선생전서』별집 권 5 습유잡록(拾遺雜錄) 가운데 송강 정철의 아들 기암(畸菴) 정홍명(鄭弘溟, 1592~1650년)이 쓴「기암잡록(畸菴雜錄)」.

4   이징(1581~1645년)은 산수·인물·영모·초충에 두루 능했는데 특히
     영모화는 절파풍의 묵법을 토대로 간일하게 도안화했으면서도 서정
     적 정취를 물씬 풍기는 소·말·기러기·원앙새 등을 많이 그려 이 분
     야의 한국적 화풍을 형성하는 데 크게 기여했다고 평가받고 있다.

5   정재(定齋) 이번(李璠)「권율곡인퇴(勸栗谷引退)」계유(癸酉, 1573
     년).

         釋褐登仕意　本是爲家貧
         豈期被謬恩　榮顯日益新
         才疏不合玉堂　闉闍三懇乞身
         幸蒙天恩許退歸　自謂永작一閒民
         朝詠感君恩歌初罷　暮有天書下臨津
         始知三司留章　聖明悔悟召孤臣
         無窮時弊孰更張　孔孟雖復出志未伸
         況乎不及孔孟者　欲致君民爲唐虞人
         難矣乎迂闊儒生　欲合柄鑿于義與仁
         宋臣皆是程朱賢　應使治化均
         一薛居州獨如宋國何　不如求退山林頤養精神
         爲國臣擯不容　爲家臣列搢紳
         將革一弊衆訪集　人安舊習常因循
         安得復太平世　先仁政除族隣
         世之將治也　賢能登庸　愚不肖沉淪
         世之將亂也　嫉良善如仇讎　不如掛冠東門辭楓宸
         (이은상,『완성 사임당의 생애와 예술』, 295~297쪽에서 전재)

6   『옥산시고(玉山詩稿)』옥산시고부록「옥산전(玉山傳)」(이단하(李端
     夏)).

7   『옥산시고』잡저「논서법(論書法)」(이은상,『완성 사임당의 생애와 예

술」에서 재인용).

8   『옥산시고』시「감천치우도고산작(甘川値雨到孤山作)」.

9   『옥산시고』시「감문유객문아소주이시답지(甘文有客問我所住以詩
     答之)」.

10   『간이문집(簡易文集)』권8 휴가록(休假錄)「요만이고부계헌(遙挽李
     古阜季獻)」.

9 사임당에 대한 기록

1   1장의 주2 참조.

2   『패관잡기(稗官雜記)』제4권. "今有東陽申氏 自幼工畫 其蒲萄山
     水 妙絶一時 評者謂亞於安堅 吁豈可以婦人之筆而忽之 又豈可
     以非婦人之所宜 責之哉."

3   『백헌집(白軒集)』권30 서(序)「신부인산수도서(申夫人山水圖序)」.

4   소세양의 자는 언겸(彦謙), 호는 양곡(陽谷)이며 본관은 진주이다.
     시와 글과 글씨로 일세에 이름을 날렸고 양관 대제학을 지냈으니
     당대의 문장가이다. 벼슬은 판중추부사에까지 이르렀다.

5   『양곡집(陽谷集)』권10 보유「동양신씨산수화족(東陽申氏山水畫
     簇)」.

6   『송자대전(宋子大全)』권146 발(跋)「사임당화란발(師任堂畫蘭跋)」.

7   2005년 KBS 프로그램「TV쇼 진품명품」에서 이 난초 그림이 발
     견되어 강릉시에서 구입 의사를 보였다고도 하나(http://www.
     kado.net/news/articleView.html?idxno=237441), 아직 학계에
     서 연구된 바는 없어 그림의 상태나 진위 여부 등은 정확히 밝혀지
     지 않았다.

8   『장암집(丈巖集)』권25 발(跋)「사임당화첩발(師任堂畫帖跋)」.

9   『옥오재집(玉吾齋集)』권13 제발(題跋)「사임당화첩발(師任堂畫帖

跋)」.

10 『죽천집(竹泉集)』 권6 제(題) 「제사임당초충도후(題師任堂草蟲圖後)」.

11 『열성어제(列聖御製)』 숙종조.

12 『서암집(恕菴集)』 권3 시(詩) 정장령종지(鄭掌令宗之)〔필동(必東)〕소장(所藏) 「사임당초충도가(師任堂草蟲圖歌)」.

13 『동계집(東溪集)』 권6 「제의진소장신부인화첩(題宜鎭所藏申夫人畵帖)」.

14 『직암집(直菴集)』 권10 서후(書後) 「서사임당수적후(書師任堂手蹟後)」.

15 『성담집(性潭集)』 권15 발(跋) 「사임당수랑발(師任堂繡囊跋)」.

16 『연려실기술(燃藜室記述)』 별집(別集) 권14 문예전고(文藝典故) 화가조(畵家條).

17 『연재집(淵齋集)』 권28 발(跋) 「서사임당화매첩후(書師任堂畵梅帖後)」.

나가면서

1 9장 주석 6 참조.

연보

___ 1504년(연산군 10년, 갑자(甲子))

10월 29일, 강릉 북평촌(현 죽헌동) 외가에서 탄생

신명화와 용인 이씨의 5녀 중 2녀

___ 1510년(중종 5년, 경오(庚午), 7세)

안견의 산수화 모사

___ 1513년(중종 8년, 계유(癸酉), 10세)

유교 경전 공부, 글씨, 문장, 바느질, 자수

___ 1516년(중종 11년, 병자(丙子), 13세)

아버지 신명화 한성에서 41세로 진사 급제

_____ 1519년(중종 14년, 기묘(己卯), 16세)

기묘사화(사림 숙청), 신명화(기묘사림) 면화

_____ 1521년(중종 16년, 신사(辛巳), 18세)

외할머니 강릉 최씨 별세

신명화(46세) 위독(어머니 용인 이씨 기도: 「이씨감천기」)

_____ 1522년(중종 17년, 임오(壬午), 19세)

덕수 이원수(李元秀, 22세)와 결혼

몇 달 후 11월 7일 신명화 별세(삼년상)

_____ 1524년(중종 19년, 갑신(甲申), 21세)

상경하여 시어머니 홍씨에게 신혼례

9월 맏아들 선(璿) 출생(한성)

이후 1540년까지 시집(한성)과 친정(강릉) 왕복

_____ 1528년(중종 23년, 무자(戊子), 25세)

어머니 용인 이씨 열녀정각(강릉) 세움

_____ 1529년(중종 24년, 기축(己丑), 26세)

맏딸 매창(梅窓, 양주 조대남(趙大南)에게 출가) 출생

_____ 1531년(중종 26년, 신묘(辛卯), 28세)

둘째 아들 번(璠) 출생

_____ 1533년(중종 28년, 계사(癸巳), 30세)

둘째 딸(파평 윤섭(尹涉)에게 출가) 출생

_____ 1536년(중종 31년, 병신(丙申), 33세)

12월 26일, 셋째 아들 이(珥) 출생

흑룡입실(黑龍入室) 꿈에 따라 이이의 아명은 현룡(見龍), 출생한 방은
　　몽룡실

_____ 1538년(중종 33년, 무술(戊戌), 35세)

셋째 딸(남양 홍천우(洪天祐)에게 출가) 출생

_____ 1540년(중종 35년, 경자(庚子), 37세)

사임당 큰 병을 얻음, 5세 율곡 외조 사당에 기도

_____ 1541년(중종 36년, 신축(辛丑), 38세)

사임당 상경, 시댁(수진방, 현 수송동·청진동)에서 총부의 역할

이후 10여 년 서울살이

_____ 1542년(중종 37년, 임인(壬寅), 39세)

넷째 아들 위(瑋) 출생, 뒤에 우(瑀)로 개명

_____ 1545년(인종 원년, 을사(乙巳), 42세)

을사사화

_____ 1550년(명종 5년, 경술(庚戌), 47세)

남편 이원수 수운판관(종5품) 임명됨

_____ 1551년(명종 6년, 신해(辛亥), 48세)

삼청동 관사로 이사

5월 17일 새벽 발병 2~3일 후 별세

이원수 업무 수행차 첫째 번(璠), 셋째 이(珥) 두 아들 대동하여 평안

　도 출장 중, 삼부자 서강 도착 후 별세 소식 접함

이원수: 51세

맏아들 선: 28세

맏딸 매창: 23세

둘째 아들 번: 21세

둘째 딸: 19세

셋째 아들 이: 16세

셋째 딸: 14세

넷째 아들 우: 10세

파주(坡州) 두문리(斗文里, 현 파주군(坡州郡) 천현면(泉峴面) 동문리(東文里)) 자
운산(紫雲山, 영평산(鈴平山))에 장사 지냄

후에 아들 이이의 공으로 정경부인(貞敬夫人)으로 증직

──── 1561년(명종 16년, 신유(辛酉))

이원수 61세로 별세, 사임당과 합장

후에 이이의 공으로 숭정대부 의정부 좌찬성(崇政大夫 議政府 左贊成)으
로 증직